Franz Schiermeier
Beate Bidjanbeg

LUDWIGSVORSTADT

Reiseführer für Münchner

Mit Beiträgen von Adelheid Schmidt-Thomé,
Barbara Turczynski-Hartje, Walter Klupsch
und Heinrich Ortner

Franz **Schiermeier** Verlag **München**

Viele Münchner Stadtviertel und damit auch ihre Bewohnerinnen und Bewohner beziehen ihre Identität aus der oft jahrhundertelangen Geschichte ihres Viertels. Die Ludwigsvorstadt ist noch jung. Den Namen gibt es erst seit 1812. Davor gab es hier nur Wiesen und Felder, die zudem so karg waren, dass sie nicht einmal gut zu nutzen waren. Doch in kurzer Zeit erfolgten einige markante Entwicklungen, die dem Viertel seine einzigartige Stellung in München verleihen und den Charakter des Viertels bis heute prägen.

Ein besonderer Dank für ihre Hilfe geht an die Mitglieder der GeschichtsWerkstatt Ludwigsvorstadt-Isarvorstadt: Adelheid Schmidt-Thomé, Dr. Barbara Turczynski-Hartje, Walter Klupsch, Heinrich Ortner und an Benoît Blaser, den Vorsitzenden des BA 2 Ludwigsvorstadt-Isarvorstadt für seinen Beitrag, außerdem an Axel Enderlein und Sebastian Winkler.

1810: Als die Münchner auf der Hangkante standen und begeistert dem Pferderennen zusahen, das anlässlich der Hochzeit der späteren Namensgeberin Therese mit ihrem Ludwig veranstaltet wurde, haben sicher viele von ihnen die große freie Fläche zur Stadt und den weiten Blick bis zu den Alpen genossen, so auch die Hochzeiter. Für Ludwig wurde die Anhöhe zum repräsentativen Bauplatz für Bavaria und Ruhmeshalle. Therese wurde zur Namensgeberin der Wiese, auf der seit damals das weltberühmte Oktoberfest stattfindet.

1813: Mit der Eröffnung des Allgemeinen Krankenhauses vor dem Sendlinger Tor wurde der Grundstein für das Klinikviertel gelegt. Für nahezu alle medizinischen Fakultäten entstanden hier Fachkliniken. Auch wenn für die kommenden Jahren erhebliche Änderungen angekündigt sind, mit der neu erbauten Portalklinik wird die Medizin das Viertel noch lange prägen.

1830: Albrecht Adam war einer der ersten Künstler, der sich in den Gärten und Wiesen vor der Stadt ein Atelier einrichtete. Viele weitere Künstler folgten. Ihre Atelier- und Wohnbauten trieben die Stadt immer weiter gen Westen. Von der Künstlerzeit ist leider nicht mehr viel da, mehr Ateliers wären unbedingt wünschenswert.

1840: Nachdem der erste Bahnhofs-Schuppen von 1839 abgebrannt war und ein neuer großstädtischer Bahnhof für den zunehmenden Eisenbahnverkehr nahe zur Stadt gebaut wurde, entstanden damit auch Handelsniederlassungen, Hotels und Vergnügungsstätten für die vielen Reisenden.

Nach den Zerstörungen des zweiten Weltkriegs hat sich um den Bahnhof ein spannendes multikulturelles Stadtviertel entwickelt. Die provisorischen Bauten der Amüsierbetriebe für die amerikanischen Besatzungssoldaten machten in den 1970er Jahren Platz für „Gastarbeiter", türkische Geschäftsleute und immer mehr und größere Hotels für die Touristen.

1880: Rund um die Theresienwiese entstand ein einzigartiges Villenviertel, ganz modern mit viel Grün und Luft, erstellt von den renommiertesten Architekten und Baumeistern der Zeit. Nicht gerade für jeden erschwinglich waren die Villen damals schon.

In der Ludwigsvorstadt sind fast alle dieser doch sehr verschiedenen Entwicklungen auch heute noch direkt erfahrbar. Der Reiz der großen Unterschiede macht die Ludwigsvorstadt zu einem der interessantesten Viertel Münchens: von der vornehmen Welt des Wiesenviertels zum urbanen Durcheinander des Bahnhofsviertels und von den Kliniken bis zur Weltmarke Oktoberfest.

Inhalt

Graffito Ecke Goethestraße/Schwanthalerstraße, Loomit 2022

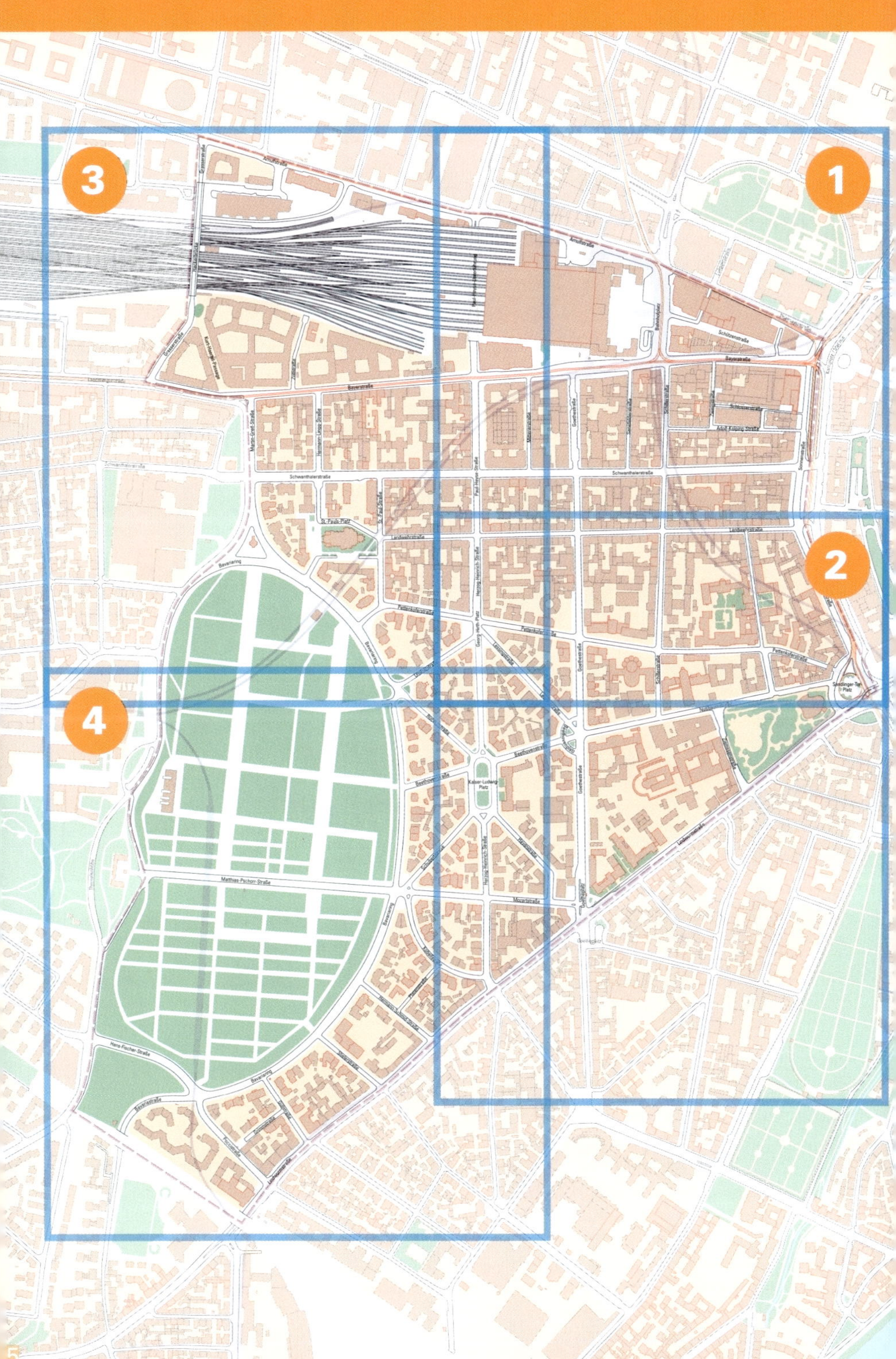

3
1
2
4
Bayerstraße
Schwanthalerstraße
Landwehrstraße
Pettenkoferstraße
Goethestraße
Bavariaring
Matthias-Pschorr-Straße
Lindwurmstraße

Einführung

Panorama vom Haus Landwehrstraße 6, George Scharf, April 1846

Mariahilfkirche in der Au

Alte Gebäranstalt in der Sonnenstraße

Alte Giesinger Kirche

Findelhaus

Pappeln am Sendlinger-Tor-Platz

Kirche im Elisabeth-Spital

Elisabeth-Spital in der Mathildenstraße

Der Namensgeber

Ludwig I., König von Bayern (1786–1868)
Geboren in Straßburg, kam er mit seinem Vater Maximilian Joseph, Herzog von Pfalz-Zweibrücken nach München, als sein Vater 1799 die Nachfolge des bayerischen Kurfürsten Karl Theodor übernahm, der kinderlos gestorben war. Ludwig selbst folgte seinem Vater 1825 als zweiter bayerischer König und hat mit großem Ehrgeiz den Ausbau seiner Residenzstadt betrieben und damit bis heute das Bild der Stadt und seinen Ruf als Kunststadt geprägt.

Name und Grenzen

Die Geburt der Ludwigsvorstadt als eigenes Stadtgebiet war am 14. Dezember 1812, als das Äußere Hackenviertel offiziell als Ludwigsvorstadt bezeichnet wurde. Davor war die heutige Fläche des Stadtviertels natürlich auch Teil der Stadt, die kargen Wiesen lagen ja innerhalb des Burgfriedens. Die Stadtgrenze verlief entlang der Hangkante, die auch Sendlinger Berg genannt wurde. Begrenzt war das Gebiet durch die Befestigungsanlagen entlang der Stadtmauern, heutige Sonnenstraße, durch die Hangkante und die Straßen nach Süden und Westen, Thalkirchner Straße und Landstraße nach Pasing.

So wie die Maxvorstadt zur gleichen Zeit nach dem Vater Max, dem ersten bayerischen König benannt wurde, erhielt die Ludwigsvorstadt ihren Namen nach dem Sohn Ludwig, dem Kronprinzen.

Danach wird es mit der Definition der Ludwigsvorstadt schon komplizierter, es gab viele Änderungen und unterschiedliche Festlegungen der Grenzen und Namen des Stadtteils im Laufe der Entwicklung.

Bei zwei Eingemeindungsverfahren 1835 und 1852 kamen die Theresienhöhe und die Schwanthalerhöhe zur Stadt und wurden Teil der Ludwigsvorstadt. 1875 wurde die Stadt in 18 Stadtviertel neu eingeteilt und mit römischen Ziffern durchnummeriert. Die Ludwigsvorstadt wurde Distrikt IX. Der Teil zwischen Lindwurmstraße und Thalkirchnerstraße wurde zum Distrikt X und später der Isarvorstadt zugeordnet. Gleichzeitig wurden Teile der Bahnflächen im Norden der Ludwigsvorstadt

ach des Allgemeinen Krankenhauses Zugspitze Pfarrkirche Mittersendling Pfarrkirche Untersendling Alte Anatomie Baustelle Ruhmeshalle Wohnhaus Maler-Familie Adam

zugeschlagen, 1891 dann der ganze Bahnbereich bis zur Arnulfstraße. Die Theresien- und Schwanthaler-Höhe wurden zu dieser Zeit ein eigener Distrikt mit der Nummer XX. Der Spatenkeller auf der Schwanthalerhöhe und die beiden Brauereien Hacker und Pschorr verblieben bei der Ludwigsvorstadt.

Die Distrikt-Einteilungen mit römischen Ziffern blieben bis 1954, dann erhielten die Stadtbezirke wieder Namen. Der Distrikt IX wurde zum Wiesen-/Bahnhofsviertel. Der Distrikt X wurde bis zum Westermühlbach erweitert und erhielt die Bezeichnung Isarvorstadt-Schlachthofviertel.

1992 sind die heutigen Stadtbezirke festgelegt worden. Isarvorstadt-Schlachthofviertel (X), Isarvorstadt-Glockenbachviertel (XI), Isarvorstadt-Deutsches Museum (XII) und Wiesen-/Bahnhofsviertel (IX) wurden zusammengefasst zum Stadtbezirk 2 Ludwigsvorstadt-Isarvorstadt. Seine Grenzen verlaufen vom Stachus entlang der Prielmayer- und Arnulfstraße zur Hackerbrücke, entlang der Hangkante bis zur Bahnlinie des Südrings, auch Gürtelbahn genannt, über die Isar an der Braunauer Eisenbahnbrücke, den Radweg im Isar-Hochwasserbett entlang bis zur Zweibrückenstraße, dann Rumford-, Müller, Sonnenstraße bis zum Stachus, d.h. der Stadtbezirk 2 erstreckt sich von der Isar bis zur Hangkante, aber eben nur bis zum Fuß der Hangkante. Ruhmeshalle und Bavaria gehören heute zum Stadtbezirk 8 Schwanthalerhöhe. Die Grenze zwischen der Ludwigs- und der Isarvorstadt bildet die Lindwurmstraße.

Aufgrund der verschlungenen historischen Entwicklung der Viertelgrenzen sind im Buch auch Orte und Ereignisse beschrieben, die im Grenzbereich oder in der Nachbarschaft liegen. Beispiele sind die Frauenklinik in der Maistraße, die östlich der Lindwurmstraße gelegen nicht mehr zur heutigen Ludwigsvorstadt gehört, oder die Revolutionsereignisse von 1918/19, als bei der großen Demonstration auf der Theresienwiese die Revolutionäre unten auf der Wiese, also in der Ludwigsvorstadt standen und Kurt Eisner von oben am Hang, also der Schwanthaler Höh „herunterschrie", wie Oskar Maria Graf schildert. Da hier der „eine Obere" ohne die „vielen Unteren" keine Revolution zustande gebracht hätte, haben auch wir uns dafür entschieden im Zweifelsfall das Verständnis der Ereignisse vorzuziehen gegenüber einer kleinlichen Einhaltung von Viertelgrenzen.

Städtebauliche Entwicklung

1808 bis 1833

1858 bis 1883

Eine Hochzeitsfeier mit Folgen

Das freie Gebiet der heutigen Ludwigsvorstadt blieb lange außerhalb der Begehrlichkeiten von Stadterweiterungen wie die Schönfeldvorstadt und die Maxvorstadt. Bedeutendstes Ereignis für die spätere Entwicklung war die Entscheidung, ein Allgemeines Krankenhaus mit Abstand zur Stadt vor dem Sendlinger Tor einzurichten und der Plan des Landschaftsarchitekten Friedrich Ludwig von Sckell zur Ausbildung der Sonnenstraße, auch wenn hier zunächst nur wenige Bauten entstanden. Die baulichen Maßnahmen am Rande der freien Fläche, auf der Anhöhe des eiszeitlichen Isarufers schienen ohnehin für die Entwicklung des Gebiets unerheblich: der für die Gattin des Königs vorgesehene Theresenhain, später Bavariapark und der riesige Bierkeller des Brauers Matthias Pschorr an der Landstraße nach Landsberg am Lech. Viel wichtiger wurde ein Pferderennen, das man 1810 auf der freien Wiese veranstaltete zu Ehren des Thronfolgers und seiner Braut Therese.

Die Eisenbahn als Motor der Besiedlung

Bis 1883 geschahen allerdings die entscheidenden Maßnahmen für die Ludwigsvorstadt: 1839 der erste Bahnhof für die Eisenbahn nach Augsburg und wenige Jahre danach dessen Verlegung Richtung Innenstadt und ein enormer Ausbau in den folgenden Jahrzehnten. In Begleitung dazu eine rasante Entwicklung von Gewerbe, das die Nähe der Eisenbahn suchte wie auch eine wachsende Aufreihung von Hotels für die stetig zunehmende Zahl von Touristen. Auch das neue Krankenhaus löste eine ungeahnte Ansammlung von weiteren sanitären und medizinischen Einrichtungen aus. Mit der Anlage der Ruhmeshalle und der Bavaria auf der Theresienhöhe wie auch den benachbarten Bierkellern und dem fortgesetzten Abfeiern des Oktoberfestes bekam auch die freie Fläche mehr und mehr Bedeutung, die im Prozess der Grundstücksbesitzer gegen die Stadt gipfelte und einen Bebauungsplan auslöste. Die ersten Straßen ins Gebiet von der Sonnenstraße waren bereits entstanden.

1883 bis 1908

1933 bis 1958

Wiesenviertel und Kliniken

Der Bebauungsplan für das Wiesenviertel mit seinen detaillierten baurechtlichen Regularien füllte schließlich den Bereich bis zur Isarhangkante mit einer konsequenten Gestaltung der freien Fläche für Oktoberfest und Landwirtschaftsfest und führte die bestehenden Straßen funktional zu einem schlüssigen Konzept zusammen. Das Wiesenviertel wurde von einer bürgerlichen und großbürgerlichen Klientel bevölkert, während der nördliche Bereich zu einem Geschäftsviertel und – dank einiger Kunstmaler, die hier schon früher ihr Domizil aufgeschlagen hatten – zu einem Künstlerviertel wurde. Die großen vornehmen Hotels mit ihren imposanten Sälen, riesige Gasthöfe wie der Mathäser, die vielen Cafés und Restaurants und die Theater, von den kleinen Sälen für die Volkssänger bis zum Deutschen Theater ließen die Ludwigsvorstadt und die Sonnenstraße zu einem urbanen Zentrum werden.

Verdichtung

Der großstädtische Glanz wurde an nur wenigen Tagen im Luftkrieg des Zweiten Weltkriegs zerstört – nahe dem Hauptbahnhof waren große Flächen vollkommen abgeräumt und wurden mit meist banalen Bauten der Fünfziger Jahre wieder aufgefüllt. Zu den positiven Ausnahmen gehörten der Neubau des Kaufhofs am Stachus und der Neubau der Protestantischen Pfarrkirche St. Matthäus am Sendlinger-Tor-Platz. Schon 1939 hatten die Nationalsozialisten die alte St.-Matthäuskirche in der Sonnenstraße abreissen lassen. Der Hauptbahnhof wurde an gleicher Stelle mit Verwendung älterer Teile und der Beibehaltung der verkehrlichen Probleme wieder aufgebaut. V.a. der nördliche Teil der Ludwigsvorstadt aber wandelte sich grundlegend. Mit dem Beginn der Zuwanderungen ausländischer Arbeiter und Arbeiterinnen nach Deutschland entstand ein Münchner „Istanbul" an Landwehr- und Schwanthalerstraße, das heute dem Viertel eine eigene Identität gegeben hat.

Künstlerviertel Ludwigsvorstadt

Kunststadt München

Während München noch Ende des 18. Jahrh. in künstlerischer Hinsicht als verschlafenes kleines Provinznest galt, erhielt die Stadt und ihre Kunst im 19. Jahrh. einen auch international anerkannten Ruf. Der Anspruch der Residenzstadt eines – dank Napoleon – deutlich vergrößerten deutschen Mittelstaats, die Erhebung Bayerns zum Königreich und der erhebliche Ehrgeiz der ersten bayerischen Könige diesen Anspruch mit Bauten, Kunstwerken und Einrichtungen darzustellen, haben den Münchner Kunstbetrieb revolutioniert. Mit den Aufträgen an Architekten, Bildhauer, Maler und Grafiker war auch eine konkrete Förderung verbunden. 1808 wurde von Max I. Joseph eine Akademie der bildenden Künste gegründet als *„wirksamstes Mittel, welches der Staat für die Erhaltung und allgemeinere Ausbreitung der Künste ergreifen kann."* Konkret sollte die neue Akademie nicht nur die Künstlerschaft weiterbilden und zu besseren Ergebnissen führen, sondern die Kunst sollte auch im *„gesammten Volk die Neigung zum Schönen und Wohlgestalteten vermehren"*. Dazu kamen die Gründung bzw. der Ausbau von Sammlungen zur Malerei, Bildhauerei und Grafik und die entsprechenden Ausstellungsbauten, Pinakotheken, die Glyptothek, später das Maximilianeum und das Bayerische Nationalmuseum. V.a. für König Ludwig I. wurde die Förderung der Kunst wie auch der Städtebau zu einer staatspolitischen Aufgabe.

Die Akademie der bildenden Künste, seit 1809 im Akademiegebäude an der Neuhauser Straße untergebracht und die 1868 gegründete Kunstgewerbeschule zogen Schüler nicht nur aus ganz Deutschland, sondern ab der Mitte des 19. Jahrunderts auch aus dem Ausland nach München, v.a. als die Professorenstellen mit hochkarätigen Künstlern besetzt werden konnten. Dazu gehörten u.a. Georg von Dillis, Peter von Cornelius, Ludwig von Schwanthaler, seit 1849 Wilhelm von Kaulbach und seit 1874 Karl von Piloty. Scharen von ausländischen Studenten kamen, München wurde zu einem Zentrum der europäischen Kunstausbildung. Noch 1890 soll Picasso gesagt haben, dass er seinen Sohn lieber nach München zur Ausbildung schicken wollte als nach Paris. Neben der Akademie bildeten sich private Malschulen, v.a. auch für Frauen, denn sie waren erst ab 1921 zum Studium an der Akademie zugelassen. Nach dem Ersten Weltkrieg verlor die Akademie ihre große Bedeutung.
Im Reiseführer „Schillers München" von 1856 wird die Situation der Künstler in München folgendermaßen geschildert: *„nur hier findet man eine so großartige … Anregung und Beförderung, ein so ausgedehntes Verwenden des Talents für größere und höhere Zwecke … unterstützt durch die, nur hier so vollständigen und gediegenen Sammlungen älterer Kunst und der Antike."*

Künstlerviertel Ludwigsvorstadt

Nach 1850 wird das heutige südliche Bahnhofsviertel ein regelrechtes Künstlerviertel. Zu den Vorreitern gehörten Albrecht Adam und Ludwig von Schwanthaler. Das Viertel lag nahe zur Akademie und hatte wenigstens zu Anfang noch einen fast ländlichen Charakter.

Lebenserinnerungen

Hermann Schlittgen schreibt in seinen Lebenserinnerungen (1926) über die Situation der Künstler um 1880: *„Die fertigen Künstler, welche die Akademie verlassen hatten, saßen hauptsächlich im Schwanthalerviertel. … Die Häuser hatten Vor- und Hintergärten, in letzteren lagen die Atelierhäuser, die meist aus zwei übereinanderliegenden Ateliers mit Zubehör bestanden, nach Norden lag das Atelier, nach Süden das daranstoßende Wohnzimmer, das wieder hinaus ins Grüne ging."*

Ateliers im „Schwanthalerviertel"

Die sogenannte „Münchner Schule" mit Porträt-, Landschafts- und Tiermalerei ist genauso vertreten wie Jugendstil, Impressionismus und Expressionismus. Professoren und Studenten, auch zunehmend Frauen finden sich in den Adressbucheinträgen des Schwanthalerviertels, wie der östliche Teil der Ludwigsvorstadt auch genannt wurde. Beispielhaft dienten die Adressbücher von 1864, 1889 und 1917 für die Recherche. Bei der Suche nach den Bildern der in den Adressbüchern eingetragenen Künstler, lassen sich oft überraschende Werke und Verbindungen finden, zu den meisten auch ein Eintrag in der Matrikeldatenbank der Akademie der Bildenden Künste.

Schlittgen in seinem Lebensbericht weiter: *„Nun zog ich zu meinen Freunden ins Schwanthaler Viertel. Ein Atelier konnte ich mir nicht mieten, ich nahm ein kleines Zimmer in einem Vorderhaus, bei einem pensionierten Artilleriehauptmann, der im Siebziger Krieg eine große Heldentat vollbracht hatte, die sogar im großen Generalstabswerk rühmend beschrieben war.… Abends brachten mich die Freunde an ihren Stammtisch im ‚Europäischen Hof'. Hier lachten mir schon alle freundlich zu, auch hier war ich sogleich warm aufgenommen… Hier saß ein Bayer, dort ein Ostpreuße oder ein Balte, ein Rheinländer oder ein Friese, ein Schwabe oder ein liebenswürdiger Österreicher, das gab ein interessantes Durcheinander in den verschiedenen Mundarten und Charakteren.… Groß war auch das Kontingent der Deutschamerikaner, der Norweger und Schweden, der Balten und der benachbarten deutschen Österreicher. Sie konnten stundenlang im Kaffeehaus sitzen, Zigaretten drehen und reizend plaudern. Sie waren die geborenen angenehmen Faulenzer, lebten meist sorglos in den Tag hinein und scherten sich nicht viel um die inneren Seelenkämpfe des Künstlers."*

Ludwig von Schwanthaler

Ludwig von Schwanthaler

Ludwig Schwanthaler (1802–1848) entstammte einer oberösterreichischen Bildhauerfamilie. Sein Vater Franz Jakob war 1785 Münchner Bürger geworden und hatte mit seinem Bruder Franz Anton ein Atelier aufgebaut. Vater, Onkel (Johann Peter), Großvater, Großonkel, Vetter (Franz Xaver) – alle waren Bildhauer. Auch der junge Ludwig zeigte früh Talent. Nach dem Abitur am (heutigen) Wilhelmsgymnasium, studierte er ab 1819 an der Akademie der Bildenden Künste München, erst Malerei, dann Bildhauerei. Nach dem Tod des Vaters 1820 half er in dessen Werkstatt aus und übernahm bald die Leitung. 1835 wurde er Professor an der Akademie der bildenden Künste und parallel Lehrer an der Königlichen Baugewerksschule.

Die Bavaria an der Theresienwiese ist seine weltweit bekannteste Arbeit. Viele weitere Denkmäler hat er geschaffen, wie die Denkmäler für Goethe in Frankfurt, und Mozart in Salzburg, Figuren wie die „Nymphe" in Schloss Anif, Relief-Arbeiten u.a. an der Glyptothek und zeichnerische Entwürfe. Seine Arbeiten zählen mit zu den wichtigsten Werken in München sowie in vielen anderen Städten Deutschlands und der Welt.

Schwanthalermuseum

Atelier und Schwanthalermuseum

Ludwig Schwanthaler hatte ein Haus in der damaligen Lerchenstraße 2 und gegenüber auf der nördlichen Seite der Straße seit 1837 ein Atelier mit der Hausnummer 55. Sein Hauptwerk, die Kolossalstatue der Bavaria wurde erst 2 Jahre nach seinem Tod 1848 eingeweiht, im selben Jahr wurde die Lerchenstraße auch nach ihm benannt. Sein Atelier mit mehr als 200 Statuen vermachte er der Königlichen Akademie der bildenden Künste, deren Professor er seit 1835 war. Das Museum enthielt eine große Zahl von Original-Gipsmodellen der vielen ausgeführten Arbeiten, weitere Abgüsse wurden von der Akademie erworben und das Gebäude als Schwanthaler-Museum für Besucher eröffnet.

Das Museum enthielt drei große Räume, den „Hermanns-Saal" mit der Hauptfigur des Arminius, den Bavaria-Saal mit dem Kopf der Bavaria-Statue in originaler Größe und den Goethe-Saal mit dem Modell des Frankfurter Denkmals. Das Schwanthaler-Museum – eines der ersten Künstler-Museen – wurde im Zweiten Weltkrieg vollkommen zerstört, Reste der dortigen Sammlung wurden teilweise auf andere Sammlungen verteilt.

Atelier in der Schwanthalerstraße

Künstlerviertel Ludwigsvorstadt

Schlachtenmaler Albrecht Adam

Albrecht Adam (1786–1862) kam aus Nördlingen. Sein Vater war Konditor, seine Mutter Pastorentochter. Schon früh zeichnete er die Garnisonssoldaten, verdiente sich so ein paar Groschen und entwickelte sein Talent. In seiner Biographie „Aus dem Leben eines Schlachtenmalers" beschreibt er seinen Werdegang: sein Studium in München, seinen Weg als Schlachtenmaler und seine Familie. Adam hatte als Maler bei mehreren Schlachten teilgenommen, u.a. beim Russlandfeldzug der Grande Armée. Von den 35.000 bayerischen Soldaten sind nur an die 3.000 zurückgekehrt. Albrecht war verheiratet mit Magdalena Sander, Tochter eines Mailänder Kaufmanns, die 1863 verstarb. Sie hatten zehn Kinder, von denen vier Söhne ebenfalls Künstler wurden und 25 Enkel, u.a. der „Katzenmaler" Julius Adam. Das Grab der Familie Adam befindet sich auf dem Alten Südlichen Friedhof, Grab 27-1-25/26. Dort sind auch sein Bruder Heinrich, sowie Töchter und Söhne, u.a. Benno, Franz und Eugen sowie weitere Familienmitglieder bestattet.

Die Adamei

Albrecht Adam fand am Stadtrand von München in der damaligen Singstraße 13 (heute Schillerstraße 42/44) eine Bleibe. Er kaufte 1829 das Grundstück unmittelbar neben dem Gebäude der Alten Anatomie (im Bild oben das weiß gestrichene Gebäude links). Das kleine Gartenhäuschen baute er mehr und mehr zu einem größeren Anwesen aus: Es wurde zu einem kleinen Bauernhof mit Hühnern, Schafen und Ziegen, einer Kuh, einem „heimtückischen" Esel und einem Pferdestall, in dem die Modelle für seine Pferdebilder standen. Die heutige Ludwigsvorstadt war damals kaum besiedelt, der freie Blick ging bis zur Baustelle der Ruhmeshalle, wie im Bild oben des Zeichners Georg Scharf von 1846 zu sehen ist.

Nach Albrecht Adams Tod wurde das Anwesen im Jahre 1863 verkauft. 1878 erwarb es der Bildhauer Franz Rietzler. Er ließ direkt an der Straße ein Wohnhaus errichten. Dabei wurde auch das alte Adamhaus umgebaut. All dies hatte bis 1897 Bestand. Leider existiert heute dort kein Hinweis mehr auf das Leben der Adams an dieser Straße. Für die Spurensucher soll angemerkt werden, dass das Grundstück etwa im Bereich des heutigen Grundstückes Nr. 42 liegt, das mit Universitätsgebäuden bebaut ist.

Albrecht Adam, Brauner Wallach

Gebrüder Adam

Franz Marc

Franz Marc, mit vollem Namen Franz Moritz Wilhelm Marc, wurde 1880 in der Schillerstraße 18 geboren. Nach geänderter Numerierung ist das heute die Schillerstraße 35. Dort ist auch eine Gedenktafel angebracht. Franz Marc gilt als einer der bedeutendsten Expressionisten. Vor allem seine Pferdebilder mit ihrer starken Farbigkeit und den kühnen Kompositionen werden gerne im Schulunterricht für die Kunstvermittlung bei Heranwachsenden verwendet.

Franz Marcs Vater Wilhelm (1839 – 1907) war ein Genre- und Landschaftsmaler der Münchner Schule. Im Auftrag von König Ludwig II. schuf er u.a. Malereien in Schloss Linderhof und Herrenchiemsee. Die Mutter Sophie kam aus dem calvinistischen Elsass. Die beiden Söhne, Franz und sein drei Jahre älterer Bruder Paul, waren auf dem Luitpold-Gymnasium und interessierten sich neben der Kunst auch für Philosophie, Literatur und Religion.

Die Familie zog von der Schillerstraße in die Landwehrstraße 60, das Atelier war in der Schwanthalerstraße. Mit fortschreitender Multipler Sklerose konnte der Vater Wilhelm ab 1894 nicht mehr arbeiten und bezog nur noch eine kleine Künstlerpension. Sie zogen in die Villenkolonie nach Neu-Pasing.

Franz Marc hatte sich nach Abitur und Militärdienst an der Münchner Akademie der Bildenden Künste bei Wilhelm von Diez eingeschrieben. Nach einer Studienreise durch Frankreich verließ er die Akademie und richtete sich ein Atelier in der Kaulbachstraße ein. Mit Wassily Kandinsky, Paul Klee, August Macke und Gabriele Münter gründete er den Blauen Reiter. Die anderen Münchner Künstlervereinigungen waren sehr konservativ und lehnten die expressionistischen Experimente entschieden ab. Eine erste Ausstellung des Blauen Reiters wurde am 18. Dezember 1911 eröffnet. Für die neue abstraktere Kunst verfasste Franz Marc einen Almanach „Der Blaue Reiter und andere kunsttheoretische Schriften". Der erste Weltkrieg entbrannte. Franz Marc fiel im März 1916 östlich von Verdun.

Schwanthalerstraße/Ecke Mittererstraße mit dem Künstlerbedarfsladen von A. Schutzmann, 1905

Künstlerviertel Ludwigsvorstadt

Schwabenburg

Bis Anfang der 1950er Jahre stand in der Landwehrstraße 46 die „Schwabenburg". Das Gebäude wurde 1870 als Rückgebäude der Schwanthalerstraße 22 errichtet. Zur Adresse Landwehrstraße 46 wurde es erst nach 1876. Zu diesem Zeitpunkt gehörte es bereits den Kunstmalern Anton Braith (1836–1905) und seinem Lebenspartner Christian Mali (1832–1906), die seit 1860 an der Münchner Akademie studierten. Sie arbeiteten und wohnten im Haus in der Landwehrstraße, ab 1871 auch mit den Eltern von Braith.

Christian Mali

Anton Braith

Einweihung des Künstlerhauses 1914

In der Schwabenburg arbeiteten auch weitere Künstler: Albert Kappis aus Tübingen und zwei Stuttgarter: der Genremaler Friedrich Ortlieb (1839–1909), und der Landschaftsmaler Carl Ebert (1821–1885). Ganz in der Nähe waren die Ateliers befreundeter Maler: von Rudolf Epp (1834–1910) in der Landwehrstraße 43 und von Heinrich Zügel (1850–1941) in der Landwehrstraße 23 (Rgb).

Christian Mali war Landschaftsmaler und erhielt zahlreiche Ehrungen, u.a. auch den bayerischen St. Michaelsorden, den ihm Prinzregent Luitpold bei einem seiner Atelierbesuche verlieh. Anton Braith gehört zu den bedeutendsten Tiermalern des 19. Jahrhunderts, gemeinsam mit Mali bediente er eine rege Nachfrage, die beiden sind auf zahlreichen Kunstmessen vertreten und können sich mit den steigenden Künstlerhonoraren das Haus in der Landwehrstraße kaufen. Nach dem Tod von Anton Braith erbt Mali das Haus, er stirbt nur ein Jahr später und vererbt das Haus dem Künstler-Unterstützungs-Verein, der es aufstocken lässt zu drei Stockwerken und einem Dachgeschoß und es verdienten Künstlern vermietet bzw. unentgeltlich überlässt. (zB. an Josef Willroider).

Atelier von Braith und Mali in Biberach

Nach dem Umbau wurde das Gebäude Landwehrstraße 46 im Jahr 1914 als „Künstlerhaus Braith und Mali" feierlich eingeweiht, im mittleren Bild oben ist der Garten mit den Büsten der beiden Künstler zu sehen. Braith hatte seinen ganzen künstlerischen Nachlass seiner Heimatstadt Biberach vermacht und damit auch die Einrichtung seines Ateliers, das in Biberach heute noch als ein seltenes Kulturgut ausgestellt ist. Der Künstler-Unterstützungs-Verein hat das Gebäude Anfang der 1950er Jahre verkauft, kurz darauf entstand ein Neubau, in dem heute das Hotel Verdi bzw. im Vorderhaus der türkische Supermarkt Verdi untergebracht sind.

Atelier von Bruno Piglhein, Foto Teufel

Bruno Piglhein

In der Pettenkoferstraße 22/I. Stock wohnte der Panoramenmaler und gebürtige Hamburger Bruno Piglhein (1848–1894) und nach seinem Tod seine Witwe Emilie, geb. Nägelein. Piglhein hatte u.a. in Hamburg, Dresden und Weimar studiert und ab 1871 in München an der Akademie. Ein Ölbild (Heiland am Kreuz), das vom Industriellen Krupp angekauft wurde, machte ihn schlagartig berühmt. Es folgten zahlreiche eher religiöse Themen aber auch Darstellungen aus „zweifelhaften Gesellschaftskreisen". Anfang Februar 1885 erhielt Piglhein den Auftrag zu einem großen Panorama-Gemälde der Kreuzigung Christi. Unmittelbar danach unternahm er mit seiner Gattin und den beteiligten Malern eine Studienreise nach Palästina.

Bruno Piglhein war Mitglied beim Künstlerverein *Die Elf*, aus dem die Münchner Sezession entstand. Er war Gründungsmitglied und erster Präsident der Münchner Sezession.
Er starb am 15. Juli 1894 und wurde auf dem Alten Südlichen Friedhof bestattet (Grab 9-10-29). Im gleichen Haus wohnte auch Joseph Krieger, der Mitarbeiter bei Piglheins Panorama der Kreuzigung Christi in der Goethestraße und bei ca. weiteren 12 Panoramen nicht nur in Europa war.

Atelier von Walter Firle, Foto Teufel

Walter Firle

Walter Firle, 1859 in Breslau geboren, sollte eigentlich Kaufmann werden. Gegen den Willen seiner Eltern begann er 1879 ein Studium an der Münchner Akademie. 1882 brach er aus finanziellen Gründen sein Studium ab und begab sich auf Selbststudium nach Italien und in die Niederlande. Als er nach München zurückkam, konnte er das Bild „Morgenandacht in einem holländischen Waisenhause" an die Berliner Nationalgalerie verkaufen. Bereits 1890 wurde er zum königlichen Professor berufen.
Neben Genres malte er auch Porträts. Die Vorstellung, die wir z.B. von Prinzregent Luitpold, König Ludwig III., Königin Marie Therese und Reichspräsident von Hindenburg haben, basieren oftmals auf seinen Porträts. Ebenso Briefmarkenserien unter König Ludwig III.

Walter Firles Atelier war in der Pettenkoferstraße 28 im 3. Stock. Er war nicht verheiratet, seine Schwester Elise führte ihm den Haushalt. Firle starb am 20. November 1929 im Alter von 70 Jahren. Heute steht an der Stelle das Haus von Missio München, Internationales Katholisches Missionswerk.

Künstlerviertel Ludwigsvorstadt

Die alten Adressbücher geben einen Einblick in die Dichte der Künstlerateliers im sogenannten Schwanthalerviertel zwischen 1864 und 1915. Die hochgestellte Jahreszahl am Ende des Eintrags zeigt in welchem Jahr der Künstler an der jeweiligen Adresse gemeldet war. Nicht immer ist ersichtlich, ob es die Wohnung, das Atelier oder beides war. Manchmal ist auch das Haus im Besitz des Künstlers. Des öfteren ist die Witwe weiterhin an der Adresse gemeldet, wie bei Emilie Piglhein der Witwe des Panoramamalers Bruno Piglhein in der Findlingstraße 22 (heute Pettenkoferstraße). Die weißen Ziffern in den roten Punkten der Ortsangaben zeigen die Anzahl der Künstler pro Haus. Es gibt durchaus Häuser mit mehr als 10 Nennungen, vor allem wenn die Angaben aus mehreren Jahren stammen. Das deutet auf einen regen Wechsel hin, meist in Zusammenhang mit Studium, Reisen, Familie und auch dem künstlerischen Erfolg oder Misserfolg. Es ist daher nicht verwunderlich, wenn manche Künstler öfter in den Adressangaben auftauchen. Einige Häuser haben sich zu regelrechten Künstlerhäusern entwickelt, allen voran die „Schwabenburg“ der Maler Braith und Mali in der Landwehrstr. 46, aber auch in der Heustr. 20, in der Schwanthalerstr. 26 und 27 gab es Schwerpunkte. Die Zuordnung zur Karte wird erschwert durch diverse Straßenumbenennungen und Änderungen der Nummerierungen.

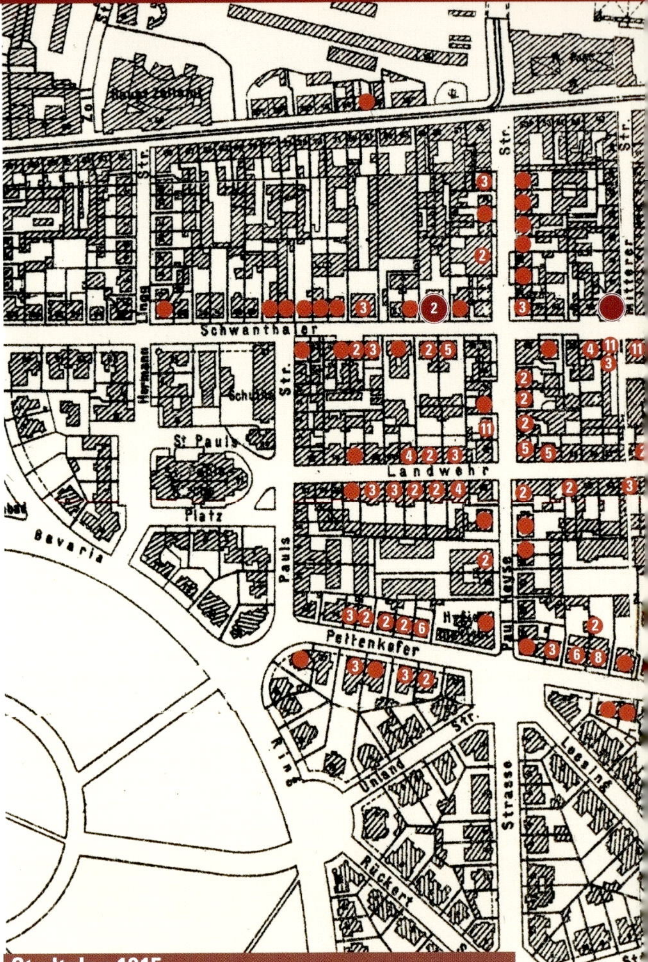

Stadtplan 1915

Bayerstraße

7d*/0 Rottenhöfer, Karl, B [1875]
7d/I Foltz, Philipp von, 1805–1877, K [1875]
11/III Reiff, Franz, K [1864]
12a/III Rorich, Franz, K [1875]
21 Spieß, Michael, B
21/III Appold, Karl, K [1864]
22 Oswald, Anton, K [1864]
27a/II Bach, Alois, 1809–1893, K [1875]

Goethestraße

1b* Rheineck, Eduard, 1838–1918, B [1875]
2/III Müller, Moriz Joseph, 1841–1899, K [1875]
4/III Bolanachi, Constant., 1829 ?–1907, K [1875]
12/I Volz, Friedrich, 1817–1886, K [1875]
13/0 Hettich, Eugen, 1848–1888, K [1875]
13 Pixis, Theodor, 1831–1907, K
13a/II Franck, Adolph Theodor, 1841–1929, K [1875]
28/III Kellner, Hermann, 1849–1926, K [1915]
28/III Damberger, Joseph, 1867–1951, K [1915]
44/III Korn, Simon, B [1915]
45* Dittmar, Bernhard, F [1915]
45/IV Rummel, Adolf, 1872–?, K [1915]
45/IV Wenig, Konrad, K [1915]
45/IV Kugler, Joseph, 1867–1946, K [1915]
49/IV Aulhorn, Hans, 1878–1961, K [1915]

Heustraße (ab 1905 Paul-Heyse-Straße)

3/II Emminger, Eberhard, K, [1864]
4*/0 Danjeczek, Emanuel, K, [1875]
4/I Lossow, Heinrich, 1842–1897, B [1864 1875]
4/II Busch, Wilhelm, K [1864]
5/II Hofelich, Friedrich, 1842–1903, K [1875]
6/II Walde, Hermann, 1827–1883, Ks [1875]
7/I Schmid, Adolph, 1827–1880, K [1864 1875]
9/I Braun, Simon, 1834–1875, L [1875]
10*/0 Schmidt, Georg, B [1875]
10/0 Barsam, Andr., B [1864]
13/III Horst, Ludwig Gustav, 1829–1891, K [1875]
17 Löffler, August, 1822–1866, K [1864]
17/IV Lindenschmitt, Wilhelm, K [1864]
18/I Meixner, Ludwig, 1828–1885 K [1864 1875]
19/I Müller, August, Ks [1875]
19/II Gebhardt, Ludwig, 1830–1908, K [1875]
20a* Schlessinger, Felix, 1833–1910 K [1875]
20/II Keller, Konrad, K [1864]
20/III Heyn, August, 1837–1920, K [1875]
20a/I Kappis, Albert, 1836–1914, K [1875]
20a/II Keller, Wilhelm, 1854–1920 ?, K [1875]
20a/II Epp, Rudolph, 1834–1910, K [1875]
20a/II Epp, Louis, B [1875]
20a/III Riedmann, August, K, [1875]
20a/III Köbel, Georg, 1807–1894, K [1864]
20a/IV Beck, Philipp, C [1875]
20a/IV Meißner, Ernst Adolph, 1837–1902, K [1875]
21*/I Herwegen, Peter, 1814–1893, K [1864 1875]
21a/II Föderle, Karl, L., [1875]
21a/II Keller, Bruno, L. [1875]
23/0 Geck, Friedrich, K [1864]
23/0 Ebinger, Georg, K [1864]
23/I Herpfer, Karl Wilhelm, 1836–1897, K [1864]
23/I Bauerle, Karl, 1831–1912, K [1864]
23/R/I Hirth, Johann Gottfried, B [1875]
24/II Mayer, Aug., K [1875]
25/III Dietrich, Wilhelm, K [1875]
25/II Müller, Moriz, 1841–1899, K [1864]

Kunstmaler und Bildhauer

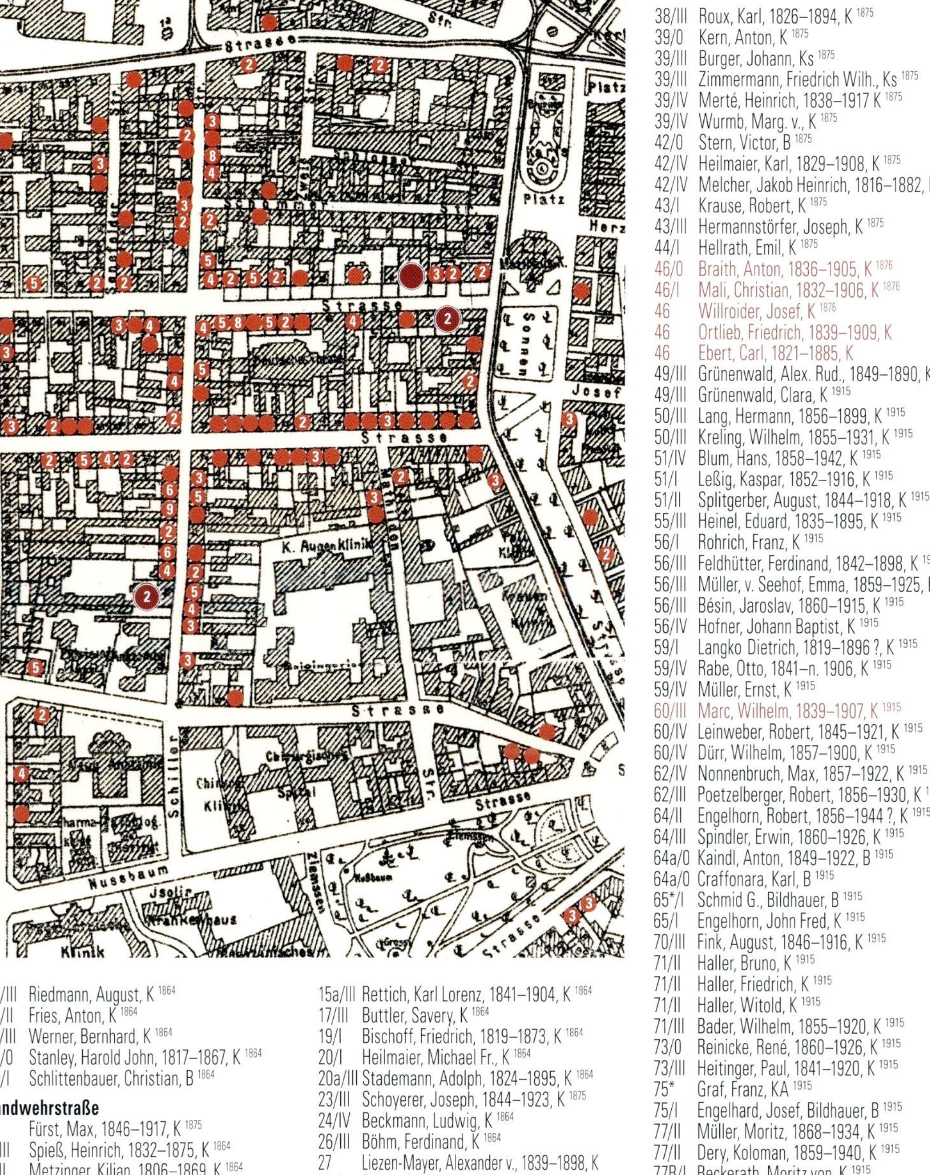

6/III Riedmann, August, K [1864]
6/II Fries, Anton, K [1864]
7/III Werner, Bernhard, K [1864]
9/0 Stanley, Harold John, 1817–1867, K [1864]
0/I Schlittenbauer, Christian, B [1864]

andwehrstraße

Fürst, Max, 1846–1917, K [1875]
/III Spieß, Heinrich, 1832–1875, K [1864]
/II Metzinger, Kilian, 1806–1869, K [1864]
/II Brizzi, Karl, 1822–1878, K [1864]
/I Diehl, Konrad, K [1864]
/II Nielßen, Clemence, 1842–1928, K [1915]
0/0 Seitz, Anton, 1829–1900, K [1864]
0/0 Sayer, Paul, 1832–1890, B [1864]
0/I Wink, Anton, B [1864]
1/III Leyde, Heinrich, K [1875]
2/0 Kurella, Ludwig von , 1834–1902, K [1876]
3/II Mathes, Nikolaus, K [1864]
4/III Conz, Gustav Heinrich, 1832–1914, K [1864]
5a Peschl, Karl H., K [1864]
5a Lichtenheldt, Wilhelm, 1817–1891, K [1864]

15a/III Rettich, Karl Lorenz, 1841–1904, K [1864]
17/III Buttler, Savery, K [1864]
19/I Bischoff, Friedrich, 1819–1873, K [1864]
20/I Heilmaier, Michael Fr., K [1864]
20a/III Stademann, Adolph, 1824–1895, K [1864]
23/III Schoyerer, Joseph, 1844–1923, K [1875]
24/IV Beckmann, Ludwig, K [1864]
26/III Böhm, Ferdinand, K [1864]
27 Liezen-Mayer, Alexander v., 1839–1898, K
28/I Braun, Reinhold, 1821–1884, K
29*/0 Fritsche, Heinrich, L F [1875]
29/I Seebacher, Ferdinand, K [1864]
30/III Wie, Gustav, K, [1875]
34/R/0 Schultz, August, B [1875]
35/I Quaglio, Franz, 1844–1920, K [1875]
35/III Lichtenheld, Wilhelm , 1817–1891, K [1875]
36/II Kronberger, Karl, 1841–1921, K [1890]
37/0 Düll, Wilhelm von, 1845–1920, K [1875]
37/III Rose, Julius, K [1875]
37/III Wagner, Friedrich, Ks [1875]
37/III Rederer, Eduard, K [1875]
38/II Frey, Wilhelm, 1826–1911, K [1875]

38/III Roux, Karl, 1826–1894, K [1875]
39/0 Kern, Anton, K [1875]
39/III Burger, Johann, Ks [1875]
39/III Zimmermann, Friedrich Wilh., Ks [1875]
39/IV Merté, Heinrich, 1838–1917 K [1875]
39/IV Wurmb, Marg. v., K [1875]
42/0 Stern, Victor, B [1875]
42/IV Heilmaier, Karl, 1829–1908, K [1875]
42/IV Melcher, Jakob Heinrich, 1816–1882, K [1875]
43/I Krause, Robert, K [1875]
43/III Hermannstörfer, Joseph, K [1875]
44/I Hellrath, Emil, K [1875]
46/0 Braith, Anton, 1836–1905, K [1876]
46/I Mali, Christian, 1832–1906, K [1876]
46 Willroider, Josef, K [1876]
46 Ortlieb, Friedrich, 1839–1909, K
46 Ebert, Carl, 1821–1885, K
49/III Grünenwald, Alex. Rud., 1849–1890, K [1915]
49/III Grünenwald, Clara, K [1915]
50/III Lang, Hermann, 1856–1899, K [1915]
50/III Kreling, Wilhelm, 1855–1931, K [1915]
51/IV Blum, Hans, 1858–1942, K [1915]
51/I Leßig, Kaspar, 1852–1916, K [1915]
51/II Splitgerber, August, 1844–1918, K [1915]
55/III Heinel, Eduard, 1835–1895, K [1915]
56/I Rohrich, Franz, K [1915]
56/III Feldhütter, Ferdinand, 1842–1898, K [1915]
56/III Müller, v. Seehof, Emma, 1859–1925, K [1915]
56/III Bésin, Jaroslav, 1860–1915, K [1915]
56/IV Hofner, Johann Baptist, K [1915]
59/I Langko Dietrich, 1819–1896 ?, K [1915]
59/IV Rabe, Otto, 1841–n. 1906, K [1915]
59/IV Müller, Ernst, K [1915]
60/III Marc, Wilhelm, 1839–1907, K [1915]
60/IV Leinweber, Robert, 1845–1921, K [1915]
60/IV Dürr, Wilhelm, 1857–1900, K [1915]
62/IV Nonnenbruch, Max, 1857–1922, K [1915]
62/III Poetzelberger, Robert, 1856–1930, K [1915]
64/II Engelhorn, Robert, 1856–1944 ?, K [1915]
64/III Spindler, Erwin, 1860–1926, K [1915]
64a/0 Kaindl, Anton, 1849–1922, B [1915]
64a/0 Craffonara, Karl, B [1915]
65*/I Schmid G., Bildhauer, B [1915]
65/I Engelhorn, John Fred, K [1915]
70/III Fink, August, 1846–1916, K [1915]
71/II Haller, Bruno, K [1915]
71/II Haller, Friedrich, K [1915]
71/II Haller, Witold, K [1915]
71/III Bader, Wilhelm, 1855–1920, K [1915]
73/0 Reinicke, René, 1860–1926, K [1915]
73/III Heitinger, Paul, 1841–1920, K [1915]
75* Graf, Franz, KA [1915]
75/I Engelhard, Josef, Bildhauer, B [1915]
77/II Müller, Moritz, 1868–1934, K [1915]
77/II Dery, Koloman, 1859–1940, K [1915]
77R/I Beckerath, Moritz von, K [1915]
79/II Petry, Jakob u. Kath., KH [1915]
79R/II Schön, Hugo, KH [1915]
79R/II Wierusz-Kowalski, Alf., 1849–1915, K [1915]
81/I Wentzel, Adolf, K [1915]

Legende

A	Architekt	KA	Kunstanstaltsbesitzer
B	Bildhauer/in	Ks	Kupferstecher
C	Ciseleur	L	Lithograph
F	Fotograph	R	Rückgebäude
K	Kunstmaler/in	Q	Querbau
*	Hausbesitzer	Ww	Witwe
1864	Jahreszahl der Nennung im Adressbuch	X	Xylograph

Mathildenstraße
3/III Hoppe, Friedrich W., K [1864]
4/I Gipner, Theodor, K [1864]
4/I Millis, Theodor, B [1864]
4/II Godecki, Michael, K [1864]
7/0 Bärtl, Joseph A., K [1864]
7/II Riegel, Adam F., B [1864]

Pettenkoferstraße (bis 1902 Findlingstraße)
1/II Borg, Gustav, K [1864]
2 Probst, Jakob, B
3b/0 Adam, Benno, 1812–1892, K [1864]
10 Dillmann, Otto, K
14/II Gavel, Charlotte von, 1833–1894, K [1890]
14/II Igler, Gustav, 1842–1938 , K [1890]
14/II Klaus, Christian, 1843–1893, K [1889]
14/III Schildknecht, Georg, 1850–1939, K [1890]
14/IV Stocks, Mina, 1846–1928, K [1917]
17/IV Witzel, Rudolf, 1867–1925, K [1917]
17/IV Philips, Hermann August, 1844–1927, K [1917]
18/I Petri, Luise, K [1917]
18/I Möller, Reinhold von, 1847–1918, K [1889]
20/I Schleich, Robert, 1845–1934, K [1889]
20/II Erdmann, Moritz, 1845–1919, K [1890]
20/II Diamant, Bruno, 1867–1942, B [1917]
20/II Buchner, Hans, 1856–1941, K [1917]
20/Q/0 Schmidt, Otto, K [1917]
20/Q/III Guntermann, Joseph, 1856–1932, K [1917]
21/I Rösl, Joseph, 1853–1931, K [1917]
22/I Piglhein, Elimar U. Bruno, 1848–1894, K [1889]
22/I Piglhein, Emilie, KWw [1917]
22/II Kuhr, Charlotte, K [1917]
22/IV Kleinert, Josef Edgar, 1859–1949, K [1889]
22/Q/I Max, Heinrich, 1847–1900, K [1889]
22/Q/I Max-Ehrler, Louise, 1850–1920, K [1889]
22/Q/III Kuhlmann, Emil, 1886–1957, K [1917]
22/Q/0 Krieger, Joseph, 1848–1914, K [1890]
23/0 Greif, Georg, KA [1890]
24/III Bandtke, Ladislaus von, K [1890]
25/0 Meisenbach, Georg, 1841–1912, KA [1890]
26/0 Protz, Alfred, K [1917]
26/0 Krichelsdorf, Karl, 1863–1934, K [1890]
26/I Rüdisühli, Herrmann, 1864–1944, K [1917]
26/I Jochmus, Heinrich Harry, 1855–1915, K [1890]
26/II Rabending, Fritz, 1862–1929, K [1917]
26/II Kronberger, Karl, 1841–1921, K [1917]
26/III Seiler, Karl, 1846–1921, K [1890 1917]
26/III Küstner, Karl, 1861–1934, K [1917]
26/Q/0 Huber, Johann, 1860–?, B [1917]
26/R/III Schultz, Karl, K [1889]
28/I Ende, Felix Friedrich v., 1856–1929, K [1889]
28/II Niedermayr , Joseph, K, 1917
28/II Arends, Karl Oskar , 1863–1932, K [1917]
28/III Falkenberg, R., K [1889]
28/III Firle, Walter, 1859–1929, K [1917 1890]
28/III Lammert, Eduard, 1867–1957, K [1917]
29/0 Voltz, Richard, 1859–1933, K 1917
29/II Strathmann, Karl, 1866–1939, K [1917]
30/I Schleich, Eduard, 1853–1893, K [1890]
30/III Baer, Christian Max, 1853–1911, K [1890]
30/III Strobentz, Fritz, 1856–1929, K [1917]
31* Brüchle, August, K [1917]
31/I Flesch-Brunningen, Esuzy v, 1856–1934, K [1917]
31/III Destouches, Johanna, 1869–1956, K [1917]
32/I Meisel, Ernst, 1838–1895, K [1890]
33/III Erler, Fritz, 1868–1940, K [1917]
35/I Frauendorfer-Mühlthaler, Helene v., K [1917]
35/III Putz, Leo, 1869–1940, K [1917]
35/III Blell, Frieda, 1874–1951, K [1917]

36* Seltenhorn, Mar., K [1917]
36/0 Werson, Jules, 1884–1967, B [1917]
36/0 Singer, Albert, 1869–1922, K [1917]
36/III Rabending, Fritz Wilhelm, 1862–1929, K [1917]
36*/0 Seltenhorn, Gottfried, K [1890]
36/II Leichtle, August, 1842–19??, K [1890]
38/II Kronberger, Karl, 1841–1921, K [1917]
38/III Meermann, Arno, 1829–1908, K [1890]
39/II Bartels, Wanda von, 1861–1921, KWw [1917]
40/III Wimmer, Konrad, 1844–1905, K [1890]
40/III Schmitzberger, Joseph, 1851–1936, K [1917]
42/II Jonas, Paul, K [1889]
42/I Stademann, Adolf, 1824–1895, K [1890]
44/III Beckmann, Konrad, 1846–1902, K [1890]
44/II Preuschen, Hermine von, 1854–1918, K [1889]
44/II Lesker, Ludwig, 1840–1890, K [1890]

Schillerstraße (bis 1860 Singstraße)
3 Jaeger, Robert, 1808–1871, K
3/I Rocker, Peter, B [1864]
3/I Rieß, Traugott, K [1864]
4 Fugger, Ignaz, F
5 Lang, Heinrich, 1838–1891, K
5R/I Noder, Georg, K [1875]
5/I Schwarz, Ludwig, G [1875]
5 Vollmar, Kunigunde, KWw
5 Ulseß, Leopold, B
5 Heinecker, Ignaz, K
5/II Rose, Emil, Ks [1889]
5/R/II Rösch, Ulrich, F [1889]
6 Ebner, Amalie, FWw
6/0 Kern, Anton, K [1864]
6/I Voltz, Friedrich, K [1864]
6/II Plangg, Christ., K [1864]
7/II Wieser, Ludwig, K [1864]
7/II Costenoble, Karl, 1837–1907, B [1864]
9/II Blau, Tina, 1845–1916, K [1889]
9 Böham, Franz, F [1889]
9/II Lang, Jakob Heinrich, 1838–1891, K [1875]
9/III Jaeger, Robert, 1808–187, K [1889]
9/III Rose, Emil, Ks [1875]
9/0 Muschweck, Albrecht, 1857–1919, B [1889]
10 Schaumann, Heinrich, 1841–1893, K
10 Futterer, Katharina, KWw [1889]
10 Kölbl, Georg, K [1875]
10/II Vollmar, Kunig., KWw [1889]
12R*/I Fessler, Adolph, K [1875]
12* Hirt, Johann, 1836–1897, B [1889]
12* Hirt, Nanette, B [1889]
12 Müller, Andreas, K
12/II Ebner, Amalie, F [1889]
13/III Grob, Konrad, 1828–1904, K [1889]
14*/I Dreselly, Anton, L [1875]
14 Kmella, Ludwig, K [1864]
14/I Flörl, Anton, K [1864]
15 Lindenschmit, Herrmann, 1857–1939, K
15 Smith, Frederic, K
15 Steffan, Arnold, K [1875]
15/I Ranzinger, Anton, 1850–1924, K [1889]
15/0 Groß, Anna, BWw [1889]
16/III Heinecker, Ignaz, K [1889]
18/II Böham, Franz, F [1889]
19/0 Voltz, Ludwig, 1825–1911, K [1875]
19/0 Häfner, Karl, 1814–1873, K [1864]
20/I Berlepsch, Hans v., 1849–1921, K [1889]
20/0 Meermann, Arnold, 1829–1908, K [1875]
20/0 Weingartner, Joseph, 1810–1884, K [1864]
20/I Wolfinger, Max, 1837–1913, K [1864]
20/II Schaumann, Heinrich, 1841–1893, K [1889]

21/R/0 Bielohaubeck, Ludwig, B [1889]
21/R/I Schwarz, Josef, B [1889]
21a/R/0 Fehr, Friedrich, 1862–1927, K [1889]
21a R/I Vetter, Karl, 1858–1936, K [1889]
22/I Knoll, Konrad, B [1875]
22/III Lamprecht, Wilhelm, 1838–1922, K [1875]
22 Steffan, Johann Gottfried, 1815–1905, K [1864]
23*/I Weiß, Anna, KWw [1889]
23/0 Adam, Franz, 1815–1886, K [1864]
23/I Weiß, Olga, 1853–1903, K [1889]
25½/0 Adam, Albrecht, 1786–1862, K [1829, 1862]
25½/0 Adam, Benno, 1812–1892, K [1875]
25½/0 Weigand, Konrad, 1842–1897, K [1889]
26/0 Schindelars, Karl, B [1889]
26/0+I Rietzler, Franz Xaver (Adamei), 1838–1900, B [18…]
26/R/II Czarchorski, Wladislaw v., 1850–1911, K [1889]
27/I Steffan, Johann Gottfried, K [1875]
27R/0 Rohde, Karl, K [1875]
27/0 Geiger, Clemens, K [1889]
27/0 Meyer, Konradin Kunz, 1859–1953, K [1889]
27/0 Adam, Julius, 1852–1913, K
27/R/I Schweighart, Josef, K [1889]
28/0 Spieß, August, 1841–1923, K [1889]
28/R/I Melcher, Louise, KWw [1889]
29*/II Lindenschmitt, Wilhelm, 1829–1895, K [1875 188…]
29/0 Goltsch, Friedrich, K, [1864]
29/I Adam, Eugen Karl, 1817–1880, K [1864]
29/I Nörr, Julius, 1827–1897, K [1889]
29/III Stelzner, Heinrich, 1833–1910, K [1875]
29/0 Wegmann, Bertha, 1847–1926, K [1875]
29/0 Voltz, Ludwig, 1825–1911, K [1864]
29/II Küster, Ernst, 1834–1907, K [1864]
29/II Smith, Fedric, K [1889]
30/I Aurweck, Joseph, K [1864]
30/II Kohn, Samuel, K [1864]
30a Rostocky, Oswald, 1839–1868, K [1864]
30/II Boshard, Johann Caspar, 1823–1887, K [1864]
30/III Bechstein, Ludwig, 1843–1914, K [1864]
30/III Futterer, Katharina, KWw [1889]
31/R/I Roiner, Josef, B [1889]
32/0 Steininger, Franz Joseph, K [1864]
32/II Eckert, Eduard, B [1864]
34/I Baumann, Julius, K [1864]
34/II Bethke, Hermann, 1825–1895, K [1875]
34/III Büttner, Gustav Herm., K [1875]
34/II Hautmann, Johann Nep., 1820–1903, B [186…]
34/I Henneberg, Rudolf, 1826–1876, K [1864]
35/II Knüpfer, Beneš, 1844–1910, K [1875]
39/R/0 Zwirlein, Georg, K [1889]
40 Penther, Daniel, 1837–1887, K [1864]
40/II Klimsch, Eugen, 1839–1896, K [1864]
41/0 Hennings, Johann Friedr., 1838–1899, K [1864]
41/II Mitterhuber, Paul, B [1864]
42/I Benz, Severin, 1834–1898, K [1864]
44/II Fuggs, Max, K [1864]
45/I Dragendorff, Heinrich, K [1864]
45/0 Endraß, Xaver, B [1864]
48/I Braßholz, Gottlieb, K [1889]

Schommerstraße
10*/I Mayr, Karl, Ks [1875]
17a*/I Holzer, Carl, F [1875]

Schwanthalerstraße (bis 1850 Lerchenstraße)
1/I Püschel, Alfred, B [1864]
1/III Mathaus , Hermann, F [1876]
2/0 Schwanthaler, Rudolf (Atelier), 1842–1879, B [187…]
4/0 Luger, Stephan, F [1876]
4/I Rosenthal, Tob., 1848–1917, K [1876]
4/II Valentin, Joseph, K [1864]

5/0 Mettleitner, Michael, F [1876]
0a/IV Los, Wladimir, K [1876]
1a/III Rorich, Franz, K [1864]
1a/III Reinherz, Konrad, 1835–1892, K [1864]
1a/III Stypulkowsky, Theodor, K [1876]
1a/II Schieß, Traugott, 1834–1869, K [1864]
4/III Beckmann, Johann, 1809–1882, K [1864]
3/III Biehringer, Heinrich, 1823–1895, K [1864]
5/II Hasenclever, Karoline, KWw [1876]
6/III Correns, Erich, 1821–1877, K [1876]
6/0 Baumeister, Johann, 1833–1876, B [1864]
7½/III Maurer, Karl, K [1876]
7/III Geisler, Wilhelm, K [1864]
8½/0 Vollmar, Ludwig, 1842–1884, K [1876]
8½/I Poschinger, Richard, 1839–1915, K [1876]
8½/II Lier, Adolph, 1826–1882, K [1876]
8½/III Metz, Cäsar, 1823–1895, K [1876]
8½/III Her, Theodor, 1838–1892, K [1876]
9½/0 Max, Gabriel, 1840–1915, K [1876]
9½/II Bolanachi, Constant., 1838–1903, K [1876]
9½/III Beyschlag, Robert, 1838–1903, K [1876]
9½/III Brandt, Józef, 1841–1915, K [1876]
9/0 Folingsby, George Fred., 1828–1891, K [1864]
0/II Kappis, Albert, 1836–1914, K [1864]
1/I Voglsang, Franz Xaver, K [1864]
2/0 Grabichler, Alois, 1839–1886, B [1876]
2/I Schütze, Wilhelm, 1840–1898, L [1876]
2/I Heilmayer, Karl, 1829–1908, K [1864]
2/I Schramm, Gottlieb, K [1864] [1876]
3/0 Severin, Julius, 1840–1883, K [1876]
3/I Zügel, Heinrich, 1850–1941, K [1876]
3/II Kurz, Michael, Ks [1876]
3/R/0 Förster, Erwin, K [1876]
3/R/II Deininger, Franz Karl, K [1876]
3/R/II Müller, August, 1836–1885, K [1876]
3/R/II Hofmann, Karl, 1852–1926, K [1876]
3/III Weysser, Karl, 1833–1904, K [1864]
5/R/II Weber, Franz Xaver, 1831–1887, K [1876]
5/R/II Assmus, Robert, 1837–1904, K [1876]
5 Pohl, Johann G., K [1864]
5/II Spieß, August, K [1875]
5/I Schefzky, Josef, B [1875]
6/I Wolf, Johann, X [1876]
6/I Baumgärtner, Louise, K [1876]
6 Riedmann, August, K [1864]
6 Pöppel, Heinrich, 1823–1889, K [1864]
6/0 Lütz, Eduard, K [1864]
6/II Barfuss, Paul, 1823–1895, Ks [1876]
6/II Schüz, Theodor, 1830–1900, K [1864]
6/II Wagner, Bernhard, K [1864]
6/I Naumann, Karl, 1827–1902, K [1864]
6/0 Höfer, Heinrich, 1825–1878, K [1864]
6/II Grünwald, Jakob, 1821–1896, K [1864]
7/I Geist, August, 1835–1868, K [1864]
7/II Porst, Adolph, K [1864]
7/0 Mutter, Jakob, B [1876]
7/I Preckle, Amalie, BWw [1876]
7/I Mutter, Leopold, 1827–1887, B [1876]
7/II Heisinger, Georg, Ks [1875]
7/R Langko, Dietrich, 1819–1896, K [1876]
7/R Hartmann, Ludwig, 1835–1902, K [1876]
7/R Hoff, Konrad, 1816–1883, K [1876]
7 Spieß, Michael, B
7/II Zimmermann, August R., 1820–1875, K [1864]
7/I Hof, Konrad, K [1864]
7/I Fahrbach, Karl, 1835–1902, K [1864]
3/I Hauberrisser, Georg, 1841–1922, A [1876]
8/III Straub, Karl, L [1876]

Atelier von Walter Firle, Foto Teufel

29/IV Christfeld, Albert, 1822–1900, K [1876]
30/II Hacker, Horst, 1842–1906, K [1876]
30/III Wenglein, Josef, 1845–1919, K [1876]
31/0 Pfefferle, Josef, K [1876]
31/I Renn, Josef, 1820–1894, B [1876]
31/II Gabl, Alois, 1845–1893, K [1875]
36/III Laupheimer, Anton, 1848–1927, K [1876]
36a/III Hemstedt, Hermann, 1839–1880, K [1876]
36a/III Piglhein, Elinar Bruno, 1848–1894, K [1876]
36a/III Kurella, Ludwig v., 1836–1902, K [1876]
36a/III Neubert, Ludwig Louis, 1846–1892, K [1876]
36 Cohen, Eduard, K
40/II Doll, Anton, 1826–1887, K [1864]
42/0 König, Ferdinand, 1827–1894, K [1876]
42/2 Kaulbach, Friedrich, 1850–1920, K [1876]
43/I Nonnenkamp, Rudolf, 1826–1877, K [1876]
46/I Dill, Ludwig, 1848–1940, K [1876]
49/0 Harrer, Paul Hugo, 1836–1876, K [1864]
49/*I Eberle, Syrius, 1844–1903, B [1876]
49/II Hornemann, Friedrich, 1813–1890 ?, K [1864]
49/R Papperitz, Georg, 1846–1918, K [1876]
49/II Reynier, Emil, 1836–1928, K [1864]
51/0 Doerfler, Georg, K [1876]
56/0 Schön, Ludwig, B [1876]
56/III Wimmer, Konrad, 1844–1905, K [1876]
56/0 Thoma, Andr., K [1864]
57/R/I Ullik, Hugo, 1838–1881, K [1876]
57/R/II Löw, Johann, K [1876]
57/II Schmid, Adolf, K [1876]
57/II Fink, August, 1846–1916, K [1876]
60/I Fröhlich, Ernst, 1810–1882, K [1864]
61/II Stange, Bernhard, 1807–1880, K [1864]
62/II Adam, Joseph, 1855–1916, K [1876]
62/II Adam, Julie, KWw [1876]
64/0 Rechthaler, Joseph, K [1876]
68/I Mecklenburg, Heinrich L., K [1864]
68/I Erdmann, Eduard, 1834–1905, K [1864]
68/0 Bethke, Johann H., K [1864]
69/I Fröhlicher, Otto, 1840–1890, K [1876]
69/I Stäbli, Adolf, 1842–1901, K [1876]
69/III Muttenthaler, Theresia, KWw [1876]
69/III Kreuzer, Barbara, KWw [1876]
69/IV Meyer, Ferdinand, 1833–1917, K [1876]
70/III Meisel, Ernst, 1838–1895, K [1876]
71/II Riedmüller, Xaver von, 1829–1901, K [1864]
71/R Kemeter, Max, K [1876]
72/I Brugger, Friedrich, 1815–1870, B [1864]
74/III Wohnlich, Karl, 1824–1885, K [1876]
75/III Stelzner, Heinrich, 1833–1910, K [1864]
75/II Raupp, Karl, 1837–1918, K [1864]
75/II Klein, Johann Adam, 1792–1875, K [1864]
76/0 Schaumann, Heinrich, 1841–1893, K [1876]
77/II Braun, Heinrich, 1852–1892, K [1876]
77/R Klein, Karl, K [1876]
78/II Ille, Eduard, 1823–1900, K [1864] [1876]
79/I Wopfner, Joseph, 1843–1927, K [1876]
85/II König, Gustav, 1808–1869, K [1864]
90/I Zell, Georg (Schwanthalermuseum), B [1876]
91/IV Makart, Hanns, 1840–1884, K [1864]
91/IV Ebert, Karl, 1821–1885, K [1864] [1876]
92/I Benezur, Julius, K [1876]
91/II Ziegler, Jakob, K [1864]
92/IV Schertel, Emerentia, KWw [1876]

Sendlinger Landstraße (ab 1878 Lindwurmstr.)
1/III Berg, Georg von, K [1864]
1/I Waibler, Friedrich, † 1922, K [1864]
1/I Metz, Cäsar, 1823–1895, K [1864]
3/II Kirstein, Karl, K [1864]
3/I Metzner, Wilhelm, K [1864]
3 Obermüller, Adolph, 1833–1898, K [1864]
15 Lutt, Peter, 1828–1907, B [1875]
21 Hartmann, Ludwig, 1835–1902, K [1864]
51/0 Glück, Karl, K [1864]

Senefelderstraße
8/II Wagner, Erdmann Friedrich, B [1875]
10a/0 Froloff, Alexander, K [1875]
10a Hofmann, Wilhelm, B [1875]
12/I Fischinger, Gustav, K [1875]
13/II Eichhorn, Viktor, B [1875]
13/I Hahn, Georg, 1841–1889, K [1875]
13/II Heubach, Heinrich, Ks [1875]
15/0 Sievers, Adolph, K [1875]

Sonnenstraße
2/IV Hecht, Emil, K [1864]
5/II Reiniger, Ernst, 1841–1873, K [1864]
5/II Tobler, Johann Victor, 1846–1915, K [1864]
5/II Kirchner, Emil, 1813–1885, K [1864]
8/II Halbig, Johann, 1814–1882, B [1875]
9/0 Schmid, Georg, B [1864]
9/0 Scheuerer, Adolph, KF [1864]
19/0 Doepler, Karl Emil, K [1864]
19/II Rhomberg, Hanno, 1819–1864, K [1864]
19/II Schraudolph, Johann, K [1864]
21/II Richter, Emil Theodor, 1801–1878, K [1864]
21/III Spillmann, Johann Gg., K [1864]
23/II Schwind, Moriz, 1804–1871, K [1864]
26/0 Swertschkoff, Wladimir, 1821–1888 ?, K [1864]
26/0 Kunde, Ernst, K [1864]

Künstlerviertel Ludwigsvorstadt

Lovis Corinth über die Künstler der Ludwigsvorstadt

Lovis Corinth (1858 – 1925) war von 1880 – 1882 zum Studium in München und nach Militärdienst und weiteren Reisen wieder von 1891 – 1901. Er war inmitten der modernen Strömungen von Landschaftsmalern und Impressionisten, in der Allotria, der Secession und als ihm diese zu konservativ vorkam, trat er der Freien Vereinigung der XXIV / Münchner 24 bei. Viele Jahre war er danach in Berlin, ab 1919 verbrachte er einen großen Teil seines Lebensabends in seinem Haus am Walchensee.
Lovis Corinth, damals noch Louis Corinth beschreibt in der Zeitschrift „Kunst für alle" das Münchner Künstlerleben. Nicht nur die Allotria war ein beliebter Künstlertreff, sondern auch die Veltliner Weinhalle in der Schillerstraße 41: *„Ein Hauptlager – gewissermaßen die Allotria im kleinen – war die Veltliner in der Schillerstraße. Hier hingen stattliche Ölgemälde an den Wänden: Tauschartikel für genossenen Wein. Da saßen sie dann lachend und schwatzend zusammen: der Stäbli, der Bayersdorfer, der Schwabenmaier, der Sachse Arthur Langhammer, Emélé, ein Badenser, der seinen Namen mit Akzenten auf den ‚E's' auf seine Faust verschönt hatte, und andere mehr…. Unter den Tischen und in der Küche trieb Hipp sein Wesen, der Hund Langhammers… Das Leben, das sie führten, war nicht dazu angetan lange zu währen. Der Wechsel in Entbehrungen und Überfluss, selten genügendes Essen und immer unmäßiges Trinken, schwächten doch schon in den vierziger Lebensjahren ihre Widerstandskraft. Ich glaube Stäbli starb zuerst."*

Der Landschaftsmaler **Adolf Stäbli** (1845 – 1901) kam aus der Schweiz und war 1876 in der Schwanthalerstraße 69 und 1879 in der Kleestraße 9 (heutige Herrmann-Lingg-Straße) gemeldet. 1898 erhielt er den Professorentitel.
Arthur Langhammer (1854 – 1901) war ein deutscher Maler und Illustrator. Er studierte anfangs an der Kunstakademie in Leipzig und schloss sein Studium 1882 in München ab. Nach Beendigung des Studiums arbeitete er zunächst als Illustrator. Mit seinem Freund Adolf Hölzel unternahm er eine Reise nach Paris. Später war er Landschaftsmaler in Dachau. 1889 ist er in der Gabelsbergerstraße 77, sein Atelier in der Theresienstraße 75 zu finden.
Wilhelm Emelé (1830 – 1905) war Schlachten-, Historien- und Pferdemaler. 1851 war er zum Studium an der Kunstakademie nach München gekommen. Als Schlachtenmaler nahm am er am Französisch-Deutschen Krieg teil. Ab 1876 war er wieder in München ansässig. 1879 ist er in der Schwanthalerstraße 36a gemeldet
Guschtav Schwabemaier, unter Freunden „Guschtävle" genannt, hieß Gustav Meier, war um 1876 in der Landwehrstraße 59 gemeldet und um 1889 in der Schwanthalerstraße 80, Atelier Schillerstraße 26 Rgb. Er wechselte zwischen der malenden und schreibenden Kunst, war aber ein richtiger Künstler, vor allem in der „Wirtshaus-Kommunikation" und der Beschaffung von Wein durch Schuldverschreibungen auf seine Werke oder das Mühle-Spiel.
Adolf Bayersdorfer (1842 – 1901) Nach dem Abitur am Wilhelmsgymnasium München studierte Bayersdorfer ab 1862 Philosophie und Kunstgeschichte. Bayersdorfer war in den 1870er bis 1890er Jahren ein renommierter Kunsthistoriker.

Künstlerinnen

Lange war Frauen der Zutritt zur Akademie der Bildenden Künste verwehrt. Doch Talent lässt sich nicht so leicht einbremsen! Die Bildhauerin Elisabet Ney (1833 – 1907) beispielsweise erreichte, dass sie ab 1852 probeweise als einzige Frau in der Klasse von Max Widnmann studieren durfte. Zofia Stryjenska (1891 – 1976) schaffte die Aufnahme in die Akademie 1911 in Männerkleidern unter dem Namen ihres Bruders, aber nur für ein Jahr, dann flog sie auf und musste die Akademie verlassen. Erst ab 1920 war für Frauen das Studium an der Kunstakademie München möglich. Viele Frauen lernten deshalb direkt im Atelier eines Künstlers, an der Kunstgewerbeschule, die ab 1872 eine eigene „weibliche" Abteilung für die Ausbildung von Zeichenlehrerinnen hatte, an der „Damen-Akademie" des Künstlerinnenvereins oder an einer der vielen privaten Kunstschulen.

Auch in der Ludwigsvorstadt haben einige der Künstlerinnen gelebt und gearbeitet:
Mina Stocks (1846 – 1928), Pettenkoferstr. 14 (Stand 1917). Sie malte vor allem Landschaften und Tiere.
Louise Max-Ehrler (1850 – 1920) wohnte 1889 mit ihrem Mann Heinrich Max, dem Bruder von Gabriel Max, in der Findlingstr. 22 (später Pettenkoferstr.). Sie hatte u.a. bei Hans Makart in Wien studiert.
Hermine von Preuschen (1854 – 1918) wohnte mit ihrem Mann Oswald Schmid in der Pettenkoferstraße 44 im 2. Stock. Sie gilt als Erfinderin des historischen Stilllebens und hatte sich tatsächlich mit einem solchen Stillleben eine Anklage wegen Majestätsbeleidigung (in Preussen) eingehandelt.
Esuzy Ludmilla von Flesch-Brunningen (1856 – 1934) lebte in der Pettenkoferstr. 31. Die tschechische Malerin war über Brünn und Wien nach München gekommen.
Johanna von Destouches (1869 – 1956) hatte ihr Atelier in der Pettenkoferstraße 31. Sie malte bevorzugt Blumenbilder.
Frieda Blell (1874 – 1951) kam um 1900 zum Kunststudium nach München und heiratete Leo Putz, Atelier Pettenkoferstr. 35. Er wurde Professor und berühmt, ihre Werke verschwanden in seinem Schatten oder wurden ihm zugeschrieben. Sie wurde nur als Modell auf seinen Bildern bekannt.

Und die Künstler heute?

Import – Export und GAP

Inzwischen ist die Baulücke in der Goethestraße 34 geschlossen. Ein weiterer Lebensmittel- und Drogeriemarkt machen den lokalen Geschäften Konkurrenz und das GAP ist nur noch Erinnerung. Um die Jahrtausendwende begann hier das Leben einer Münchner Kneipe im Zwischenbereich: in einer Baulücke zwischen dem „Türkischen Teil" der Goethestraße Richtung Hauptbahnhof und dem „Villen-Teil" Richtung Goetheplatz, eine Ruheoase zwischen all der Geschäftigkeit rundherum, eine Kneipe mit Begegnung und Kultur für all die Zwischenwelten, die sich hier in Zwischennutzungen und Altbauten entfaltet haben. Norbert Abels war nicht nur Wirt, er organisierte auch Konzerte, Lesungen, Poetry-Slams, Vorträge, Ausstellungen und Treffpunkte, zumindest bis der Bauantrag mit dem Titel: „Um- und Neubau eines Büro- und Geschäftsgebäudes mit großflächigem Einzelhandel" genehmigt war.

Die letzten drei Jahre bekam er noch Verstärkung durch die Initative Import-Export, die in das etwas zu früh leergeräumte Nachbarhaus als Zwischennutzung einzog. Der „kulturelle Brennpunkt", der hier unter Mithilfe von vielen Kreativen und der Nachbarschaft entstanden war und Welten zusammenbrachte, wird schmerzlich vermisst. Gerade hier in der interkulturellen Ludwigsvorstadt fehlen Begegnungsorte für den kulturellen Austausch. Die Schwere-Reiter-Straße ist halt weit weg – auch wenn so wenigstens das inhaltlich offene sozio-kulturelle Programm mit fortgesetzt werden konnte.

Galerie Kullukcu & Gregorian

Bis 2016 war die Galerie in der Schillerstraße 23. Sie ist ein Ort des Austausches für internationale Kunstströmungen und das Experimentieren mit innovativen Kunstauffassungen. Bülent Kullukcu und Karnik Gregorian sagen: *„Wir sind kein Integrationsprojekt einer bestimmten politischen Gesinnung oder Partei. Wir beschäftigen uns nicht mit dem Migrationsthema als eine Art leidiges Thema des gemeinsamen Zusammen Lebens. Wir führen keine Debatte über Kopftücher, den Islam oder das Bildungsniveau von Gastarbeiterkindern und Flüchtlingen. Es geht uns um die zeitgenössische Kunst aller Länder und aller Genres. Ein weiterer Schwerpunkt ist die soziokulturelle Anbindung und Bildung von Menschen mit Migrationshintergrund, die einen erschwerten Zugang zu Kultur und Bildung sowie Kultur- und Bildungseinrichtungen haben."* Die Galerie ist nach einer Zwischenstation in der Dachauerstr 114 mal wieder auf Wanderschaft!

Atelierprojekt Landwehrstraße 39

Noch heute gibt es Kunst in der Ludwigsvorstadt. In der Landwehrstraße 39 können Alle Kurse belegen, die malen, zeichnen oder bildhauern wollen. Vor über 25 Jahren haben sich Absolventen der Münchner Kunstakademie zusammengetan, um unkonventionelle Formen des Kunstunterrichts anzubieten. Das *Atelierprojekt* bietet ein umfangreiches, ganzjähriges Kursprogramm für alle Kunstrichtungen an, erweitert durch Sommerkurse, Kinderkurse, Comic- und Trickfilmkurse u.v.m. Auch Vorbereitung und Mappengestaltung für die Aufnahme an der Akademie der Bildenden Künste ist im Programm.

Ruhmeshalle und Bavaria, 7. November 1918, Foto Pettendorfer

Die Zeit vor der Revolution

Die anfängliche Begeisterung weiter Teile der Bevölkerung im Ersten Weltkrieg wurde schnell gedämpft durch die Erstarrungen des deutschen Vormarsches im September 1914. Es folgte ein zermürbender jahrelanger Stellungskrieg mit furchtbaren Opfern von Millionen von Soldaten und vielen zivilen Verletzten und Toten. Die fortdauernden Kriegsabsichten trotz der offensichtlich ausweglosen militärischen Lage führten bei den betroffenen Matrosen und neu eingezogenen Soldaten zu vermehrten Befehlsverweigerungen und schließlich 1918 zu den Matrosenaufständen in Kiel. Die Bevölkerung hatte längst aufgrund der vielen Menschenopfer und der vollkommen desolaten Versorgungslage das Vertrauen in die Politiker und das unfähige Staatssystem verloren. Der eher unbeliebte bayerische König Ludwig III. (1845 – 1921) war – wie sein träger Beamten- und Ministerialapparat – kaum in der Lage, die Situation zu bewältigen. Der König sperrte sich bis zum Schluss gegen einen Verhandlungsfrieden, bestand im Gegenteil darauf, Gebietsgewinne wie das Elsass für Bayern zu erzielen. Die kriegsbedingten Versorgungsengpässe, die entscheidungsschwache Bürokratie und das uneinsichtige Militär erschütterten das Vertrauen in die Staatsverwaltung. Ein Friede schien mit dem etablierten politischen System unmöglich.

Theresienwiese, 7. November 1918

Für den 7. November hatten die USPD und die SPD gemeinsam zu einer großen Friedensdemonstration auf der Theresienwiese geladen. Ca. 60.000 Beteiligte, viele Matrosen und Soldaten sollen sich hier versammelt haben, an die 10 Redner standen am Hang neben der Bavaria, u.a. Erhard Auer, der vor gewaltsamen Aktionen warnte.

In der Ludwigsvorstadt hat's begonnen

Am nördlichen Rand des Hangs standen Kurt Eisner, Felix Fechenbach und Ludwig Gandorfer, viele Soldaten eilten zu ihnen und als Fechenbach *„die rote Fahne in der Hand"* dazu aufrief: *„Auf in die Kasernen! Befreien wir unsere Kameraden! Es lebe die Revolution!"* folgten die Anwesenden ihm und Eisner den Hang hinauf durch die Kazmairstraße ins Westend, wo sich weitere Soldaten, die teils in der Guldeinschule befreit wurden, ihnen anschlossen. Der Großteil der 60.000 Demonstranten auf der Theresienwiese ging mit Erhard Auer Richtung Friedensengel, wo sich die Demonstration auflöste.

Kurt Eisner (1867–1919)

Journalist und Schriftsteller. Ab 1898 für die SPD im Reichstag und beim „Vorwärts", dem Parteiorgan der SPD. Mitbegründer der USPD. In München arbeitete er bei der Münchner Post, führte Diskussionsabende durch, baute die Münchner USPD auf und unterstützte die Streiks der Rüstungsarbeiter im Januar 1918. Nach Verhaftung am 14. Oktober aus der Haft entlassen und Kandidat für die USPD zum Reichstag. Eisner proklamierte den Freistaat Bayern in der Nacht des 7. November 1918.

Felix Fechenbach (1894–1933)

Handlungsgehilfe einer Schuhwaren-Großhandlung. Gründer der „Jugend-Sektion" der SPD („Achtzehner"). 1914 wurde er eingezogen und verwundet. Durch den Kontakt mit Eisner wurde er zum Pazifisten und wechselte in die USPD. Am 7. November gab er die Losung aus: *„Auf, in die Kasernen!"* Mitglied des Prov. Nationalrats (Soldatenrat) und Sekretär von Eisner. 1922 Verurteilung wg. angebl. Landesverrats zu elf Jahren Zuchthaus. 1933 eines der ersten Opfer des NS-Regimes.

Erhard Auer (1874–1945)

Vorsitzender der MSPD, Landtagsabgeordneter, Mitglied des Provisorischen Nationalrats, erster Innenminister des Freistaats. Er wollte eine Revolution vermeiden, meldete die Friedensdemonstration am 7. November 1918 auf der Theresienwiese an und versprach einen geordneten Ablauf. Bei den Tumulten im Landtag nach der Ermordung von Kurt Eisner wurde Erhard im Landtag angeschossen. Später Reichstagsabgeordneter, 1933–1944 war er mehrmals in Haft und verstarb 1945.

Revolutionäre vor dem Mathäserbräu, November 1918

Rotgardisten vor dem Hauptbahnhof, April 1919

Friedliche Übernahme der Macht

Viele Soldaten nutzten die Befreiung zur Desertation, viele zogen aber auch mit den Revolutionären weiter zu den Kasernen im Marsfeld und schließlich bis zur Türkenkaserne mit der Eliteeinheit des bayerischen Militärs, dem Infanterie-Leibregiment. Aber auch hier schlossen sich v.a. die gerade neu eingezogenen Rekruten an und warfen ihre Gewehre weg. Die sehr wohl eingerichteten Straßensperren der Polizei und des Militärs hatten sich nicht gegen die Revolutionäre gewandt.

„Bayern ist fortan ein Freistaat"

Als Eisner erfuhr, dass die meisten Revolutionäre sich im Mathäser versammelt hatten, eilte er dorthin und organisierte mit den gerade gebildeten Soldaten- und Arbeiterräten das weitere Vorgehen: die Besetzung staatlicher Behörden und v.a. des Landtags in der Prannerstraße. Noch in der Nacht wurden Proklamationen gedruckt und in der Stadt verteilt, in denen auch der legendäre Satz Eisners stand: „Bayern ist fortan ein Freistaat".

Revolution 1918/1919

Erwachen am Morgen

Die Münchner Bürgerschaft erfuhr erst am nächsten Morgen durch die Proklamationen und die einzig gedruckte Zeitung von der Revolution, soweit sie es nicht, wie Thomas Mann „für einen Faschingsersatz" hielt. Vom südlichen Frauenturm hing eine lange, rote Fahne und *„im Färbergraben lief unbeachtet ein schwarzer Pudel mit einer roten Krawatte"*, wie der Gymnasiallehrer und Dokumentarist der Revolution Josef Hofmiller schrieb. Auch Oskar Maria Graf, der mit den Revolutionären mitgegangen war, konnte zunächst keine Änderung des Üblichen feststellen.

Die ersten Maßnahmen

König Ludwig III. mit seiner Familie war überstürzt geflohen – nicht ohne Schwierigkeiten, denn der Chauffeur war zu den „Roten" übergelaufen, die Autos waren nicht fahrtüchtig und landeten auf der Strecke Richtung Österreich im Straßengraben. So überstürzt, dass ein Hofdiener Tage später Unterhosen für den König bei den Revolutionären erbeten musste. Ludwig verzichtete im Exil im österreichischen Anif auf die weitere Regierung, nicht aber auf den Thron.

Erstes Ziel der Regierung Eisner war eine sofortige Beendigung des Krieges und die Umwandlung des Staates in eine parlamentarische Demokratie. Zu den ersten Maßnahmen gehörte die Einführung des 8-Stunden-Tages, die Einführung eines allgemeinen Wahlrechts, die Einführung der vollen Pressefreiheit und die Einrichtung eines Ministeriums für Soziale Fürsorge. Im Nu verschwanden im Stadtbild die Worte „Königlich" und „Hoflieferant".

Erwerbslosen-Demonstration am 7. Januar 1919 auf der Theresienwiese

Trauerzug für den ermordeten Ministerpräsidenten Kurt Eisner am Sendlinger-Tor-Platz auf dem Weg in die Müllerstraße und zur Beisetzung am Ostfriedhof am 26. Februar 1919.

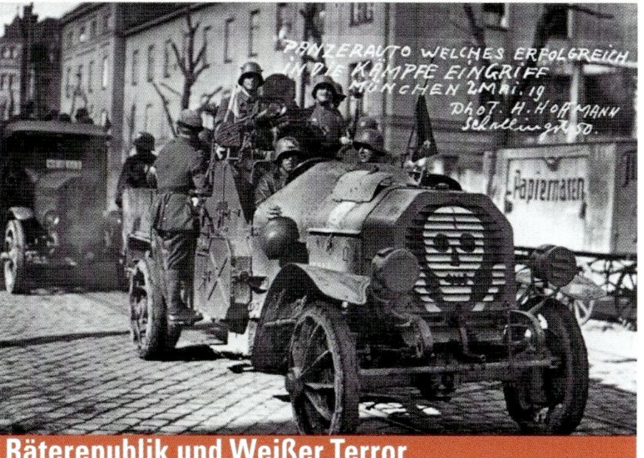

Räterepublik und Weißer Terror

Es folgten blutige Auseinandersetzungen um den Erhalt der Macht zwischen republikanischen Schutztruppen der Regierung Hoffmann und den bewaffneten Gruppen der Räteregierung, die sich unter ihrem Anführer Rudolf Egelhofer, einem Matrosen, extrem radikalisiert hatten. Diese hatten mehrmals Geiseln genommen u.a. von Vertretern der rechtsextremen Thule-Gesellschaft im Hotel Vier Jahreszeiten, die mit weiteren Geiseln am 30. April 1919 von Mitgliedern der Roten Garden im Luitpoldgymnasium an der Müllerstraße ohne Gerichtsprozess erschossen wurden. Diese unrechtmäßigen Erschießungen waren ein Auslöser für den Terror von „Weißen", also republikanischen Truppen, der die Stadt in den folgenden Tagen beherrschte und v.a. auch für eine erhebliche Distanzierung der Bürgerschaft von den eigentlichen Zielen der Revolutionäre sorgte. Mit der Ausrufung der Räterepublik eskalierte die politische Situation in Bayern. Viele Städte und Gemeinden waren von Roten besetzt, die oft nicht mehr unter Kontrolle waren und unter dem Vorwand, nach Waffen und Lebensmitteln zu fahnden, auch plünderten. Der Aufruf der Regierung Hoffmann zur Bildung von Freiwehren führte dann zur Bildung von Freikorps. Beim Kampf um München wurden mehr als 1.000 Frauen und Männer von rechtsradikalen Freikorps ohne Urteil hingerichtet.

Ermordung von Kurt Eisner

Obwohl die Revolution in München (als erste in Deutschland) weitestgehend friedlich verlaufen war, konnte sich die provisorische Regierung von Kurt Eisner in den Wirren der folgenden Monate nicht behaupten. Nach der verlorenen Wahl am 16. Februar 1919 wollte Eisner am 21. Februar als Ministerpräsident zurücktreten und wurde auf dem Weg zum Landtag in der Prannerstraße vom 22-jährigen Leutnant Anton Graf v. Arco auf Valley in der damaligen Promenadestraße erschossen. Der Schriftsteller Heinrich Mann hielt am 16. März eine Trauerrede im Odeon: *„Die hundert Tage der Regierung Eisners haben mehr Ideen, mehr Freuden der Vernunft, mehr Belebung der Geister gebracht als die fünfzig Jahre vorher"*.

Regierung Hoffmann

Nach der Ermordung von Kurt Eisner wurde Johannes Hoffmann (SPD) am 17. März 1919 zum Ministerpräsidenten gewählt. Es gelang ihm nicht, München zu stabilisieren, deshalb wich das Parlament im April nach Bamberg aus. Am 7. April riefen Vertreter des Zentralrats und des Revolutionären Arbeiterrats ohne Beteiligung der Kommunisten und Sozialdemokraten die Räterepublik Baiern aus. Es begann eine Bewaffnung der Arbeiterschaft und die Bildung einer „Roten Armee".

Getötete Rotarmisten in der Kapuzinerstraße, Mai 1919

NS-Zeit in der Ludwigsvorstadt

Antisemitismus in München vor 1933

Schon lange vor dem Machtwechsel an die Nationalsozialisten gab es auch in München Verfechter von rassistischen Ideologien und Antisemitismus, obwohl um 1900 nur ca. 2% der Stadtbevölkerung jüdischen Glaubens waren. Die Zuwanderung von Ostjuden, Reaktionen auf die Revolution 1918, der von rechter Seite „jüdische" Infiltration, vor allem aus der russischen Revolution nachgesagt wurde und die rassischen Strömungen in der Psychologie und Medizin erzeugten ein zunehmend aggressives Klima. Jüdische Mitbürger, die gerade noch für die Teilnahme am ersten Weltkrieg mit Orden überhäuft worden waren, wurden angefeindet und ausgeschlossen. Mit dem Gesetz zur Wiederherstellung des Berufsbeamtentums 1933 begann quasi der Holocaust.

Verdrängung ‚nichtarischer' und ‚staatsfeindlicher' Ärzte

Mit dem Machtwechsel 1933 (Ernennung von Adolf Hitler zum Reichskanzler durch Hindenburg) wurde auch das „Gesetz zur Wiederherstellung des Berufsbeamtentums" erlassen. Es diente der Gleichschaltung des öffentlichen Diensts und der Entlassung von Gegnern des NS-Regimes. Davon betroffen waren auch alle Beamten und Angestellten jüdischen Glaubens.
So wurden z.B. auch alle Ärzte und Ärztinnen in München aufgefordert, ihre Ämter in Verbänden und Ausschüssen niederzulegen, es gab Boykottaufrufe vor ihren Praxen, sie wurden nicht zum Medizinstudium zugelassen und wurden aus dem öffentlichen Gesundheitsdienst entlassen. 1935 wurde den noch verbliebenen Ärzten verboten arische Helferinnen zu beschäftigen und 1938 erloschen mit der „vierten Verordnung zum Reichsbürgergesetz" die Approbationen aller jüdischen Ärzte. Die Religion spielte hierbei keine große Rolle mehr, es wurde jeder Mensch ohne „reinrassigen" Stammbaum verfolgt, ebenso auch alle, die sich gegen die NS-Ideologie stellten.

Widerstand

Widerstand gegen die NS-Diktatur wurde von vielen Menschen aus unterschiedlichen Motiven geleistet, aber zu unkoordiniert, zu spät und von zu wenigen – und zunehmend unter Lebensgefahr. Neben Berufsverboten oder Ausweisungen sind viele denunziert, verhaftet, gefoltert, ermordet oder in den Selbstmord getrieben worden. Wer konnte, floh und versuchte aus dem Exil den Kampf gegen das NS-Regime fortzusetzen oder zu überleben. Auch viele Sozialdemokraten und Kommunisten gehörten zu den Widerstandskämpfern.
Aus der Ludwigsvorstadt sind bekannt:
Georg Erber, Schillerstraße 26
Josef Gerstmeier, Lindwurmstraße 159
Leonhard Horlacher, Pettenkoferstraße 10
Ludwig Jaud, Paul-Heyse-Straße 2
Prof. Dr. Walter Seitz, Pettenkoferstraße 8a

Der Verleger Julius Lehmann

Der Name der medizinischen Fachbuchhandlung in der Goethestraße 41 geht zurück auf Julius Friedrich Lehmann. Er war nicht nur Verleger von medizinischen Atlanten, sondern vor allem auch bekennender Nationalsozialist und Wegbereiter der Rassenlehre. 1890 erwarb Julius Lehmann einen Verlag in der damaligen Heustraße 26 (seit 1905 Paul-Heyse-Straße) als Fachverlag für medizinische Schriften. Er gab allerdings dort auch rechtsradikale Kampfschriften, wehrwissenschaftliche und pseudowissenschaftliche rassenkundliche Publikationen heraus, wie auch die seit 1922 erscheinende „Rassenkunde des deutschen Volkes" in mehreren Auflagen. Der NSDAP ist er früh beigetreten, er war ja schon in der 1918 gegründeten Vorgänger-Organisation, der rechtsradikalen Thule-Gesellschaft. Zudem unterstützte er Hitler auch finanziell. Nach seinem Tod 1935 wurde der Verlag durch seinen Schwiegersohn weitergeführt und erst 1979 aufgelöst. Der bereits 1894 abgetrennte Buchhandel besteht weiter als Lehmanns Media GmbH.

Memory Loops

Im Projekt Memory Loops hat Michaela Melián über 300 Tonspuren zu Orten des NS-Terrors in München gesammelt und als virtuelles Denkmal für die Opfer des Nationalsozialismus aufbereitet. Die Transkriptionen historischer und aktueller Originaltöne von NS-Opfern und Zeitzeugen sind seit 2010 auf einer Website abrufbar. Für die Ludwigsvorstadt sind über 20 Orte verzeichnet mit unterschiedlichen Erinnerungen wie Zeitungsmeldungen zu SA-Aufmärschen, Verwüstungen von Redaktionen in der Bayerstraße und Paul-Heyse-Straße, Verhaftungen und Abtransporte von Sinti und jüdischen Menschen, Zwangssterilisationen, Hausdurchsuchungen durch die Gestapo u.s.w.
www.memoryloops.net

Planungen der NS-Zeit für die Theresienwiese

Kern der NS-Planungen im Münchner Westen war die Verlegung des Hauptbahnhofs nach Laim/Pasing und die Anlage einer sechs Kilometer langen monumentalen Achse auf dem ehemaligen Bahngelände mit deren Beginn am Karlsplatz. Im Bild oben ist ein Teil der „Achse" von links unten nach rechts Richtung Westen zur Mitte des Bildrands zu sehen, ganz unten rechts die Kuppel des Verkehrsministeriums an der Arnulfstraße, die Paulskirche ist nicht dargestellt. Eine Querachse sollte die Theresienwiese als „Ausstellungsachse" neu erschließen. Der Bavariaring wäre zwar zu einem Teil erhalten geblieben, der Süd- und Nordrand der Theresienwiese allerdings mit monumentalen Baukörpern besetzt worden. Auch die Bavaria mit der Ruhmeshalle ist im Modell oben aus dem Jahr 1937/38 noch erhalten, man kann sie kaum erkennen am westlichen Rand der Theresienwiese – im Vergleich zu den Neubauten ein Witz. Die Querachse sollte über die Hauptachse nach Norden auf einen Opernbau zulaufen (im Modell nicht mehr zu sehen).
Der große Bau im Süden der Theresienwiese mit einem hohen Turm stellt den neuen Südbahnhof dar als Ersatz für den seit 1871 bestehenden Bahnhof an der Ruppertstraße. Begleitende Bauten sollten riesige Ausstellungshallen aufnehmen, die Wiese selbst war für Maifeiern und große Massenveranstaltungen vorgesehen.
Frühere Planungen, u.a. vom Architekten German Bestelmeyer aus dem Jahr 1934 hatten auch die Ruhmeshalle samt Bavaria abgerissen und mit großflächigen Ausstellungsbereichen und einer Thingstätte überplant, Hitler soll jedoch im März 1938 darauf gedrängt haben, diese nur provisorischen Bauten für zeitlich begrenzte Ausstellungen im Modell nicht darzustellen, denn *„die Wiese sei für den Münchner etwas Heiliges, mit ihr verbindet sich eine alte Tradition und an sie darf nicht getastet werden"*. Ausgeführt wurde von den Planungen nichts, mit Beginn des Krieges 1939 wurden die meisten Umbauplanungen der „Hauptstadt der Bewegung" eingestellt.

U-Bahn in der Lindwurmstraße

Im Mai 1938 begann mit großem propagandistischem Aufwand der Bau der ersten U-Bahn-Strecke an der Lindwurmstraße/Ecke Ziemssenstraße im Rahmen der NS-Verkehrsplanungen zur Innenstadt. Die Arbeiten wurden zwei Jahre nach Kriegsbeginn 1941 eingestellt. Der fast 600 m lange Tunnel unter der Lindwurmstraße wurde nach dem Krieg teilweise zugeschüttet bzw. zur Schwammerlzucht genutzt, Teile davon aber auch für die neue U-Bahn nach 1965 verwendet.

Champignon-Zucht im U-Bahntunnel

NS-Zeit in der Ludwigsvorstadt

Jüdisches Krankenhaus

Hermann-Schmid-Straße 5–7, heute 5

1911 konnte hier ein privates Krankenhaus des Vereins „Krankenheim Israelitische Privatklinik" eingeweiht werden, die Betten standen aber allen Glaubensrichtungen offen. Nach 1933 wurde der Zugang für jüdische Erkrankte zu den öffentlichen Krankenhäusern mehr und mehr reglementiert und schließlich 1936 ganz verboten, daher wurde das privat betriebene Jüdische Krankenhaus immer mehr gefordert, bis es im Mai 1942 auf Befehl von Heinrich Himmler geräumt werden musste. Ca. 50 Patienten, Schwestern und Ärzte mit dem Chefarzt Dr. Julius Spanier wurden in Möbelwagen zum Südbahnhof geschafft und in bereitgestellten Waggons nach Theresienstadt deportiert.

Das Gebäude wurde von der NS-Organisation „Lebensborn" ohne Gegenleistung übernommen.

Mitglieder der Jüdischen Gemeinde in der Lindwurmstraße 125 1941

Israelitische Kultusgemeinde

Lindwurmstraße 125, heute 127

Die Verwaltung der Israelitischen Kultusgemeinde war seit 1888 in Gebäuden neben der Hauptsynagoge an der Herzog-Max-Straße untergebracht. Nach dem von den Nationalsozialisten erzwungenen Abriss der Synagoge im Juni 1938 (noch vor der „Reichskristallnacht" am 9./10. November 1938) wurden auch der Verwaltung der Gemeinde neue Räume zugewiesen im Gebäude der ehemaligen Tabakfabrik Abeles im Hof der Lindwurmstraße 125. Die Firmeninhaber Max und Dorothea Abeles wurden 1938 enteignet und nach Theresienstadt deportiert und in Treblinka ermordet.

Der Maschinenraum im Erdgeschoß wurde zu einem Betsaal für 500 Besucher umgestaltet, in den beiden Obergeschoßen lagen die Büros der Verwaltung. Auch diese Räume wurden in der Nacht zum 10. November verwüstet und ausgeraubt und sollten zunächst „arisiert" werden. Der Vorsitzende der Gemeinde Alfred Neumeyer musste schriftlich bestätigen, dass er weder die Identität der Täter kenne und die Jüdische Gemeinde auf Schadensersatz verzichtete. Am 22. November konnten die Räume dennoch wieder bezogen werden. Der letzte verbliebene Betsaal der jüdischen Gemeinde in München musste im Juni 1942 geschlossen werden, es blieben nur noch einige Wohnräume, das Gebäude wurde als sogen. Judenhaus genutzt, u.a. wurden 40 Bewohner der aufgelösten „Heimanlage" in Berg am Laim hierher gebracht und von hier aus deportiert. Im Juni 1943 wurde auch die hier noch tätige „Bezirksstelle Bayern der Reichsvereinigung", also die ehemalige Gemeindeverwaltung aufgelöst. Damit war die Israelitische Gemeinde mit ihren Einrichtungen in München ausgelöscht. 1944 wurde das Haus durch Bomben zerstört. Eine Bronzetafel an der Lindwurmstraße erinnert an das Geschehene.

Israelitisches Altenheim

Mathildenstraße 8/9
Das Israelitische Altenheim in der Mathildenstraße, auch die „Lipschütz'sche Versorgungsanstalt für alte erwerbsunfähige Israeliten" genannt, ist vermutlich auf eine Stiftung wohlhabender jüdischer Bürger zurückzuführen. Während der „Reichskristallnacht" am 10. November 1938 wurde das Haus zwangsweise geräumt und die Bewohner und Bewohnerinnen auf die Straße gesetzt. Nach zähen Verhandlungen gelang es der Israelitischen Kultusgemeinde, das Haus Anfang Dezember 1938 wieder zu eröffnen, allerdings mussten die Zimmer dichter belegt werden.
Im Februar 1942 lebten ca. 100 Bewohner dichtgedrängt im Heim. Im April 1942 wurde das Haus wieder geräumt und die Bewohner*innen in das Barackenlager Knorrstraße 148 in Milbertshofen oder andere Einrichtungen verlegt. Von dort wurden die meisten in Vernichtungslager deportiert. Manche nahmen sich vorher das Leben, wie z.B. Selma Sophie Bendix, geborene Meerfeld (1867–1942). Das Haus wurde von der SS übernommen.

Bombensuchkommando Stielerschule

Stielerstraße 6
Seit Juli 1944 und bis April 1945 wurden zunächst Strafgefangene und später vermehrt Lagergefangene aus dem Konzentrationslager Dachau eingesetzt um Blindgänger und Bomben mit Zeitverzögerung des Luftkriegs zu entschärfen. Ca. einhundert Gefangene wurden dafür ständig in der Turnhalle der Stielerschule untergebracht. Anfangs war den Gefangenen nicht bewusst, welchen Gefahren sie ausgesetzt wurden, später gaben sich die Häftlinge selber die Bezeichnung „Himmelfahrtskommando". Da es an ausgebildeten Sprengmeistern fehlte, mussten die Häftlinge meist die Sprengkörper selbst entschärfen. Bis zu 15 Gefangene pro Tag kamen bei den höchst gefährlichen Einsätzen zu Tode.
Die Mitglieder der „Dachauer Hundertschaft" wurden jeweils unter Polizeiaufsicht zur Meldestelle für Blindgänger in der Romanstraße und dann zu den Sprengkommandos gefahren, für Kontakte zur Zivilbevölkerung drohte die Todesstrafe. Eine Gedenktafel in der Schule erinnert seit 1989 an die Opfer, deren genaue Zahl unbekannt ist.

Tabakgeschäft Abeles in der Schillerstraße 36

Enteignungen und Arisierungen

Mit „Arisierung" wurde in der NS-Zeit die Übereignung von gewerblichen Vermögen auf „arische" Unternehmer bezeichnet. Damit verbunden war jedoch die schleichende Verdrängung jüdischer Geschäftsleute, unter Druck durchgesetzte Verkäufe, steuerliche Diskriminierungen und schließlich Enteignungen. Da die Ludwigsvorstadt zu den Stadtvierteln gehörte, in denen viele jüdische Bürger und Geschäftsleute wohnten, gab es hier auch relativ viele Enteignungen und „Arisierungen". Hier nur eine Auswahl:
Abeles, Tabakwaren, Schillerstr. 36 / Lindwurmstr. 125
Heinrich Baar, Textilwaren, Schwanthalerstr. 70/II
Louis Bauer's Nf., Blumenblätterfabr., Landwehrstr. 26;
Charon & Co., Strickwaren, Goethestr. 34;
Dorfzaun & CO., Haarschmuck, Schillerstr. 5;
Joachim Fromm, Hopfengroßhandel, Sonnenstr. 3;
Gerstle & Berwin, Damenkleiderfabrik, Schillerstr. 28
Norbert Gittler, Kurzwarenhandlung, Schillerstr. 16;
Goldschmidt & Fränkel, Posamantierw., Landwehrstr. 48
Graff & Co., Gummiwarenhandlung, Bayerstr. 3;
I. Hauser & Co.,Textilwaren, Schillerstr. 16;
L. Heilbronner & Cie., Manufakturw., Sonnenstr. 8
L. Heilbronner & Cie., Manufakturw. Schwanthalerstr. 49;
Gustav Henle Nachf., Lederwaren, Schillerstr. 34;
Josef Hölzl, Chem.-techn. Öle, Landwehrstr. 5;
Kronheimer & Co., Kurzwaren, Schwanthalerstr. 3;
Julius Levi, Kurzwaren, Schwanthalerstr. 29;
Holl & Co., Metallwaren, Paul-Heyse-Str. 21;
Otto Herz, Tabakwaren, Schillerstr. 28;
Gebr. Sahm, Schuhwaren, Schillerstr. 15
Walter Weiß, Industriebahnen, Paul-Heyse-Str. 35

Mit den Stolpersteinen an den Wohnorten der jüdischen Bürgerinnen und Bürger soll an die Opfer des Nationalsozialismus erinnert werden. Sie werden im Rahmen eines Kunstprojekts vom Künstler Gunter Demnig verlegt. Bisher wurden in München mehr als 117 Stolpersteine verlegt. Der Münchner Stadtrat hat 2015 beschlossen, dass auf öffentlichem Grund keine Stolpersteine verlegt werden, stattdessen werden Stelen der *Aktion Erinnerungszeichen* vor Hauswänden aufgestellt. Stolpersteine können nur auf Privatgrund mit Einverständnis der Hausbesitzer verlegt werden.

Helene Simons
Bayerstraße 25
Stolperstein verlegt am 03.07.2016
Helene Simons, (1879–1941) geborene Deutschmann war Konzertsängerin. Ihren ersten Ehemann hatte sie im ersten Weltkrieg verloren, ihr zweiter Mann Ernst Simons war Sanitätsarzt in Bad Reichenhall, wo er 1938 starb. Obwohl beide 1930 zum evangelischen Glauben konvertierten, wurde sie aus ihrem Heim vertrieben und zog in die Pension Royal in der Bayerstraße 25. In den frühen Morgenstunden des 20. November 1941 wird sie mit 1000 weiteren Münchner Juden von Milbertshofen aus über Riga nach Kaunas deportiert und dort erschossen.

Franziska und Albert Seligmann
Herzog-Heinrich-Straße 5
Stolperstein verlegt am 27.06.2017
Die Geschwister Franziska, genannt Fanny (1886–1941), und Albert (1885–1941) Seligmann, lebten in einem gemeinsamen Haushalt, ursprünglich am Sendlinger-Tor-Platz. Der Vater hatte zusammen mit seinem Bruder in den späten 1870er Jahren in München eine Spiegelmanufaktur gegründet, die sich zuletzt in der Müllerstr. 46 befand. Albert Seligmann und sein Vetter Richard führten das Geschäft weiter, als der Vater aus dem Berufsleben ausschied. Nach der Pogromnacht 1938 wurde ihnen wie allen jüdischen Bürgern nach und nach aller Besitz entzogen. Alle Aktienbesitze, Edelmetalle, Juwelen, Silber mussten abgeliefert werden, die Bankkonten waren unter Zwangsverwaltung gestellt. Mietwohnungen wurden gekündigt, Immobilien eingezogen oder abgepresst. Vermutlich ist der Umzug der Seligmanns in die Herzog-Heinrich-Straße 5 nicht freiwillig erfolgt. Franziska Seligmann und ihr Bruder Albert wurden am 20. November 1941 mit fast eintausend anderen jüdischen Münchner und oberbayerischen jüdischen Bürgern vom Güterbahnhof in Milbertshofen nach Kaunas transportiert und am 25. November von den Einsatztruppen mit Maschinengewehren erschossen.

Dr. med. dent. Oskar Max Bloch, Franziska Bloch, Johanna Picard, Heinrich Picard
Herzog-Heinrich-Straße 5
Stolpersteine verlegt am 27.06.2017

Dr. Oskar Max Bloch (1876–1937) war als Zahnarzt und vereidigter Sachverständiger für Zahnersatz und Dentallaborleistungen am Amtsgericht München I – bis 1933. 1934 musste er auch seine Praxis, die er fast 30 Jahre hatte, am Sendlinger-Tor-Platz aufgeben, danach auch sein Haus. Er zog mit seinen Mietern in die Herzog-Heinrich-Straße 5. Dr. Oskar Bloch schied 1937 vermutlich freiwillig aus dem Leben. Dies wurde häufig verschleiert, um nicht die Angehörigen bar aller Versicherungen zurückzulassen.

Seine Frau Franziska (1885–1941) war im Münchner Verein für Haueninteressen und sozial sehr engagiert. Sie leitete z.B. in den zwanziger Jahren das Kinderheim ‚Gabrielenheim' in Tutzing, das heute zur Tabaluga-Stiftung gehört.

Die einzige Tochter Johanna (‚Hansi') (1906–1941) wurde im August 1906 geboren. Ihre Berufsangabe ist Sprechstundenhilfe, sie hat wohl in der Zahnarztpraxis ihres Vaters mitgearbeitet. Sie heiratete 1937 Heinrich Picard und wohnten mit der Mutter in der gemeinsamen Wohnung in der Herzog-Heinrich-Straße 5.

Heinrich Picard (1895–1941) stammte aus einer Münchner Kaufmannsfamilie, die ein Anwesen in der Landwehrstraße 44 besaß, in dem sich eine Woll- und Weißwarenhandlung mit 33 Angestellten befand – bis zur Enteignung 1938.

Franziska Bloch, Johanna und Heinrich Picard wurden am 20. November 1941 nach Kaunas deportiert und dort fünf Tage später ermordet.

Stolpersteine für jüdische Bürger*innen

Olga Benario-Prestes (1908–1942)
Haydnstraße 12
Stolperstein verlegt am 17.05.2009

Olga Benario-Prestes war die Tochter des sozialdemokratischen Rechtsanwalts Leo Benario. 1923 schließt sie sich der „Kommunistischen Jugend" (KJ) in München an und lernt den Revolutionär Otto Braun kennen und geht mit ihm nach Berlin.

Sie werden aktiv in der Neuköllner Kommunistischen Partei, werden verhaftet, Olga wird wieder freigelassen, Otto wird in einer spektakulären Aktion 1928 aus dem Gefängnis Moabit befreit. Sie fliehen nach Moskau, später trennen sie sich, Olga geht nach Paris, kehrt aber nach Moskau zurück und lernt den brasilianischen Revolutionär Carlos Prestes kennen. 1935 geht sie mit ihm nach Brasilien, wo sie sich an der gescheiterten Revolte in Rio beteiligt. 1936 muss Olga, die inzwischen mit Carlos Prestes verheiratet und schwanger ist, Brasilien verlassen. Als sie Hamburg erreicht, wird sie von der Gestapo verhaftet. Ihre Tochter Anita kommt im Gefängnis in Berlin zur Welt. Nach Zwangsarbeit wird sie 1942 im KZ Ravensbrück ermordet.

Das Andenken an Olga Benario-Prestes wurde besonders in der ehemaligen DDR wachgehalten. Dort trugen zahlreiche Schulen, Plätze und Straßen ihren Namen.

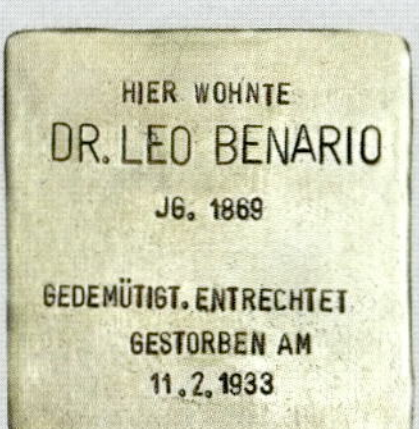

Dr. Leo Benario (1869–1933)
Otto Max Wilhelm Benario (1901–1942)
Eugenie Benario (1876–1943),
Haydnstraße 12
Stolpersteine verlegt am 17.05.2009

Nathan Schütz
Landwehrstraße 20
Stolperstein verlegt am 14.10.2017
Nathan Schütz (1865–1933) kam 1888, im Alter von 23 Jahren, nach München. Er hat einen Großteil seines beruflichen und privaten Lebens als Kaufmann in München in der Landwehrstraße und Umgebung verbracht. Nathan Schütz starb am 21. Oktober 1933 an ungeklärter Ursache. Zur Erinnerung an ihn und unzählige andere Opfer von Demütigung und Verfolgung wurde ein Stolperstein in der prächtigen Toreinfahrt zum Deutschen Theater verlegt.

Noch nicht verlegte Stolpersteine:

Rudolf Vollmer
Hermann-Lingg-Straße 2

Ludwig Ordenstein
Landwehrstraße 22

Selma, Berta, Gustav und Margot Klara Ruthenburg
Mathildenstraße 12

Dr. Alfred Strauß
Goethestraße 43

Heinrich Cohen (1869 – 1940)
Fritz Ignaz Cohen (1903 – 1940)
Mozartstraße 10

Susanne Scherz (1928 – 1941)
Frieda Scherz (1927 – 1941)
Lindwurmstraße 125

Theodor Fellheimer (1886 – 1941)
Lore Luise Fellheimer (1929 – 1941)
Jette Fellheimer (1893 – 1941)
Lindwurmstraße 19

Judis Cahn (1940 – 1941)
Gertraud Cahn (1921 – 1941)
Herzog-Heinrich-Straße 8

Opfer der NS-Diktatur Gedenkbuch München

Im „Biographischen Gedenkbuch der Münchner Juden", die Opfer der NS-Diktatur wurden, sind nur für die Ludwigsvorstadt fast 2.000 Menschen genannt.
www.gedenkbuch.muenchen.de

Infos zu Stolpersteinen in München:
www.stolpersteine-muenchen.de

Zerstörungen im Zweiten Weltkrieg

Luftbild der amerikanischen Air-Force, 8.6.1945

Ziel Hauptbahnhof

Seit 1940 und verstärkt seit September 1942 wurden Luftangriffe auf das Stadtgebiet von München geflogen, zunächst von britischen Bombern, ab März 1944 auch von amerikanischen, insgesamt 73 Luftangriffe. Das Ausmaß der Zerstörungen ist über das ganze Stadtgebiet gesehen sehr unterschiedlich. Neben dem inneren Stadtkern, der schwer getroffen war wurden auch die Quartiere nahe dem Hauptbahnhof – die Maxvorstadt und v.a. die Ludwigsvorstadt zu großen Teilen zerstört – im östlichen Bereich zwischen Bayerstraße und Landwehrstraße nahezu flächendeckend.

Ziel der Bomber waren wohl der Hauptbahnhof mit seinen Gleisanlagen, wenn auch zumindest die britischen Bomber bei ihren Nachtflügen nur bedingt genaue Treffer setzen konnten. Die starke Verdichtung der Viertel südlich des Hauptbahnhofs hat jedoch durch die entstehenden Flächenbrände die Wirkung der Brandbomben erheblich erhöht. Nur wenige Häuser auch des Klinikviertels blieben verschont, trotzdem gibt es selbst in den am schwersten zerstörten Bereichen einzelne Gebäude, die fast unversehrt geblieben sind – Zufall bzw. der mutige Einsatz von Bürgern beim Löschen der brennenden Häuser.

Der zerstörte Hauptbahnhof, 23. September 1944

Ziel Bahnanlagen

Der Hauptbahnhof blieb lange Zeit von großen Zerstörungen verschont. Bei dem bis dahin schwersten Luftangriff auf München am 25. April 1944 fielen neben ca. 80 großen Sprengbomben, 550.000 Stabbrandbomben und mehrere 10.000 weitere Brandbomben. Schalterhalle und Warteräume des Bahnhofs waren komplett ausgebrannt. Bei den Angriffen am 12., 13. und 16. Juli mit jeweils 800 bis 1.000 amerikanischen Flugzeugen gab es im Bereich des Hauptbahnhofs große Flächenbrände. Die Flügelpavillons der Frontgebäude brannten aus, der Nordtrakt wurde völlig und die Dächer der Gleishalle teilweise zerstört.

Der Holzkirchner Bahnhof wurde am 4. Oktober 1944 zerstört und der Starnberger Bahnhof endgültig am 7. Januar 1945 wie auch der Königspavillon an der Bayerstraße. Bei allen Angriffen wurden die Bahnanlagen beschädigt und daraufhin notdürftig wieder hergestellt. Beim Angriff von mehr als 1.500 amerikanischen Bombern und Jägern am 25. Februar 1945 entstanden wieder an allen Bahnanlagen schwerste Schäden, ca. 230 Lokomotiven und Waggons wurden zerstört, eine Sprengbombe traf die Paul-Heyse-Unterführung, ein Teil der Hackerbrücke stürzte ein.

Schwanthaler-/Goethe-/Bayerstraße, 1947

1 Südliches Bahnhofsviertel

Stadterweiterung nach Westen

Der Ausschnitt der Stadtkarte von 1808 zeigt den Bereich vor dem Karlstor mit den wichtigen Straßenverläufen nach Landsberg am Lech, hier Bayerstraße und nach Dachau, hier die Schützenstraße. Im Zwickel zwischen den Ausfallstraßen liegt das Gelände der Kgl. Hauptschützen-Gesellschaft, das hier seit 1406 besteht. 1847 müssen die Schützen das Gelände unter Protest aufgeben und auf die Theresienhöhe umziehen, hier entsteht danach der neue Zentralbahnhof. Nördlich davon hat man 1778/80 Lagerhäuser an der Salzstraße angelegt als Ersatz für die Salzstadel am heutigen Promenadeplatz.

Die Bebauungen südlich der Bayerstraße sind eher ungeplant, auch die Anlage der Reberstraße (ab 1850 nach Ludwig von Schwanthaler benannt) unterliegt noch keinem übergeordneten Planungskonzept. Als Querstraße ist die Singstraße angelegt, die spätere Schillerstraße.

Direkt vor dem Karlstor zeigt sich die erste größere Baumaßnahme nach der Entfestigung: 1791 entstand hier nach dem Abbruch der Stadtmauern ein Halbrondell mit seitlichen Anschlussbauten entlang dem Verlauf der früheren Stadtmauer nach einem Entwurf von Franz von Thun. Diese Art der durchgehenden Bebauung entlang der Stadtmauer wurde nicht weitergeführt.

Als der Landschaftsarchitekt Friedrich Ludwig von Sckell, seit 1804 Hofgartenintendant, bei den Planungen zu einer Stadterweiterung der Maxvorstadt in das städtebauliche Planungsgeschehen eingriff, änderte sich die Einstellung zu den weiteren stadtplanerischen Vorhaben grundlegend. Sckell entwickelte für das ehemalige Festungsgelände außerhalb der großenteils noch bestehenden Stadtmauern und den Resten der barocken Bastionen Generalpläne vom Odeonsplatz bis zum Karlstor (1811) und vom Karlstor bis zum Sendlinger Tor (1812).

Nördlich der 1808 nach einer Tochter des ersten bayerischen Königs Max I. Joseph benannten Elisenstraße ist bereits der Botanische Garten eingezeichnet, der seit 1808 als Lieblingsprojekt von Max I. ebenfalls von Friedrich Ludwig von Sckell angelegt wurde. Die Grundstücke befanden sich großenteils im Besitz des königlichen Hauses. Geplant war eine Anlage zur Erforschung der Pflanzenwelt nach dem Vorbild von Kew Garden als „repräsentativer Ausdruck von Wissenschaft und Kulturpflege in München".

Das Bild unten zeigt den Weg, der am unteren Rand des Stadtplans zu sehen ist: der Findlingsweg, der am städtischen Waisenhaus (Findelhaus) vorbei führte zur Theresienhöhe. Oben auf der Anhöhe ist als Ziel der Bierkeller der Wagnerbrauerei von 1812 zu sehen.

Findlingstraße, August Seidel, o.D.

1 Südliches Bahnhofsviertel

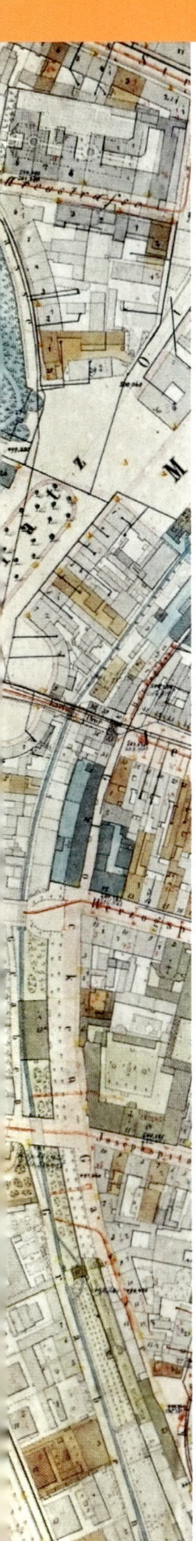

Die Künstler kommen

In der Stadtkarte von 1866 ist der Ausbau der Straßen und die Bebauungen im Quartier bereits weit fortgeschritten. Aber immer noch sind einzelne Straße nur projektiert, wie die seit 1865 so benannte Goethestraße. Für die Durchführung der Straße mussten einzelne Häuser sogar wieder abgebrochen werden. Auch die parallel dazu verlaufende Singstraße (ab 1860 Schillerstraße) führt nur bis zur Findlingstraße (ab 1902 Pettenkoferstraße).

Seit der Mitte des 19. Jahrhunderts entwickelte sich das Quartier zu einem Künstlerviertel, Auslöser dafür waren die Malerfamilie Adam und Ludwig von Schwanthaler. Die sogen. Adamei lag ungefähr an der heutigen Schillerstraße 42 und bestand aus einem Wohnhaus mit Atelier und einer kompletten Menagerie. Schwanthaler hatte sein Bildhaueratelier am östlichen Beginn der damaligen Lerchenstraße, es geht auf die Zeit um 1830 zurück. Nach dem frühen Tod des Künstlers wurde hier das Schwanthalermuseum eingerichtet, ein bedeutender Ort im Besuchsprogramm der Touristen. 1850 wurde die Lerchenstraße nach Ludwig von Schwanthaler benannt.

Franz Xaver Krenkl

Bayerstr 28

Xaver Krenkl (1780 – 1860) ist bekannt für seinen Auspruch *„Majestät! Wer ko, der ko"*! Das hat er gerufen als er verbotenerweise die Kutsche von Kronprinz Ludwig überholte. Er hatte an der Bayerstraße, Ecke Schillerstraße, eine Lohnkutscherei. 1849 ist Xaver Krenkl als Besitzer eingetragen, 1871 sein Sohn Eugen. Franz Xaver Krenkl war schon zu seinen Lebzeiten eine Legende. Er war in Landshut aufgewachsen und kam als Uhrmacher-Geselle auf der Walz 1806 nach München. Hier verliebte er sich in die Tochter seines Vermieters, eines Bäckermeisters in der Neuhauser Gasse. Doch weder Uhrmacherei, noch Bäckerei konnten ihn begeistern, er liebte schnelle Pferde. 1810 beim ersten Oktoberfest, der Hochzeit des bayerischen Kronprinzen Ludwig und der Prinzessin Therese, konnte er nur den dritten Platz erringen. In den Jahren danach erzielte er mit seinen Pferden vierzehnmal den 1. Preis

Der seit 1847 an der Stelle der Schützengesellschaft errichtete Zentralbahnhof hat bis 1866 bereits erhebliche Erweiterungen erfahren. 1860 wurde eine weitere Einsteighalle errichtet für den Betrieb der eigenständigen Ostbahn-Gesellschaft, der im etwas veralteten Stadtplan als Überlagerung eingezeichnet ist und südlich der bestehenden alten Gleishalle eine Güterhalle. Die Erweiterungsbauten wurden vom Architekten Gustav Bürklein zu einer geschlossenen Front am Bahnhofsplatz zusammengefasst.

Mitten in der Sonnenstraße und den dort angelegten Grünanlagen stand seit 1833 die Protestantische Kirche St. Matthäus. Südlich davon wurde 1856 von Gustav Bürklein eine neue Frauenklinik errichtet und weiter westlich bereits 1825 ein Anatomiegebäude nach Plänen von Leo von Klenze.

bei den Oktoberfest-Pferderennen. Damit wurde er zum ‚Wiesn-Matador'. An der Ecke Bayer- und Schillerstraße, damals noch Singstraße, begann er mit einem Pferdehandel, der recht einträglich war und stetig wuchs. Als erfolgreicher Pferdehändler mit großer Lohnkutscherei, ließ sich Münchens feine Gesellschaft gerne von ihm kutschieren. Dass er auch im Angesicht besserer Herrschaften mit Kraftausdrücken und derben Sprüchen nicht sparte, förderte seinen Ruf, ein echtes bayerisches ‚Urviech' zu sein. Sein Grab ist auf dem Alten Südlichen Friedhof (Grablage: 17-9-57). Auf der Innenseite des Karlstors am Stachus ist er mit drei anderen Münchner Originalen plastisch verewigt!

1 Südliches Bahnhofsviertel

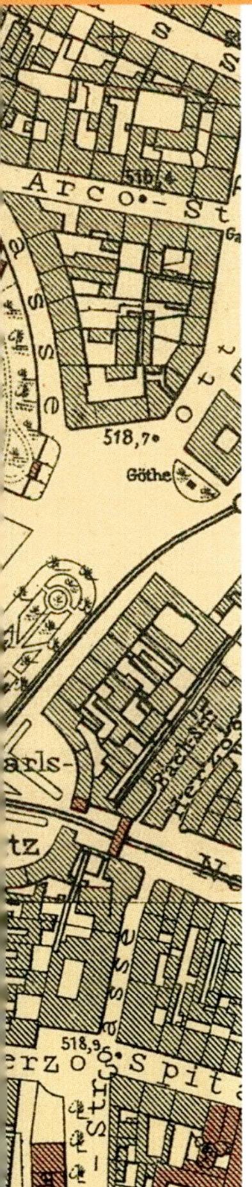

Aufbruch in die Neuzeit

Die Jahrzehnte nach dem Französisch-Deutschen Krieg und der Reichsgründung 1871 bedeuteten nicht nur für München eine grundlegende Umstrukturierung. In Folge des wirtschaftlichen Aufschwungs, u.a. ausgelöst durch die Reparationszahlungen Frankreichs und die Industrialisierung explodierten speziell in München die Bevölkerungszahlen: von 1860 bis 1880 verdoppelte sich die Zahl der Bewohner auf ca. 227.000 und in den nächsten 20 Jahren noch einmal auf knapp eine halbe Million Einwohner um 1900. Damit verbunden war eine hohe Verdichtung des Wohnraums und eine rasante Bautätigkeit aber auch ein wirtschaftlicher Aufschwung und eine strukturelle Neuaufstellung des städtischen Gemeinwesens. In dieser Zeit geschehen die richtungsweisenden Entscheidungen des Magistrats unter den Bürgermeistern Erhardt, Widenmayer und Borscht, die eine Entwicklung zur Großstadt ermöglichen: ein neuer Vieh- und Schlachthof in der Isarvorstadt, eine neue Kanalisation und eine neue Wasserversorgung aus dem Mangfalltal.

Die wachsende Zahl der Einwohnerschaft durch Zuzug vom Land und die gestiegene Lebenserwartung führte zu immer offensichtlicheren Missständen im Wohnungswesen und einer Zunahme von Armen und Wohnungslosen und prekären Arbeitsverhältnissen.

Hotels und Gaststätten

München wurde in der zweiten Hälfte des 19. Jahrhunderts mit zunehmendem Eisenbahnverkehr immer mehr auch zu einem Ziel für Touristen. Der Zentralbahnhof wurde 1878–83 erheblich vergrößert. Im Bahnhofsviertel gründeten sich zahlreiche große Hotels sowie viele kleine Pensionen und privaten Vermietungen. Sonnenstraße, Karlsplatz, Bayerstraße und der Bahnhofplatz selbst wurden großstädtische Orte mit zahlreichen Neubauten. Viele Geschäfte und Firmen ließen sich hier nieder.

Vergnügungsviertel

Der Bahnhof als Ankunftsort der Touristen und Geschäftsreisenden bewirkte auch eine Zunahme an Vergnügungsstätten. In zahlreichen kleineren und mittleren Bühnen, wie dem Thalia-Theater und dem Volkstheater an der Sonnenstraße und in den Sälen der großen Hotels traten Theatergruppen und Volkssänger auf, der Glaspalast als Ausstellungsort lag in unmittelbarer Nähe wie auch die Panoramen in der Goethestraße und auf der Theresienhöhe. In den folgenden Jahren entstanden der Neubau des Mathäser („Größter Bier-Ausschank der Welt") und 1896 das Deutsche Theater in der Schwanthalerstraße.

Landwehrstraße, um 1900

1 Südliches Bahnhofsviertel

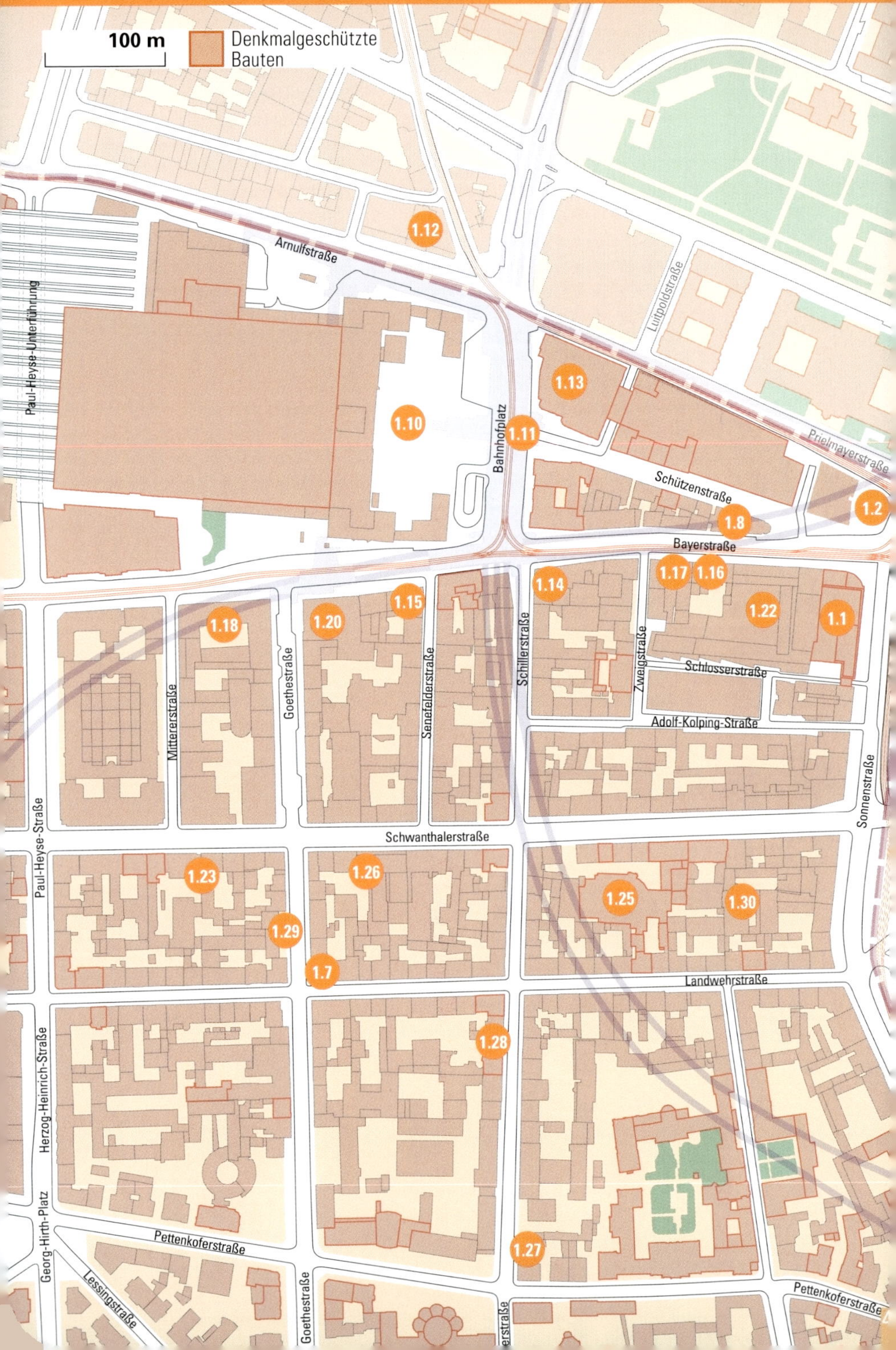

100 m

Denkmalgeschützte Bauten

Arnulfstraße
Paul-Heyse-Unterführung
Bahnhofplatz
Luitpoldstraße
Prielmayerstraße
Schützenstraße
Bayerstraße
Zweigstraße
Schlosserstraße
Adolf-Kolping-Straße
Schillerstraße
Senefelderstraße
Goethestraße
Mittererstraße
Paul-Heyse-Straße
Sonnenstraße
Schwanthalerstraße
Landwehrstraße
Herzog-Heinrich-Straße
Georg-Hirth-Platz
Pettenkoferstraße
Lessingstraße

1.1 1.2 1.7 1.8 1.10 1.11 1.12 1.13 1.14 1.15 1.16 1.17 1.18 1.20 1.22 1.23 1.25 1.26 1.27 1.28 1.29 1.30

Rotlicht-Viertel

Nach den großflächigen Zerstörungen im Zweiten Weltkrieg entstanden v.a. an der Goethe- und Schillerstraße zunächst eingeschoßige Provisorien für den Handel und für Bars – aus denen sich das Rotlicht-Viertel und Spielhallen-Viertel entwickelte. Mit dem Wirtschaftswunder der 1950er und 60er Jahre folgten viele Bürobauten, die aber heute bereits in die Jahre gekommen sind und in vielen Fällen durch Neubauten ersetzt werden. Der Wohnanteil ist bis heute sehr niedrig: er liegt bei ca. 20–30 % der Nutzflächen.

Vom Rotlicht-Viertel sind nur wenige Bars, Clubs und Striplokale übrig, wenn auch mit der Feierbanane entlang der Sonnenstraße eine neue Klientel auftaucht. Noch bis vor wenigen Jahren war das Viertel als Computer- und Elektronik-Hotspot bekannt: auch davon ist nach digitaler Entwicklung und Versandhandel wenig geblieben.

Nach wie vor ist das Viertel ein „Kerngebiet" mit deutlichem Schwerpunkt Gewerbe. Es finden sich inzwischen aber neben den nach wie vor reichlich vorhandenen türkischen Lebensmittelläden und Döner-Imbiss-Angeboten viele arabische, syrische, mexikanische, afrikanische und asiatische kleine und größere Restaurants und Läden.

Hotspot Ludwigsvorstadt

Das Südliche Bahnhofsviertel stand lange nicht im Fokus der Immobilienwirtschaft, aber die innenstadtnahen Viertel sind inzwischen durchgentrifiziert. *„Es heißt immer, das sei hier Klein-Istanbul, aber eigentlich müsste es mittlerweile Klein-Bagdad heißen"*, sagt Nihat Yilmaz, der Inhaber des Verdi-Supermarkts und des Hotels in der Landwehrstraße 41 – seit mehr als 25 Jahren von der Familie Yilmaz betrieben. Die Angebote für sein Grundstück steigen, hoffentlich kann er noch lange widerstehen, denn der Supermarkt ist ein *„multikulturelles Gravitationszentrum des Stadtteils"*. Die vielen unterschiedlichen Lebensmittelläden und Restaurants machen gerade den internationalen Reiz des Viertels aus.

Der Anwalt Serdal Altuntas arbeitet und lebt im Viertel und meint zur Immobiliensituation: *„Die Krokodile lauern schon im Wasser, sie warten auf die durstige Gazelle. Dann werden sie zuschnappen."* Aufhalten lässt sich die Entwicklung nicht. Immerhin bleibt für den westlichen Teil der Ludwigsvorstadt die Erhaltungssatzung der Landeshauptstadt gültig: ein „stumpfes Schwert" im Kampf gegen die Vernichtung von günstigem Wohnraum, wie es der langjährige Vorsitzende des Bezirksausschusses Alexander Miklosy (1949–2018) einmal benannt hat.

Verdi-Supermarkt in der Landwehrstraße

1 Karlsplatz/Stachus

Karlsplatz/Stachus

Gustav Vorherr

1778–1847. Seit 1809 als Baubeamter in bayerischen Staatsdiensten war er u.a. für die Genehmigung von Pivatbauten zuständig. Er entwickelte Bebauungspläne u.a. für den Bereich der Sonnenstraße nach der „Sonnenbaulehre" des Bernhard Christoph Faust, die eine offene Bauweise und die Berücksichtigung der Himmelsrichtung propagierte.

1.1 Zum Stachusgarten

An der Ecke Sonnenstraße/Bayerstraße lag die Gastwirtschaft Stachusgarten, benannt nach dem Wirt Eustachius Föderl – auch die Bezeichnung „Stachus" soll auf ihn zurückgehen. Die Zeichnung des Grafikers Puschkin zeigt den Gasthof mit einem kleinen Gastgarten um 1810.

1.2 Grand Hôtel Bellevue – Hotel Königshof

Auf der Westseite des Karlsplatzes ließ sich der Architekt und Kreisbauinspektor Gustav Vorherr zwischen der Bayerstraße und der Schützenstraße 1814 ein frei stehendes viergeschoßiges Wohnhaus errichten, das 1862 zum Grand Hôtel Bellevue umgebaut wurde und wenige Jahre später seitliche Anbauten erhielt. Die optimale Lage als Hotel führte zu vielen weiteren Umbauten und Ergänzungen, die bis 1880 zum Baukörper führten, der auf der rechten Seite oben zu sehen ist. 1912/13 weitgehender Neubau entsprechend der alten Bauform durch die Baufirma Heilmann & Littmann und den Architekten Heinrich Müller-Erkelenz aus Köln. 1914 im Ersten Weltkrieg Umbenennung in Hotel Königshof. 1950–54 Neubau nach der Zerstörung im Zweiten Weltkrieg durch die Architekten Ernst Hürlimann und Rudolf Thönessen mit einem Flachdach anstatt der beiden Giebel und einer vorgesetzten Verglasung für das Restaurant im 1. Obergeschoß. Ein letzter Umbau erfolgte wieder durch den Architekten Hürlimann 1972 mit einer Umgestaltung der Fenster.

Stachusgarten, Joseph Puschkin, o.D.

München — Karlsplatz.

Karlsplatz/Stachus, um 1953

Sowohl das Luxus-Hotel wie auch das Gourmet-Restaurant im 1. Obergeschoß hatten einen hervorragenden Ruf, unten der Blick auf den Stachus in den 1950er Jahren.

1.2 Das neue Hotel Königshof

Das Traditionshotel Königshof wurde bis 2020 abgerissen. Nach einem mehrstufigen Wettbewerb wurde das spanische Architekturbüro Nieto Sobejano beauftragt, die einen expressiven Baukörper mit einem mittigen Einbruch vorgeschlagen haben, dessen Sinn sich noch erweisen muss. Um die Gestaltung des Hotels an der prominenten Stelle gab es heftige Auseinandersetzungen in der Öffentlichkeit. Noch vor der Fertigstellung, die für Mitte 2023 geplant ist wurde das Objekt von der Münchner Hotelierfamilie Geisel an die Inka-Holding der Familie Inselkammer verkauft.

Kaufhaus Horn, 1934

1.1 Stachusgarten/Hotel Stachus/Kaufhaus Horn

Das prominente Grundstück an der Ecke Bayerstraße/Sonnenstraße hat eine bewegte Vergangenheit. Hier stand der Stachusgarten des Wirts Eustachius Föderl, nach dem wohl der Stachus benannt worden ist und in dessen Bau auch der erste Gasthof „Stachusgarten" entstand. 1870/74 folgte ein Hotel-Neubau des Architekten Albert Schmidt für den Hotelier J.P. Stephan. Seit 1895 war in Gebäudeteilen das Textilgeschäft von Johann Horn untergebracht, der aus einer oberfränkischen Kaufmannsfamilie stammende Besitzer Ernst Horn ließ das Gebäude 1924 um zwei Stockwerke erhöhen und 1924 zum Kaufhaus umbauen, gleichzeitig wurden die Fassaden neu gestaltet. Noch 1917 ist als Hausbesitzer Georg Kil eingetragen. Im Luftkrieg wurde das Kaufhaus Horn 1945 vollkommen zerstört.

1.1 Kaufhof am Stachus

Als erster großer Kaufhausneubau nach dem Krieg entstand auf der geräumten Fläche des Kaufhauses Horn und nach einem Architektur-Wettbewerb der Kaufhof am Stachus. Der Architekt Theo Papst war damals Professor an der TH Darmstadt. Er konzipierte einen modernen Bau in konstruktiver und funktionaler Hinsicht: ein Stahlskelettbau mit großenteils verglasten Rasterfassaden. Der acht Geschoße hohe Baukörper an der Sonnenstraße mit einem aufgestelzten Flachdach und der deutlich niedrigere Bau an der Bayerstraße werden durch eine zum Stachus hin halbrunde Galerie im ersten Stock miteinander verbunden. Der bis 1951 fertig gestellte Bau galt als ein deutliches Zeichen für den beginnenden Wiederaufbau und die moderne Stadtentwicklung.

Baustelle Kaufhof-Stachus, 1950

Baustelle Kaufhof-Stachus, um 1949

Wem gehört der Kaufhof am Stachus

Eröffnung Kaufhof-Stachus, 1951

Das Warenhaus war Teil der Kaufhof-Holding, die 1996 mit der Metro Cash & Carry fusionierte. Die daraus entstehende Kaufhof Warenhaus AG wurde 2008 in die Galeria Kaufhof GmbH umgewandelt und 2015 durch den Metro-Konzern an die Hudson's Bay Company, ein kanadisches Handelsunternehmen verkauft, die zunächst eine Mehrheit an die Signa Holding, ein österreichisches Immobilien- und Handelsunternehmen verkaufte, aber seit 2019 alle Anteile des Unternehmens hielt. Seit November 2019 sind die Galeria Kaufhof GmbH und die Karstadt Warenhaus GmbH unter dem Dach der Signa Holding von Multimilliardär René Benko als Galeria Karstadt Kaufhof GmbH vereint. Hausbesitzer ist u.a. die Münchner Familie Zechbauer.

1.3 Stachus Einkaufszentrum

Der Stachus soll einer der verkehrsreichsten Orte Europas gewesen sein. Man ist heute sicher auch selten alleine dort, aber am meisten spielt sich inzwischen unter der Erde ab: S-Bahnen, demnächst die Stammstrecke 2, U-Bahn, Parkhaus und das Stachus-Einkaufszentrum über zwei Ebenen mit einem Ladehof. Bis zu 160.000 Menschen nutzen täglich das Stachus-Untergeschoß. 2008 bis 2011 wurde der gesamte Bereich nach Plänen der Architekten Allmann Sattler Wappner umgestaltet.

Kreuzungsbauwerk Stachus

Sonnenstraße

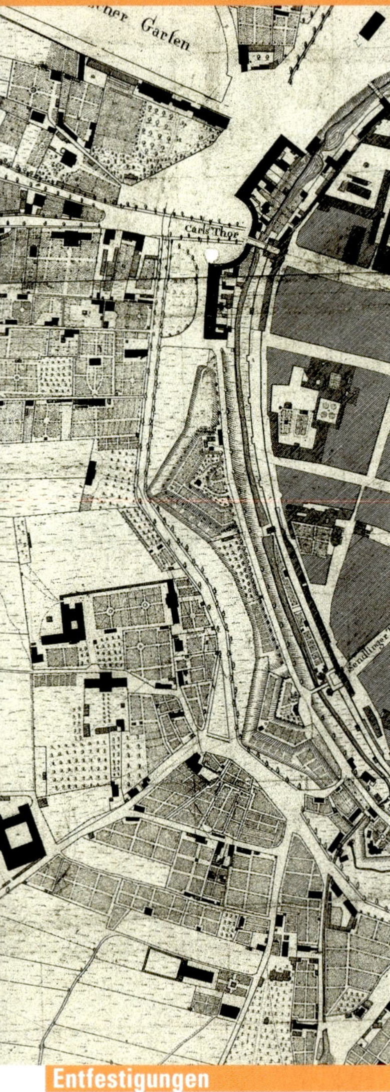

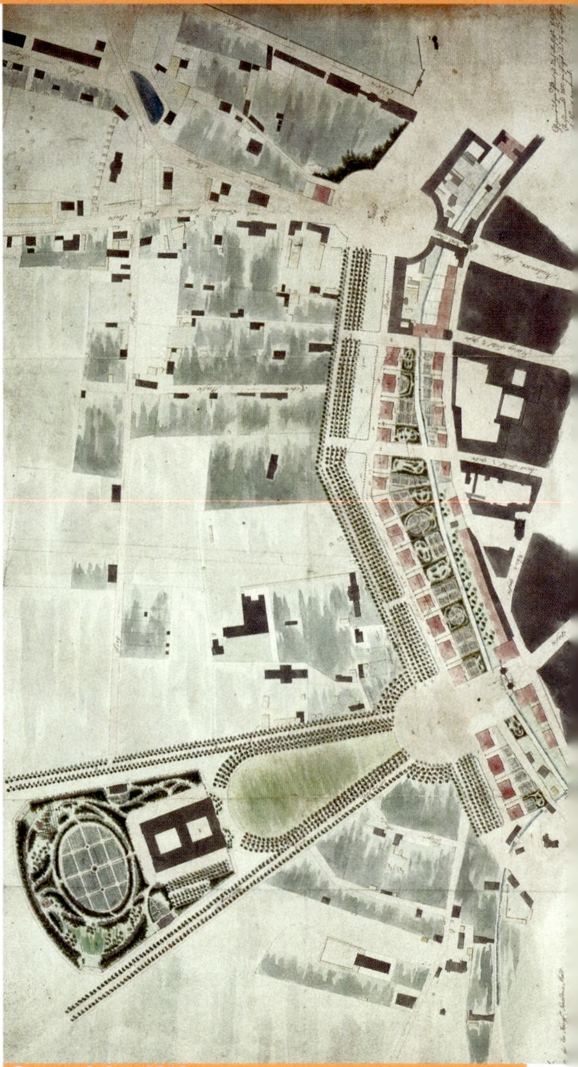

Entfestigungen

Bis 1796 blieb München eine befestigte Stadt mit einer durchgehenden Stadtmauer. Mit einem Dekret von Kurfürst Carl Theodor wurde die Festungseigenschaft aufgegeben – nicht zur Freude der Münchner, denn damit war auch ein Schutz vor marodierenden Truppen weggefallen. Erste Bauten außerhalb der ehemaligen Stadtmauern entstanden am Karlstor: das Stachus-Rondell mit seitlichen Flügelbauten, deren Verlängerung aber nicht weiter verfolgt wurde. Außerhalb der Stadtmauern und des Stadtgrabens kann man im Stadtplan von 1808 noch die barocken Bastionen der Befestigung erkennen.

Generalplan 1812

Die Lage und Größe der Befestigungen wurde zur verfügbaren Fläche für eine Stadterweiterung und eine Straßenanlage als Umfahrung der Altstadt. Der Landschaftsarchitekt Friedrich Ludwig von Sckell legte 1812 einen „Generalplan" vor, in dem die Lage der Umgehungsstraße und eine Bebauung zur Innenstadt hin festgelegt werden sollte. Sie besteht aus einer offenen Bauweise mit Einzelhäusern und einer kleinen Parkanlage im Bereich des Stadtgrabens, heute die Grünanlage an der Herzog-Wilhelm-Straße. Die städtebauliche Planung entspricht der sogen. Sonnenbau-Lehre von Dr. Christoph Faust (1755–1842), die vom Architekten Gustav Vorherr in München eingeführt wurde. Im Wesentlichen ist in der Sonnenbau-Lehre – nach der auch die Straße benannt wurde – die Lage der Gebäude zueinander und nach Süden geregelt, was in der Sonnenstraße nur bedingt möglich war.

Stadtraum mit Grünanlagen

Die Bebauung zur Stadtseite hin war wohl bis 1824 abgeschlossen. Sie bestand aus bis zu viergeschoßigen, klassizistischen Mietshäusern mit rückwärtigen Gärten und teilweise auch kleineren Nebengebäuden. Für das Vorfeld zum Sendlinger Tor schlug Sckell eine halbrunde Gestaltung mit Alleebäumen vor, die auch die gesamte Länge der Sonnenstraße begleiten sollten. Ausgehend vom Halbrund plante Sckell zwei weitere Alleen, die den begrünten Vorplatz vor dem Allgemeinen Krankenhaus begleiteten: in der Linie einer begradigten Sendlinger Landstraße, der späteren Lindwurmstraße und symmetrisch dazu nördlich des Krankenhauses die heutige Nußbaumstraße, damals Krankenhausstraße. Das Allgemeine Krankenhaus war aus hygienischen Gründen mit einem deutlichen Abstand zur Innenstadt angelegt worden. Nach Südosten Richtung Isarvorstadt konnte das Straßensystem nur bedingt weitergeführt werden, da die Müllerstraße bereits 1796/97 angelegt worden war. In den folgenden Jahren wurden das nördliche und südliche Halbrondell bebaut, heute stehen auf beiden Seiten des Halbrunds Neubauten. Von der ursprünglichen Bebauung ist nichts mehr übrig geblieben. Auch das Sterbehaus von Alois Senefelder, dem Erfinder der Lithographie († 1834) mit der Hausnummer 5 wurde 1979 abgerissen, das in der benachbarten Grünanlage stehende Denkmal für Senefelder wurde auf dem Marsplatz abgestellt. An der Westseite der Sonnenstraße sind 1812 nur wenige Gebäude vorhanden, wenn sich auch schon einige Wegeverbindungen ins freie Feld andeuten.

Sonnenstraße, Westseite

Stadtmodell 1865

Im Bild oben eines der klassizistischen Mietshäuser aus der ersten Bebauungszeit. Der Ausschnitt unten des Stadtmodells von Johann Baptist Seitz aus der Zeit um 1865 zeigt den nördlichen Bereich der Sonnenstraße vom Stachus bis zur Landwehrstraße von Westen her gesehen. Auf der Stadtseite stehen die einzelnen Mietshäuser mit Abstand zueinander, auf der Westseite die eher ungeordnete Bebauung mit meist geschlossenen Straßenfronten. Mitten in der Sonnenstraße die 1833 eingeweihte Protestantische Kirche, die 1938 in der NS-Zeit abgerissen wurde. Die Grünanlagen auf beiden Seiten der Kirche sind im Modell nur angedeutet. Deutlich zu sehen ist auch noch der ehemalige Stadtgraben zur Altstadt hin, der zum Teil auch damals noch einzelne Gärten für besondere Persönlichkeiten enthielt. Dieser Graben wurde später zugeschüttet.

Stadtmodell München, 1850/65

1 Sonnenstraße

Matthäuskirche, 1850

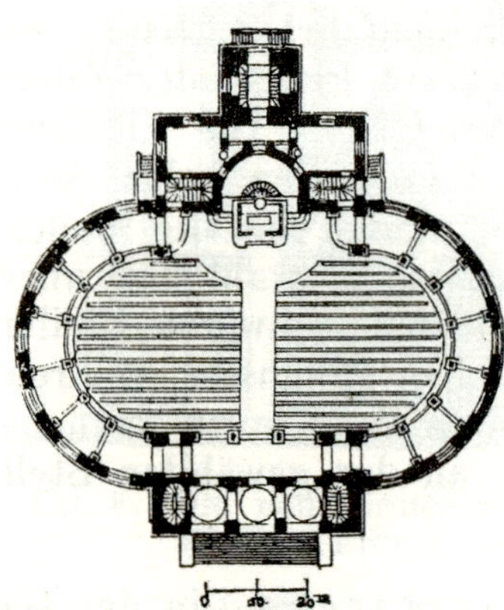

Evangelische Gemeinde in München

Bis zum Ende des 18. Jahrhunderts blieben München und das damalige Bayern ein Hort des Katholizismus – seit dem Dreißigjährigen Krieg hatten die bayerischen Fürsten mit allen Mitteln protestantische Einflüsse verhindert. Am Himmelfahrtstag 1632 ließ zwar der schwedische König Gustav Adolf als Besatzer im Schönen Saal der Neuveste einen protestantischen Gottesdienst abhalten, aber nur für sich und sein Gefolge, „Lutherische" gab es in München keine. Mit der Übernahme der bayerischen Regentschaft durch die pfälzer Verwandten der Wittelsbacher kamen jedoch nicht nur zahlreiche Protestanten im Gefolge der neu installierten Kurfürsten nach Bayern, sondern auch hochrangige Mitglieder des Hofs wie Karoline, die Gattin von Max Joseph, dem späteren ersten König von Bayern. Karoline hatte sich in ihren „Ehepakten" die Ausübung ihres protestantischen Glaubens ausbedungen und auch einen eigenen Kabinettsprediger zu wählen. Für die Fürstin und ihren Hofstaat, später auch für Besucher außerhalb des Hofs fanden protestantische Gottesdienste statt, zunächst 1799 im Grünen Saal des Nymphenburger Schlosses und ab 1800 im umgebauten Ballhaus am Brunnenhof der Stadtresidenz.

Einen wichtigen Fortschritt in der Akzeptanz der Protestanten in der Stadtgesellschaft bildete die Verleihung des Bürgerrechts an den Mannheimer Kaufmann Johann Balthasar Michel, dem der Erwerb einer Weinschankgerechtigkeit vom Magistrat verweigert wurde, da ihm als Protestant kein Bürgerrecht zustand. Erst auf eine direkte Anordnung des Kurfürsten Max Joseph im Juli 1801 musste der Magistrat eine Einbürgerungsurkunde ausstellen. Danach (und nach dem Bayerischen Religionsedikt von 1803 also einer rechtlichen Gleichstellung) drängten viele Protestanten nach München.

Altarbild, Gustav Jaeger, 1845

1.4 Erste Protestantische Kirche in München

Kabinettsprediger Ludwig Friedrich Schmidt konnte 1806 bereits über 1.200 Seelen der protestantischen Gemeinde betreuen und ersuchte mithilfe der (inzwischen) Königin Karoline um die Einrichtung einer eigenen protestantischen Gemeinde, die auch bereits 1806 genehmigt wurde. Der Gemeinde wurde die Nutzung der Salvatorkirche zugestanden, die aber wegen einer fehlenden Finanzierung des Umbaus nicht zustande kam, ein Kirchenneubau wurde ebenfalls ab 1819 geplant, u.a. mehrere Projekte von Leo von Klenze, Gustav Vorherr und Johann Ulrich Himbsel.

Im August 1826 erhielt der Oberbaurat Johann Nepomuk Pertsch einen Auftrag zum Entwurf eines Kirchenneubaus, zunächst für einen Bauplatz am Maximiliansplatz und schließlich für den Standort am südlichen Ende des Karlsplatzes in der Sonnenstraße. Dort waren allerdings seit 1816 Hunderte von Pappeln als Alleebäume gepflanzt worden, für die König Ludwig I. Ersatzpflanzungen südlich der neuen Kirche forderte.

Der Architekt Pertsch schlug einen querovalen Baukörper vor, der nicht nur heftig von den sogen. Architektenkollegen kritisiert wurde, sondern auch von der evangelischen Gemeinde. Pertsch argumentierte, dass der Kirchenbau von allen Seiten ansichtig und deshalb eine ausgesprochene Vorderansicht hier nicht angemessen sei. Am 25. August 1833 wurde die Kirche im Beisein von Königinmutter Karoline (ohne König Ludwig I.) eingeweiht.

Kanzel

1 Sonnenstraße

Räumlicher Abschluss

Der Kirchenbau bildet stadträumlich eine südliche Begrenzung des Karlsplatzes, wie das sogen. Himbselhaus im Norden, später ersetzt durch das Gebäude der Börse. Durch die Aufweitung der Sonnenstraße und die seit 1816 angelegten Grünanlagen – auch ein Kinderspielplatz entstand hier auf Wunsch König Ludwig I. – entstanden hier gut besuchte „Schmuckplätze", bis 1938 wurden sie von der Stadtgärtnerei gepflegt. Nach dem Abriss der Matthäuskirche 1938 wurden die Grünanlagen entfernt und dienten als Parkplatz. Nach dem Zweiten Weltkrieg wurden die Straßenbahngleise leider in die Mitte der Sonnenstraße verlegt, eine Nutzung des Restgrüns ist damit nicht mehr möglich.

Ausstattung

Angesichts der üppig dekorierten katholischen Kirchen der Stadt erschien die neue Protestantische Kirche den Zeitgenossen als „kahl und unerfreulich" (Reber). Erhalten hat sich von der Innenausstattung u.a. ein Kreuzigungsbild des Münchner Malers Christoph Schwarz von 1587 (ein Geschenk der Königin Karoline) und ein Kreuzigungsbild (1845) von Gustav Jaeger nach einer Vorlage von Julius Schnorr von Carolsfeld von 1842.

Kreuzigungsbild, Christoph Schwarz, 1587

Protestantische Kirche St. Matthäus

1

briss der Matthäuskirche, 1938

Abbruch der Matthäuskirche 1938

Hauptgrund für den Abriss der Matthäuskirche in der NS-Zeit war wohl der geplante verkehrstechnische Ausbau, im Verlauf der Sonnenstraße war die Trasse der U-Bahn vom Hauptbahnhof zur Lindwurmstraße vorgesehen. Als weiterer Grund gilt die Animosität des NS-Regimes gegen den Landesbischof Meiser und die Evangelisch-Lutherische Kirche allgemein. Auf Drängen Adolf Hitlers kündigte NS-Gauleiter Adolf Wagner am 9. Juni 1938 dem damaligen Pfarrer Friedrich Loy den Abriss an, bereits am 6. Juli 1938 war das Gebäude komplett entfernt. Proteste der Gemeinde waren ohne Erfolg.

Eine Kathedrale der Freiheit

Trotz vielfacher Kritik v.a. an der Äußeren Form und Gestaltung hatte die Protestantische Kirche St. Matthäus nicht nur eine große städtebauliche Bedeutung sondern war als Kathedralkirche ein wichtiger Identifikationsort für die protestantische Gemeinde nicht nur in München. Sie galt auch als „Denkmal der Freiheit" für alle Protestanten in Bayern, unterstrichen durch die herausgehobene Stellung als frei stehender Baukörper im Stadtraum.

Nach dem Abriss der Kirche 1938 wurden in den Folgejahren bereits Neuplanungen von German Bestelmeyer für den Sendlinger-Tor-Platz entwickelt, die aufgrund des Weltkriegs zunächst nicht weiter verfolgt wurden.

Erhalten haben sich neben Teilen der Ausstattung auch zwei der Glocken der alten Matthäuskirche, die in den Betriebswerken der Städtischen Wasserwerke eingelagert waren. Sie wurden um 1830 gegossen und gelten als die ältesten Glocken einer protestantischen Kirche in ganz Oberbayern. Es gibt Überlegungen, die Glocken am alten Standort wieder einzurichten.

1 Sonnenstraße Westseite

Sonnenstraße, 1903

Sonnenstraße 27/28, Automat-Hotel Karlsplatz 1

Kleiner Rosengarten in der Sonnenstraße, 1900

Die Westseite der Sonnenstraße entwickelte sich unterschiedlich. Zwischen Bayerstraße und Landwehrstraße entstand von Anfang an eine durchgehende Bebauung, 1853–56 wurde der Bau der Gebäranstalt durch Friedrich Bürklein errichtet, leicht zurückgesetzt von der Straßenflucht und unmittelbar nördlich davon mit der Hausnummer 24 das Reisingerianum, die erste Poliklinik in einer umgebauten Villa des ehemaligen Krankenhausdirektors Dietl.

Bis 1900 wurde die Straße zu einer großstädtischen Promenade mit Hotels, Cafés und großen Kaufhäusern. Südlich der Gebäranstalt befand sich das Gasthaus Kleiner Rosengarten, in dem auch die Volkssängergesellschaften auftraten. An seiner Stelle wurde von Gustav Pfeiffer 1900 das Hotel Reichshof errichtet, heute steht hier das Geschäftshaus Foto Sauter. Mit Ausnahme der Gebärklinik, die 1920/22 zum Postscheckamt umgebaut wurde, ist von der gesamten gründerzeitlichen Bebauung nichts mehr erhalten, alles fiel dem Luftkrieg zum Opfer.

Sonnenstraße, Hotel Reichshof

Sonnenstraße, Hotel Reichshof

aufhaus M. Schneider, 1914

Hotel Stachus, 1888

Das ehemalige Hotel Trefler (damals Sonnenstraße 21) wurde 1893 durch den Architekten August Brüchle umgebaut und zum Hotel Sonnenhof. Nördlich der Landwehrstraße nimmt das Kaufhaus Schneider großen Raum ein. Besitzer des „Schnitt- und Modewaren-Geschäfts" sind Michael und Emma Schneider.

An der Ecke zur Bayerstraße mit der Adresse Karlsplatz 24 steht seit 1870 das Hotel Stachus auf dem ehemaligen Grundstück des Eustachius Föderl. Das Hotelgebäude wurde 1895 zum Teil durch das Kaufhaus von Ernst Horn belegt und vollständig 1924, außerdem wurde das Haus um zwei Stockwerke erhöht.

Das Luftbild unten, 1938 aufgenommen vom Dach des Justizpalastes zeigt den Blick auf den Stachus und in die Sonnenstraße kurz vor dem Abbruch der Protestantischen Kirche St. Matthäus. Links das Stachus-Rondell, rechts das aufgestockte Kaufhaus Horn. Mitten auf dem Platz das Stationshaus für die Straßenbahn, 1890 als Blumenkiosk erbaut und südlich davon ein weiterer Kiosk mit Ladenbauten und einer Bedürfnisanstalt von 1899, die 1920 eine südliche Erweiterung erhielt.

Karlsplatz/Stachus, 1938

1 Sonnenstraße Ostseite

Karlsplatz/Stachus, 1901

Sonnenstraße/Herzogspitalstraße 1914

Die östliche Seite der Sonnenstraße (zur Innenstadt hin) war bis nach dem Zweiten Weltkrieg geprägt durch die Solitär-Gebäude entsprechend der Sonnenbaulehre und nach der ursprünglichen Planung von Gustav Vorherr. Viele Gebäude der ersten Bebauung wurden aber durch Neubauten mit mehr Geschoßen und massiveren Baukörpern ersetzt. Maßstab waren die Pavillonbauten des Stachus-Rondells nach ihrer Aufstockung und Umgestaltung entsprechend der Vorschläge von Gabriel von Seidl 1899.

Durch den Neubau der evangelischen Kirche St. Matthäus 1833 wurde der bis dahin offene und breite Straßenraum unterteilt. Zu beiden Seiten der Kirche verblieben Grünräume, die großenteils schon 1816/19 von Friedrich Ludwig von Sckell angelegt waren. Das Bild oben zeigt links den Rand des südlichen Flügels des Stachus-Rondells und die Zufahrt zur Herzogspitalstraße im Jahr 1914, am rechten Bildrand die Kirche. Das Gebäude in Bildmitte beherbergt u.a. den Russischen Tee-Salon. Türkische, chinesische, holländische oder irgendwie exotische Cafés und Teestuben waren seit Ende der 1880er Jahre groß in Mode.

1.5 Singspielhalle Orpheum

An der Sonnenstraße 12, nahe dem Sendlinger-Tor-Platz stand die Gastwirtschaft der Familie Schweisgut. Zwischen dem Vordergebäude und dem Rückgebäude an der Herzog-Wilhelm-Straße gab es seit mind. 1869 einen Saalbau, das Orpheum. Die Sonnenstraße mit ihrer Umgebung gehörte zu den Zentren der populären Unterhaltungskultur in München. Nach 1870 traten Hunderte von Volkssängern, Gesangsgruppen und andere Künstler in Varietés auf mit musikalischen, tänzerischen, schauspielerischen und artistischen Nummern. Dazu gehörten bekanntere Darsteller wie Anderl Welsch, Papa Geis, August Junker und später natürlich Karl Valentin mit Liesl Karlstadt und der Weiß Ferdl. Räumliche Möglichkeiten gab es in den großen Bierhallen, den Sälen der Hotels und Gastwirtschaften oder eigenen Theatern wie dem Elysium am Nordrand des Karlsplatzes. Singspielhallen wie das Orpheum gehörten eher zu den einfachen Unterhaltungs-Etablissements. Geboten wurden natürlich vor allem Speisen und Getränke, oft war der Eintritt zu den Veranstaltungen frei. 1899 brannte das Orpheum ab,

Brand des Orpheums, 1899

obwohl man seit dem Brand des Pariser Bazars im März 1897 (bei dem auch die bayer. Prinzessin Sophie ums Leben kam) gerade auch in München für alle Veranstaltungsräume deutlich strengere Vorschriften erlassen hatte, natürlich in erster Linie für die Theater. Ob Besucher zu Schaden gekommen sind, ist nicht bekannt. Jedenfalls wird offensichtlich das Gebäude sehr schnell wieder aufgebaut, 1905 steht –wie man auf dem Bild der gegenüberliegenden Seite sehen kann – ein respektabler 5-geschoßiger Bau auf dem Grundstück, der wohl auch weiterhin als Orpheum von der Familie Schweisgut betrieben wurde.

Sonnenstraße 7, 8

Sendlingerblock, 1912

1.6 Sendlingerblock / Sendlinger-Tor-Lichtspiele

Sendlinger-Tor-Platz 10/11. Bauherr der beiden großstädtischen Gebäude war die Heilmann'sche Immobilienverwaltung. Die Häuser von 1913/14 gehören zu den frühen Stahlbetonbauten in München, der stadtseitige Gebäudeteil enthielt von Anfang an über zwei Geschoße das 1913 eröffnete Lichtspieltheater des Münchner Kino-Pioniers Carl Gabriel. Ursprünglich enthielt der Saal einen kleinen Orchestergraben für die hauseigene Künstlerkapelle. Weitgehend erhalten ist heute der Kinosaal mit der Galerie: ein Stahlbau mit Verkleidungen. Zur Eröffnung des *„größten und elegantesten Lichtspieltheaters in Bayern"* wurde das historische Drama „Die Herrin des Nils" gezeigt.

Sendlinger-Tor-Platz 1905

1 Sonnenstraße

Café Imperial, 1883

Imperial-Lichtspiele, um 1907

1.8 Imperial-Theater/Pini-Haus

In den seit Jahren leer stehenden Räumen des Café Imperial an der Schützenstraße fanden schon im April/Mai 1907 erste Filmvorführungen unter dem Namen *Edison-Theater* statt. Nach einem Umbau wurde es im September 1907 mit dem Namen *Imperial-Theater* wieder eröffnet und war dann das größte Münchner Lichtspielhaus mit 450 Plätzen. Im Gegensatz zu den damals viel kleineren Lichtspieltheatern mit ihren Holzbänken – 1907/08 gab es insgesamt neun Kinos in der Stadt – war das Imperial *„geschmackvoll und solide ausgestattet"* und hatte bereits einen leicht ansteigenden Saalboden Die vornehme Ausstattung zog auch entsprechende Gäste an: Zu den regelmäßigen Kino-Besuchern gehörten die wittelsbacher Prinzen Leopold, Ludwig und Arnulf, Kinder des Prinzregenten Luitpold. Das Imperial mit seiner guten Lage war lange das rentabelste Kino und konnte am 22. Februar 1929 mit dem ersten Tonfilm (2 Minuten) aufwarten. Erst einige Monate später zogen die inzwischen noch größeren Film-Theater wie der Phoebus-Palast nach. Während des Zweiten Weltkriegs war es Soldatenkino und durchgehend geöffnet. Nach der Zerstörung im Luftkrieg wurde das Kino im Dezember 1944 geschlossen. Heute: Restaurant Cucina Centrale im Pini-Haus.

1.7 Goethe-Lichtspiele

Landwehrstraße 42/Ecke Goethestraße
Das Kino wurde in einem seit 1872 bestehenden Wohnhaus eingerichtet und hatte bei der Eröffnung am 1. November 1913 150 Sitzplätze. Bereits 1920/23 wurde das Kino wieder geschlossen. Karl Uschold, der Betreiber, war eigentlich Fahrradhändler, entdeckte aber seine Begeisterung zunächst für das Kino und für die Produktion von Filmen, bevor er dann 1920 Gemüsehändler wurde und wieder zum Fahrradgeschäft zurückkehrte.
Bei den Straßenkämpfen während der Revolutionszeit wurde die Schaufensterfront des Kinos Anfang Mai 1919 demoliert .

Goethe-Lichtspiele, 2. Mai 1919

1.9 Phoebus-Palast

Sonnenstraße 8, (heute Neubau Sonnenstraße 23)
Der Phoebus-Palast entstand 1926 als radikaler Umbau eines der letzten Solitärbauten an der Sonnenstraße und mit dem Anbau eines großen Kinosaals und konnte schließlich den größten Saal Europas bieten. Von der ursprünglichen Villa blieben nur Reste erhalten. Der Kinosaal mit seinen 2.300 Plätzen auf zwei Ebenen blieb allerdings nicht lange Spitzenreiter: schon ein Jahr später wurde er von einem Berliner Kino überholt. Schon vor der Baugenehmigung hatte es erhebliche Proteste gegeben vom Verband der Münchner Kinobesitzer, die in dem Großkino eine ernsthafte Konkurrenz in einem immer schwieriger werdenden Gewerbe sahen. Auch die Evangelische Kirche äußerte Bedenken, da die St. Matthäuskirche in unmittelbarer Nachbarschaft stehen würde: akustische Störungen wurden befürchtet v.a. aber auch sittliche Gefahren durch Kinoplakate und Anzeigen. Auch mit der Genehmigungsbehörde selbst mussten sich die Bauherren, die Phoebus Film AG, Berlin und der Architekt Ludwig Grothe wiederholt auseinandersetzen, besonders der rote Farbton für die Fassade wurde zunächst kritisiert, Lichtreklame war nur im Erdgeschoßbereich erlaubt. Dem gehobenen Anspruch der äußeren und inneren Gestaltung des Kinos angemessen, ließ der Leiter des Phoebus-Palasts, Michael Demmel, die Plakate exklusiv vom Typographen Jan Tschichold gestalten: für München revolutionär. Ab 1933 Umbenennung in Ufa-Palast, seitdem wurde das Kino von den Ufa-Theaterbetrieben Berlin geführt. Im zweiten Weltkrieg wurde der Ufa-Palast zerstört.

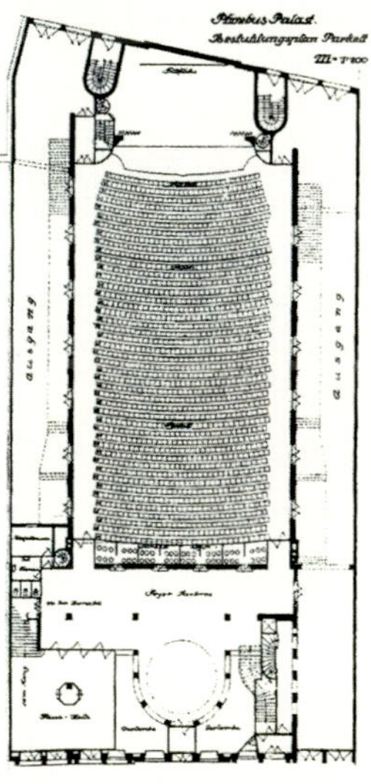

Phoebus-Palast, Zuschauerraum, um 1930

1 Sonnenstraße

Park- und Verkehrsring

Am Ende des Zweiten Weltkriegs war die Münchner Altstadt zu mehr als 60% zerstört, einzelne Viertel wie die Maxvorstadt und die Ludwigsvorstadt deutlich schwerer. Die Diskussionen um den Wiederaufbau bewegten sich zwischen einem radikalen Neuanfang – oder sogar einem Aufbau an anderer Stelle – und einer maßvollen Wiederherstellung. Letztlich entschied sich der Stadtrat in einer konservativen Weise trotz der absehbaren Schwierigkeiten zu einer weitgehenden Rekonstruktion zumindest der Altstadt.

Einen wesentlichen Anteil an den Planungen hatte der Stadtbaurat Karl Meitinger, der schon Ende 1945 erste Vorschläge zum Wiederaufbau vorgestellt hatte und 1946 mit seiner Publikation „Das Neue München" ein konkretes Konzept für den Wiederaufbau vorlegte, das aber auch herbe Kritik aus den Reihen der Fachwelt hervorrief, die eine moderne Stadt forderten und keine „rückwärts gerichtete Haltung".

Der wichtigste Grundgedanke der Vorschläge von Meitinger bestand in der Überlegung, die Altstadt weitgehend vom Autoverkehr durch einen äußeren Park- und Verkehrsring zu entlasten, den heutigen Altstadtring, der in großen Teilen auch ausgeführt wurde.

Beispielhaft zeigt die Planung der Sonnenstraße das angestrebte Konzept: die Trassen für den Autoverkehr und die Trambahn werden in Straßenmitte konzentriert, zwischen den breiten Bürgersteigen vor den Ladenzeilen und dem Straßenverkehr vermitteln durchgehende Baumalleen mit Parkmöglichkeiten. Leider wurden die Vorschläge nur bedingt umgesetzt, die Baumreihen wurden nicht an den Rand der Bürgersteige gesetzt, sondern mittig neben die mehrfachen Trambahngleise. Der von Meitinger angedachte Boulevard war – auch aufgrund der nicht absehbaren Verkehrsentwicklung – so nicht zu erreichen.

Sonnenstraße, um 1958

Problemzone Sonnenstraße

Die Sonnenstraße gehört heute zu den ungelösten Problemen der Innenstadt. Die gut nutzbaren Grünflächen der Planung von Friedrich Ludwig von Sckell sind längst verschwunden. In der NS-Zeit wurden im Hinblick auf einen großstädtischen Verkehrsausbau massive Veränderungen vorgenommen – eine Trasse der U-Bahn sollte unter der Sonnenstraße vom Hauptbahnhof über den Stachus zum Sendlinger-Tor-Platz und in Richtung der Lindwurmstraße verlaufen.

Die Vorschläge Meitingers nach den massiven Zerstörungen wurden nur bedingt umgesetzt. Der großstädtische Boulevard, der bis zum Zweiten Weltkrieg gesäumt war von großen Hotels, Vergnügungsbetrieben, Kinos, Theatern, Cafés und einer Vielzahl von Einzelgeschäften hat seinen Reiz durch eine eher belanglose Nachkriegsarchitektur und falsche Entscheidungen bei der Umsetzung von Verkehrskonzepten verloren. Zweifellos erfordert der Autoverkehr im Bereich des Altstadtrings eine angemessene Umsetzung, die Straßenbahn muss ebenso erhalten bleiben, vielleicht nicht in vierspurigen Gleisabschnitten. Aber ein gutes räumliches und urbanes Konzept für eine Verbesserung der Fußgängerbereiche fehlt, es braucht Aufenthaltsqualitäten, eine Abschirmung vor dem Verkehr und Angebote zur Nutzung vor den Ladenzonen.

Der Architekt Stephan Braunfels hat 1985 eine Neugestaltung der Sonnenstraße und des Sendlinger-Tor-Platzes vorgeschlagen, wobei er die Verkehrstrassen in der Sonnenstraße auf eine Seite des bis zu 75 m breiten Straßenraums verlegt hat und eine bessere Lösung für die städtebaulich unbefriedigende Situation am Ende des Straßenzuges in Richtung der Müllerstraße gefordert hat.

Ein ebenso vorgeschlagener neuer Stadtbach in der Sonnenstraße wäre historisch gesehen wohl besser in der Grünanlage an der Herzog-Wilhelm-Straße aufgehoben, wofür es auch verschiedene Initiativen gibt. Für den Bereich Sonnenstraße gibt es auch aktuell neue Studien, eine konkretere Auseinandersetzung oder gar Umsetzung scheint in weiter Ferne.

Eine gestalterische und funktionale Verbesserung des gesamten Bereichs zwischen Stachus und Sendlinger-Tor-Platz in Verbindung mit der Grünanlage an der Herzog-Wilhelm-Straße und attraktiveren Querverbindungen hätte sicher auch positive Auswirkungen auf das Hackenviertel der Altstadt.

Sonnenstraße, Visualisierung Bund Naturschutz

Sonnenstraße, 12. April 2020

Zentralbahnhof, um 1850

1.10 Der Neubau des Hauptbahnhofs

Die Privatbahn von München nach Augsburg wurde 1844 – nach Auszahlung der Investoren – vom bayerischen Staat übernommen, der seit 1841 noch eine weitere Strecke bauen ließ, die Ludwig-Süd-Nord-Bahn von Lindau über München nach Hof. Den neuen repräsentativen Bahnhof projektierte man schon seit 1845 auf dem aufgekauften Gelände der Kgl. Privilegierten Hauptschützengesellschaft vor dem Neuhauser Tor. Bis zur Fertigstellung wurden die Gleise bis dorthin verlängert und ein provisorischer Bahnhof im Schützengebäude eingerichtet. Eingeweiht wurde der neue „Centralbahnhof" am 1. Oktober 1849. Da der erste Münchner Bahnhof am 4. April 1847 abgebrannt war mussten die Reisenden zunächst im Gebäude der ehemaligen Schützengesellschaft unterkommen, das von der Kgl. Eisenbahnverwaltung aufgekauft worden war. Seit 1406 wurden hier über 400 Jahre lang die bürgerlichen Schützen ausgebildet und viele denkwürdige Feiern abgehalten. Die Schützengesellschaft wurde unter Protesten auf die Theresienhöhe umgesiedelt. Heute erinnert noch die Schützenstraße an die Nutzung.

Alte Schießstätte, 1847

Bahnhofsarchitektur

Als Architekt des Bahnhofs war zunächst Eduard Rüber vorgesehen, der den Staatsbahnhof in Nürnberg entworfen hatte und Bauten an der Ludwig-Süd-Nordbahn. Im April 1946 übergab man die Planung der Generalverwaltung der Kgl. Eisenbahnen und – nach einer Empfehlung von Friedrich Gärtner – dessen Schüler Friedrich Bürklein. Er entwarf ein Ensemble von mehreren Baukörpern, dessen Giebel sich zur Innenstadt hin orientierten und damit ein von den Kritikern „gefälliges und heiteres Ganzes" darstellten. Materialwahl und Stil wurden für viel Bahnhofsbauten in Bayern prägend. Spektakulär war die große Einsteighalle, die über die gesamte Breite von 29 m mit einer halbkreisförmigen Holzkonstruktiuon des Zimmerers Michael Reiffenstuel überspannt wurde – eine der ersten großen Konstruktionen des beginnenden Industriezeitalters in München.

Technische Ausstattung

Neben der viel beachteten Holzkonstruktion von Reiffenstuel enthielt der neue Zentralbahnhof weitere technische Neuerungen. Eine zentral gesteuerte Uhrenanlage mit mehreren im Gebäude verteilten Zifferblättern wurde vom „Stadtuhrmacher und Mechanikus" Johann Mannhardt eingerichtet, der i.Ü. auch die letzte in München verwendete Guillotine gefertigt hatte.

Der später berühmte Hygieniker Max von Pettenkofer installierte eine neuartige Beleuchtung mit Holzgas mit mehr als 250 Leuchtkörpern, die ein „herrliches, geruchloses Licht" verbreitete – Beginn einer umfassenden technologischen Entwicklung der Beleuchtung von Straßen und Gebäuden mit Gas in Bayern. Beheizt wurden die Räume durch eine Heißwasserheizung nach dem System des Engländers Angier March Perkins: Im Fußboden und den Sockelbereichen der Wände wurden eiserne Röhren verlegt, die von neun Heizräumen aus beschickt wurden. Damit war der Bahnhof nicht nur für die Reisenden angenehm, er wurde auch zum Ziel der neugierigen Münchner, jedenfalls bis man für unbefugten Eintritt 30 Kreuzer Strafe einführte.

Erweiterungen

Der rasanten Entwicklung der Eisenbahnen in Bayern war das Bahnhofsgebäude allerdings nicht gewachsen.Die ersten neuen Bahnlinien nach Starnberg und Rosenheim konnten noch mit seitlichen Bahnsteighallen bedient werden. Für die neue Bahnlinie der privaten Ostbahngesellschaft nach Landshut wurde jedoch 1860 eine weitere Einsteighalle an der damaligen Salzstraße, der heutigen Arnulfstraße errichtet. Zur Stadt hin wurden die zusätzlichen Bauten mit seitlichen Pavillonbauten von Bürklein zu einer geschlossenen Front zusammengefasst.

Bereits seit Beginn der 1870er Jahre gab es Planungen zu einem deutlich umfangreicheren Neubau, aber erst mit der Verstaatlichung der Ostbahngesellschaft 1875 war eine großzügige Lösung möglich. Nachfolger des 1872 verstorbenen Architekten Friedrich Bürklein in Diensten der Generaldirektion der Bayerischen Verkehrsanstalten wurde Jakob Graff, der aufgrund von Finanzierungsschwierigkeiten die Bürklein-Bauten an der Stadtseite stehen ließ und nach Westen eine vierschiffige Bahnsteighalle plante mit seitlichen Verwaltungsbauten, die im Wesentlichen bis zum Zweiten Weltkrieg bestehen blieb, die alte Bahnsteighalle wurde in der Länge gekürzt und als Schalterhalle verwendet.

Abriss der alten Gleishalle, 1878

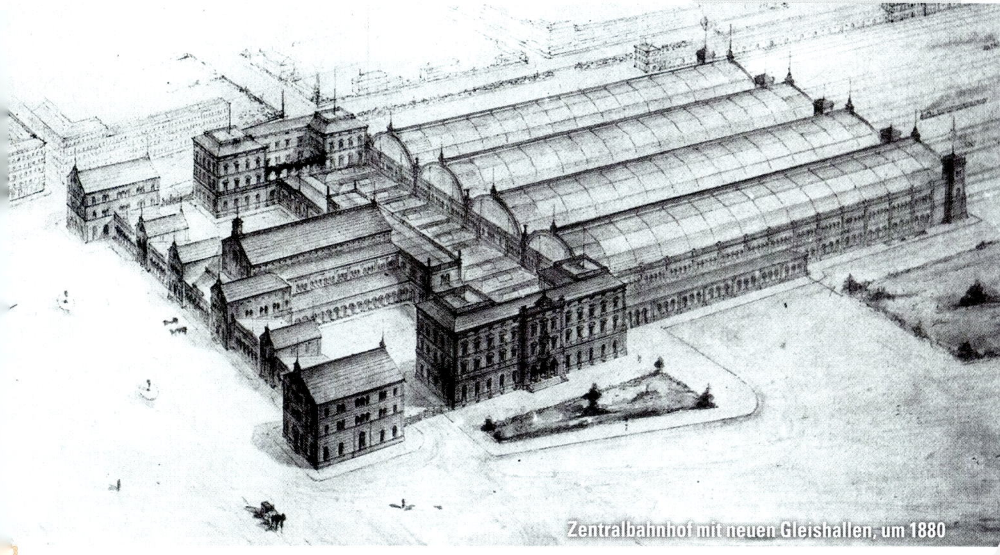

Zentralbahnhof mit neuen Gleishallen, um 1880

Zentralbahnhof/Hauptbahnhof

Ein Bahnhof für die Großstadt

Den Auftrag für den Bau der großen Gleishalle mit vier Schiffen für die 16 notwendigen Gleise erhielt die Süddeutsche Brückenbau-Actiengesellschaft, dessen damaliger Direktor Heinrich Gerber zu den bedeutendsten Konstrukteuren der Zeit in Deutschland gehörte. Ab 1878 bis 1883 konnten die vier Hallen mit je 35 m Breite und ca. 150 m Länge fertig gestellt werden. Am westlichen Ende des Bauwerks lag die Konstruktion auf fünf gemauerten Türmen auf, die wesentlich den äußeren Eindruck bei der Einfahrt der Züge in den Bahnhof prägten. Mit seiner Gesamtfläche von 21.000 m² war der Bahnhof der größte Bahnhof in Europa, jedenfalls bis zum August 1888, als der Frankfurter Hauptbahnhof in Betrieb genommen wurde.

Bau der neuen Gleishallen, 1878

Insgesamt bestand der Münchner Zentralbahnhof aus drei Teilen, dem Hauptgebäude für den Personenverkehr, einem Lade- und Rangierbereich bis zur heutigen Donnersbergerbrücke und schließlich der Lok- und Wagenremise, die bis zur Friedenheimer Brücke reichte.

Als erster Bahnhof in Deutschland erhielt der Bau 1879 Differential-Bogenlampen der Firma Siemens & Halske, der notwendige Strom wurde von Generatoren im Gebäude erzeugt.Die Ausstattung der Räume war aufwändig, für den königlichen Hof und offizielle Empfänge entstand der sogen. Königspavillon an der Südseite des Bahnhofs mit mehreren prunkvollen Empfangssälen.

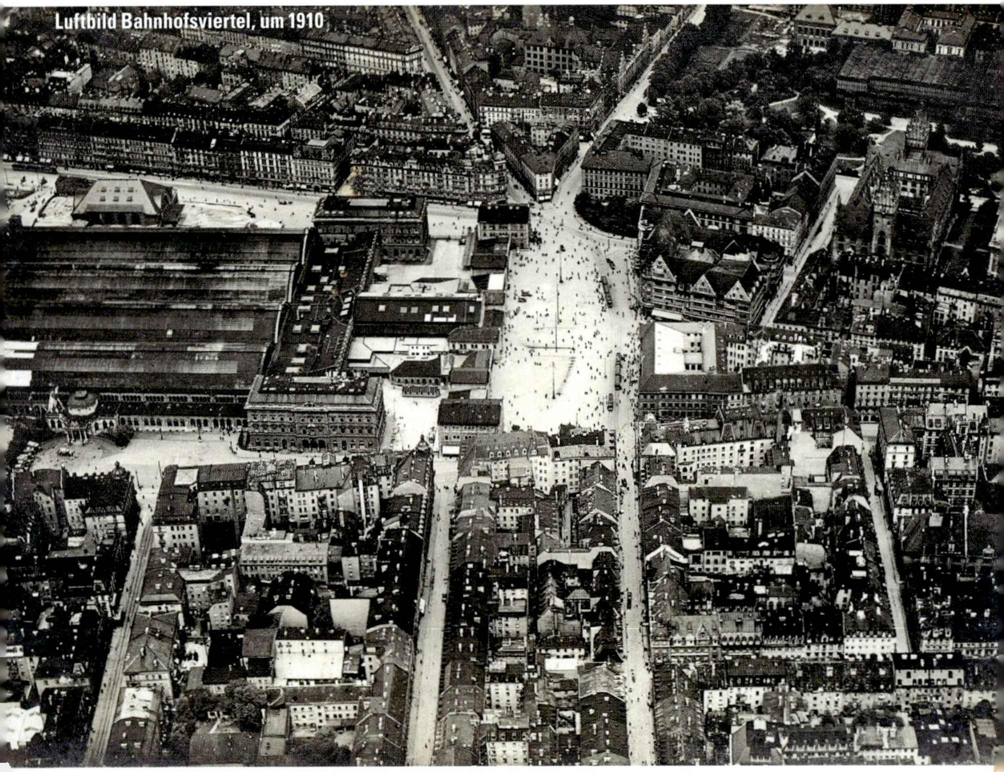

Luftbild Bahnhofsviertel, um 1910

Neue Gleishalle, um 1890

Der enorme Anstieg der Einwohnerzahlen – von 1880 bis zur Jahrhundertwende hatte sich die Einwohnerschaft von ca. 250.000 auf fast eine halbe Million verdoppelt – forderte schon bald neue Überlegungen zu einer grundlegenden Verbesserung der Verkehrssituation, die jedoch alle nicht zur Ausführung kamen: u.a. Ringbahnen als Hochbahn mit mehreren dezentralen Bahnhöfen, einer davon auf der Kohleninsel mitten in der Isar, später Standort des Deutschen Museums. Die allgemeine Rauchplage, die erhebliche Belastung der Luft durch die Abgase der innerstädtischen Betriebe und des Bahnhofs ließen eine Verlagerung des Hauptbahnhofs, wie er seit 1904 benannt wurde, sinnvoll erscheinen.

Der zerstörte Bahnhof, 1945

Eine Entlastung des innerstädtischen Bahnbetriebs bedeuteten die Entscheidungen Flügelbahnhöfe für den Verkehr nach Starnberg im Norden der Anlage (1893) und nach Holzkirchen (1911) im Süden einzurichten. Innerbetriebliche Verbesserungen geschahen durch die Verlegung des Rangierbetriebs nach Laim (1893). Durch den Ausbruch des Ersten Weltkriegs, die Revolution – der Hauptbahnhof gehörte zu den wichtigsten Kampforten – und die nachfolgende Mangelwirtschaft wurden die bereits beschlossenen Maßnahmen erheblich verzögert. Eine grundlegende Änderung blieb aus.

Auch von den allerdings größenwahnsinnigen Planungen des NS-Regimes einer 5 km langen Achse und der Verlegung des Hauptbahnhofs nach Pasing wurde quasi nichts ausgeführt ebenso wenig wie der Vorschlag von Karl Meitinger nach Kriegsende, den Hauptbahnhof weiter westlich auf der Höhe der Hackerbrücke neu zu errichten. Bestimmend für die ersten Nachkriegsjahre war die schnellstmögliche Wiederherstellung der Bahnanlage des zum großen Teil zerstörten Bahnhofsbereichs.

Hauptbahnhof

Blick auf den Südlichen Eingang, 1958

Wiederaufbau

Der Hauptbahnhof – und die umliegende Bebauung – gehörten zu den wichtigsten Zielen des Luftkriegs zwischen April 1944 und Februar 1945. Zwischen den Angriffen wurden Gebäudeteile notdürftig wieder instand gesetzt und Gleisanlagen provisorisch für den Bahnbetrieb wieder hergerichtet. Nach Kriegsende wurden v.a. durch Eisenbahner die Bombentrichter aufgefüllt, Gleise freigelegt und wieder aufgesetzt. Im September 1945 verkehrten bereits wieder bis zu 172 Züge täglich, bis Ende 1948 bis zu 740 Züge.
Ab Mai 1949 demontierte man die stark beschädigten Gleishallen, erst 1953 die stehengebliebenen massiven Türme der Westseite. Am 31. Januar 1950 begannen die Arbeiten für den neuen Querbahnsteig. Mit einem Ideen-Wettbewerb Ende 1952 sollte eine neue Hauptfassade geklärt werden.

Die erste Münchner U-Bahn

Vom Untergeschoß des Verkehrsminsteriums an der Hopfenstraße führte seit 10. Oktober 1910 eine unterirdische, führerlose, elektrisch betriebene Bahn über 400 m bis zum Starnberger Bahnhof: die erste U-Bahn in München, die Postsendungen zum Postamt München 2 und zum Bahnpostamt im Nordosten des Verkehrsministeriums transportierte.
Der Tunnel war 2,34 m breit und 1,18 m hoch. 1988 wurde dieser Bahnbetrieb durch einen Straßentunnel zur Seidlstraße ersetzt und schließlich 1997 mit dem Ende der Bahnpost ganz aufgegeben. Teile der Bahnstrecke sind erhalten.

Hauptbahnhof, um 1960

Blick auf den Südlichen Eingang, 10.4.2020

Neubauten, Visionen, Projekte

Bis 1960 entstand an der Stadtseite die charakteristische 174 m lange Rasterfassade mit einem großzügig verglasten Mittelteil in der Breite der Bürkleinschen Schalterhalle und einem abstrakten Mosaik des Künstlers Rupprecht Geiger im Bereich der oben liegenden Garagengeschoße. Vor der Fassade bildete ein weit auskragendes Vordach aus Spannbeton im Stil der 1950er Jahre den Haupteingang. Mit der Überdachung der Gleise wurde erst 1959 begonnen, ausgeführt von der Fa. Friedrich Krupp, Rheinhausen in Zusammenarbeit mit dem Münchner Architekturprofessor Franz Hart, bis zum Beginn des Eucharistischen Weltkongresses im August 1960 wurden die Arbeiten rechtzeitig abgeschlossen.

Letzte grundlegende Planung bisher war das Projekt München 21, bei dem der Hauptbahnhof in einen Durchgangsbahnhof umgebaut werden sollte mit Bahnsteigen im sechsten Untergeschoß. Der gewaltige Aufwand sollte mit den Einnahmen einer möglichen Überbauung der Gleisanlagen erwitschaftet werden.

Auch der Bahnhof der 1950er Jahre ist inzwischen schon wieder Geschichte. Das Hauptgebäude am Bahnhofsplatz ist abgerissen, nach der Planung der Architekten Auer Weber soll bis 2029 ein Neubau des Empfangsgebäudes entstehen – zeitgleich mit der Fertigstellung der Zweiten Stammstrecke.

Visualisierung Neuer Hauptbahnhof

1 Bahnhofplatz

MÜNCHEN Bahnhofsplatz

Bahnhofplatz, um 1910

Bahnhofplatz, 8. April 2020

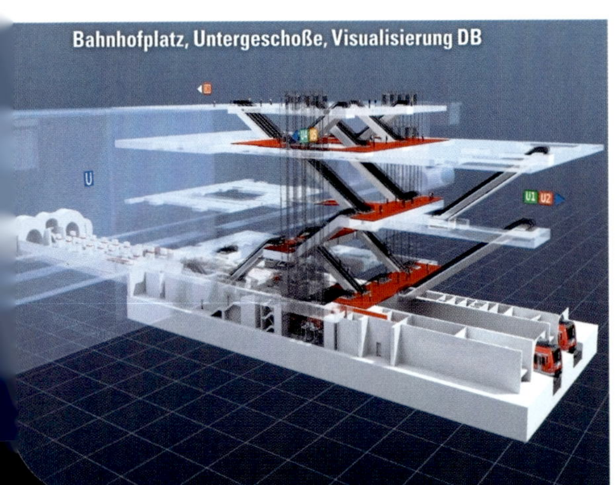

Bahnhofplatz, Untergeschoße, Visualisierung DB

1.11 Bahnhofplatz

Die Ausrichtung des Bahnhofsgebäudes von Bürklein 1849 war allein durch die Linienführung der ersten Bahntrassen bestimmt, die Breite des gesamten Gebäudes durch die Einsteighalle mit ihren fünf Gleisen und die seitlichen Anbauten, insgesamt ca. 40 m. Nach der Anlage des neuen Bahnhofs für die Ostbahn-Gesellschaft mit der Erweiterung des Bürkleinbaus zur Einbindung der neuen Halle in die Hauptfassade und einer symmetrischen Ergänzung im Süden betrug die Breite der Hauptfassade insgesamt ca. 200 m. Dieses Maß wurde auch beim Neubau nach dem Zweiten Weltkrieg nicht überschritten. Auf den übrigen drei Seiten war der Bahnhofplatz räumlich zunächst nicht definiert. Die gegenüberliegende Seite erhielt mit dem Bau des Telegraphenamts 1869/71 von Georg Dollmann einen räumlichen Abschluss und nördlich davon mit dem Bau des Warenhauses Tietz. Der nördliche Platzrand wurde erst mit der Anlage der Prielmayerstraße angelegt, hier stand seit 1874 der Verwaltungsbau der Eisenbahndirektion. Der Süden des Bahnhofsplatzes war durch die Hausfassaden der Bayerstraße bestimmt, die nach 1870 mehr und mehr durch historistische Bauten und mehrere Hotels ersetzt wurden.

1.12 Hotel Deutscher Kaiser

Seit 1869 befand sich auf dem Grundstück die Tafernwirtschaft „Zur Ostbahn" gegenüber dem 1858 errichteten Bahnhof der Ostbahn-Gesellschaft, 1871 im Jahr der Reichsgründung vom Besitzer Michael Bader umbenannt in „Deutscher Kaiser". Die Postkarte oben zeigt den Neubau von 1894/95 nach einem Entwurf von Karl Stöhr, in den Jahren 1922–28 erfolgte ein umfassender Umbau ebenfalls durch Stöhr. Die Inhaber des Hotels Josef und Berta Stengel hatten 1953 auch das benachbarte Grundstück des Hotel Eden erworben.

Hotel Deutscher Kaiser, um 1960

Im Luftkrieg wurden die Hotels zerstört und in den Jahren 1958–60 das Hotel Deutscher Kaiser durch die seit 1959 alleinige Inhaberin Berta Stengel nach einem Entwurf des Architekten Hans Knapp-Schachleiter als 17-geschoßiger Neubau wieder aufgebaut, in den unteren Ebenen war das Kaufhaus Horn.

1.13 Hertie am Bahnhof

Auf dem Grundstück stand bis zu seinem Abriss 1903 das bei den Münchnern beliebte Gasthaus Sterngarten. Der jüdische Kaufmann Hermann Tietz (1837–1907), aus dessen Namen sich die Marke Hertie ergibt, finanzierte den Kaufhausbau nach einem Entwurf von Max Littmann, bis 1905 konnte der Eisenbeton-Skelettbau fertig gestellt werden. Außen war der Bau mit zahlreichen Vorsprüngen, Treppentürmen und Gauben „münchnerisch" gestaltet, der plastische Schmuck stammt v.a. von Julius Seidler. Der durch alle Geschoße reichende Lichthof erhielt eine repräsentative Dachverglasung der Eisenwerke München und war bezeichnend für das luxuriöse Ambiente. 1933 wurde das reichsweite Kaufhausimperium „arisiert". 1993 ging die Hertie Waren- und Kaufhaus AG an die Karstadt AG. 2019 wurde das Unternehmen von der Immobilienfirma Signa-Holding erworben. Das Kaufhaus soll bis 2026 grundlegend saniert werden. Die ehemaligen Erweiterungsbauten der frühen 1970er Jahre werden neu überplant.

1 Bahnhofplatz

Hotel Rheinischer Hof, München

Hotels und Gaststätten

Der ehrgeizige Ausbau der königlichen Residenzstadt durch die wittelsbacher Fürsten, die neuen Galerien und Museen ließen München immer mehr auch zu einem Ziel für ein kunstinteressiertes Publikum werden. Die Nähe zu den bayerischen Seen und zu den Alpen war (und ist) ein idealer Ort als Ausgangspunkt zu touristischen Ausflügen im Sommer und im Winter. Nach dem Bau des neuen Zentralbahnhofs und mit zunehmendem Fremdenverkehr wandelte sich der Charakter der Ludwigsvorstadt grundlegend. Hotels und Gasthöfe gab es bis dahin nur in der Innenstadt, 1838 sind acht Gasthöfe in den Reiseführern erwähnt, allen voran der Schwarze Adler in der Neuhauser Gasse. Mit dem Bau des Bayerischen Hofs 1840 am Promenadeplatz erhält München ein erstes Luxushotel, dem 1854 das Vierjahreszeiten in der Maximilianstraße folgt. In der Nähe des Bahnhofs stand nur das Hotel Stachus zur Verfügung, das sich 1870 aus dem Stachusgarten entwickelt hat.

1896 lassen sich schon 33 Hotels in der Stadt nachweisen, ganz abgesehen von den Pensionen und möblierten Zimmern, die über Anzeigen und Anschläge zu finden waren. Fünf Hotels lagen in der Nähe des Karlsplatzes u.a. das Hotel Leinfelder zur Stadt hin, Hotel Trefler in der Sonnenstraße, Hotel Kaiserhof in der Schützenstraße (bis 1889 Augsburger Hof) und Hotel Bellevue (später Königshof). Im Bereich des Bahnhofs und an der Bayerstraße häuften sich die großen Hotels: Rheinischer Hof, Österreichischer Hof, Europäischer Hof, Hotel zur Eisenbahn, Hotel Terminus, Hotel Gassner und auf der Nordseite des Bahnhofs: Hotel National Simmen (später Eden Hotel), Hotel Deutscher Kaiser, Bahnhofhotel Stecher (später Hotel Central), weiter entfernt das Grand Hotel Grünwald in der Hirtenstraße. Zahlreiche einfachere Hotels und Pensionen lagen zurückgesetzt im Viertel, u.a. an der Schillerstraße, Schwanthalerstraße, Landwehrstraße und Goethestraße.

1.14 Rheinischer Hof

Der Rheinische Hof an der Bayerstraße, gegründet 1860, gehörte zu den ersten Häusern. Im Neubau von 1893/94 gab es schon elektrisches Licht, Zentralheizung und einen Lift, 1934 wurde das Haus nach einem Entwurf von Julius Nebel umgebaut. Totalverlust im Luftkrieg.

Bayerstraße/Schillerstraße, 20. März 2022

Citybildung

Innerhalb weniger Jahrzehnte hat der Zentralbahnhof einen neuen Schwerpunkt im Stadtbild erzeugt: durch die massive Ansammlung von Hotels auch bester Klasse, von Pensionen, Gastwirtschaften, größeren und kleinen Cafés. Um 1900 folgten große Bierhallen wie der Mathäser. Zu den touristischen Anziehungspunkten gehörten auch populäre Einrichtungen wie das Deutsche Theater mit der Schwanthaler-Passage, die Panoramen in der Goethestraße und auf der Theresienhöhe, der Zirkus Bavaria – auch die rasante Entwicklung des Oktoberfestes schlug auf die Entwicklung der Ludwigsvorstadt durch.

Durch die öffentlichen Bauten geschah auch eine städtebauliche Aufwertung. Seit 1871 bildete das Telegraphenamt einen repräsentativen Abschluss des Bahnhofplatzes, an der Bayerstraße entstand das Postgebäude und eine Zollabfertigung. Selbst durch eine kleine bauliche Maßnahme wie den Königspavillon zum Empfang von Staatsgästen und als Zugang für das Königshaus am Südausgang des Zentralbahnhofs erhielt der ganze Bereich des Bahnhofs einen repräsentativen und großstädtischen Charakter.
Gleichzeitig erfolgte eine erhebliche Verdichtung des gesamten Bereichs südlich der Bahnhofsbauten. Das Umfeld des Bahnhofs zog auch eher zweifelhafte Charaktere an, bald gehörte die Ludwigsvorstadt zu den Rotlichtvierteln der Stadt. Prostitution und Kriminalität waren weit höher als in anderen Stadtvierteln.

Oskar Maria Graf auf Wohnungssuche

Zweigstraße 10 und Schillerstraße 16
Oska Maria Graf beschreibt in seinem Buch *Wir sind Gefangene* seine Ankunft in München. Er war 18 Jahre alt und kaum aus Berg am Starnberger See hinaus gekommen: *„Zum ersten Mal in meinem Leben empfand ich sowas wie Obdachlosigkeit… Mit wahrer Gier suchte ich nach einer Vermietungstafel. In der Zweigstraße fand ich eine. Hastig las ich, rannte die Treppe hinauf, klingelte. Auf einer Emailtafel stand ‚Hotelpension Kronprinz'. Ein kleiner befrackter Kellner öffnete, maß mich musternd und fragte nach meinem Begehren. ‚Bittschön, sind hier Zimmer zu vermieten? Ich möchte eines' sagte ich befangen…Wir gingen einen langen Gang hinter, dann etliche Treppen höher, schritten wieder einen dunklen, schmalen Korridor entlang, endlich öffnete der Mann eine Türe, trat in die Mitte eines ziemlich kahlen, kalten Zimmers. ‚Hier wär eins für sie… es ist einfach und nicht zu teuer', sagte er."*
Es kostete 30 Mark im Monat. Schnell ging ihm das ersparte Geld aus. Die Anfänge von „Oskar Maria Graf, Schriftsteller München", wie er sich gleich als erstes auf Visitenkarten drucken ließ, waren doch erheblich schwieriger als erhofft. Seine Schwester Theres vermittelte ihm ein Zimmer in der Schillerstraße 16 im zweiten Rückgebäude bei der Logisfrau Uhlitsch, lt. Adressbuch 1910 muss sie wohl die Frau des Schlossermeisters Uhlitsch gewesen sein.

München. Bayerstrasse.

1.15 Hotel Europäischer Hof

Bayerstraße 31/Ecke Senefelderstraße
Gegründet 1872 als „Hotel de l'Europe" wurde der Europäische Hof 1892 im Stil der Gründerjahre durch die Architekten Heilmann & Littmann neu gestaltet. Seit 1931 wurde das Hotel als katholisches Hospiz von den „Schwestern der Heiligen Familie" betrieben.
Im Zweiten Weltkrieg zerstört, konnte erst 1959 ein Hotelneubau erstellt werden, der als Europäischer Hof 1960 wieder eröffnet wurde.

1.16 Hotel Habsburger Hof

Bayerstraße 9. Umbau eines seit 1895/96 bestehenden Hauses durch die Architekten Heilmann & Littmann. Hotelbetrieb bis 1917, danach Nutzung u.a. durch das Gewerbegericht.

Bayerstraße, 13. April 2020

1.17 Automaten-restaurant

Bayerstraße 13

Automatenrestaurants haben sich schon vor der Jahrhundertwende 1900 in den Großstädten etabliert und bildeten eine günstige und schnelle Alternative zu den herkömmlichen Gastwirtschaften. Pionier dieser Einrichtungen in München war der Gastronom Georg Strebl, der in unmittelbarer Nähe zum Bahnhof im Erdgeschoß der Bayerstraße 13 im Jahr 1896 ein Automaten-Restaurant einrichtete und mit großem Erfolg betrieb.

Mit einem Zehnerl oder zwei konnte man dem Automaten Wurst- und Fischsemmeln entlocken, aber auch Lachs und Kaviar, Fleischpflanzerl und Käsbrote. An anderer Stelle im Lokal wurden Torten, Mohrenköpfe und Apfelkuchen angeboten, wie ein Zeitzeuge berichtete, natürlich gab es auch Getränke aus den Automaten. Strebl eröffnete weitere Automaten-Restaurants u.a. in der Müllerstraße, weitere Lokale anderer Betreiber folgten, die meisten natürlich im Bahnhofsbereich. Zu den Besuchern gehörten durchaus auch besser situierte Bürger und Besucher der Stadt, die Lokale wurden teils auch mit großem Aufwand ausgestattet und gehörten fast zum Programm der modernen Großstadtbesucher.

Viele der Lokale mussten jedoch schon im Verlauf des Ersten Weltkriegs wieder schließen wegen Versorgungsmängeln und aufgrund der zunehmenden Inflation, da die Automaten an den Einsatz bestimmter Münzen gebunden waren. Meist wurden sie in Selbstbedienungsrestaurants und Imbisshallen umgewandelt.

(Aus: Wirtshäuser bin München um 1900, Pasinger Fabrik 1997

Hotel Terminus, 1907

Martin Dülfer

1859 Breslau–1942 Dresden Der Architekt und Kunsthistoriker Martin Dülfer gehört zu den bedeutendsten Vertretern des Jugendstils. Nach Studien in Stuttgart und München bei Friedrich von Thiersch begann er 1887 hier eine selbständige Tätigkeit, ab 1900 im Stil des Jugendstils.

In München entstanden Wohnbauten für das vermögende Bürgertum, Geschäftshäuser, u. a. für die Kunsthandlung Bernheimer (Fassade), für den Verlag Bruckmann an der Nymphenburger Straße, für den Verlag der Münchner Allgemeinen Zeitung in der Bayerstraße (1901, stark verändert) und das Hotel Terminus an der Bayerstraße (im Luftkrieg zerstört).
Berühmt wurde er durch zahlreiche Theaterbauten u. a. in Meran (1900), Dortmund (1904), Lübeck (1908), Duisburg (1912) und Sofia (Umbau 1929). Auch der zerstörte Kaim-Saal in der Maxvorstadt geht auf seinen Entwurf zurück.

1.18 Hotel Terminus

Bayerstraße 43. Der Architekt Martin Dülfer hatte 1902 einen bayerischen Professorentitel erhalten, bis 1904 konnte das Hotel an der Bayerstraße als Umbau bzw. Neubau fertig gestellt werden. Bauherr war der Fabrikant Kaderer. Die Kosten beliefen sich inklusive der Nebengebäude und der Einrichtung auf mehr als 1,2 Millionen Reichsmark. Neben den Hotelräumen in den Obergeschoßen standen in den unteren Ebenen Kaufläden zur Verfügung. Die üppig ausgestaltete Fassade erhielt figürliche Darstellungen von Eduard Beyrer und eine Farbfassung von Arnold Geschwind.
Um 1917 wird die Nutzung Hotel zum letzten Mal erwähnt, ab 1918 wird es von der Aktiengesellschaft „Haus der Landwirte" übernommen. Das Gebäude galt als eines der Hauptwerke von Dülfer, es wurde im Luftkrieg komplett zerstört.
Heute steht an dieser Stelle das Hotel Le Meridien.

Pressehaus Bayerstraße, um 1910

1.19 Pressehaus Bayerstraße / Allgemeine Zeitung

Das Gebäude an der Bayerstraße 57/59 entstand 1900/01 als Sitz der Münchner Allgemeinen Zeitung mit Gesamtkosten von 550.000 Reichsmark. Die Redaktion der Zeitung nutzte das Zwischengeschoß und die linke Seite des Erdgschoßes, in den oberen Etagen befanden sich nur jeweils zwei „geräumige" Wohnungen, wie es in der damaligen Literatur heißt. Druckerei und Setzerei sowie weitere Nutzungen der Zeitung lagen in den Rückgebäuden. Die zweigeschoßige Erdgeschoßzone wurde durch eine nach außen hin ablesbare Eisenkonstruktionen gehalten, darüber entwickelte sich ein reich verzierter Wandaufbau, der in einem voluminösen Giebelaufsatz endete. Der Bau von Dülfer galt als eines der Hauptwerke des Jugendstils. 1929 wurde die Fassade gnadenlos „modernisiert": der plastische Stuck wurde abgeschlagen, es blieb die bereinigte Grundstruktur, der man bei der Instandsetzung nach 1945 auch noch einen völlig unpassenden Dachaufsatz verpasst hat. Heute wird das Pressehaus Bayerstraße u.a. von mehreren Verlagen genutzt.

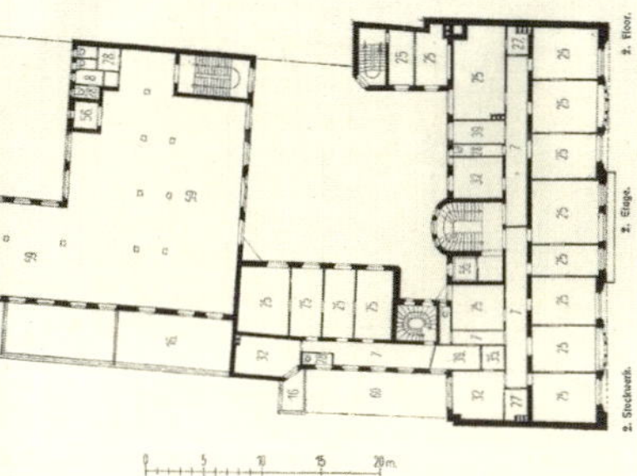

1.20 Hotel Gassner

Bayerstraße 37/39. Das Gebäude entstand 1879/80, wenige Jahre später wird als Hotelier Johann Gaßner genannt, der auch das Münchener Aquarium am Färbergraben betrieb, eine kuriose Tierschau. Das Hotel wird bis 1919 betrieben und danach für die Isaria-Zählerwerke als Verwaltungsgebäude umgebaut. Im Luftkrieg zerstört.

Als Erinnerung an das ehemalige Unterhaltungsetablissement „Münchner Aquarium" nannte Gaßner auch das Café im Hotel: Café Aquarium.

1.21 Mathäserbräu

Ein Braubetrieb an dieser Stelle geht eigentlich zurück auf den Fuchsbräu, der seit Jahrhunderten in der Theatinerstraße angesiedelt war. 1816 wurde der Betrieb eingestellt (wegen geistiger Verwirrtheit des Besitzers), die Braugerechtigkeit, also die Braukonzession 1818 von Georg Hartl ersteigert und (nicht ganz ohne Schwierigkeiten) in seine Gaststätte „Zum kleinen Löwengarten" in der Bayerstraße verlegt. Die Hartl-Brauerei wurde nach Besitzerwechsel zum Buttlerbräu und schließlich 1857 zum Mathäserbräu, benannt nach Georg Mathäser und seiner Frau Anna, die den Betrieb nach dem Tod ihres Mannes (1874) weiterführte.

1884 war die Brauerei im Besitz der Aktiengesellschaft „Zum Bayerischen Löwen", die auch einen repräsentativen Neubau in Auftrag gab, dessen Entwurf vom Architekten August Exter stammt.

1906 erwarb die Löwenbrauerei den Betrieb, bis 1915 wurde hier gebraut. Als „größten Bierausschank der Welt" feierte sich das Lokal selbst mit drei großen Bierhallen, dem Festsaal und dem Biergarten hatte es ca. 4.000 Sitzplätze. Damit war allen gesellschaftlichen Schichten entsprechender Raum geboten, die Bierpaläste beförderten aber auch die Konzentration der Brauereien und den Verlust der kleinen Bierwirtschaften.

1891/92 wurde aus dem Stallgebäude mit seinen flachen Kreuzgewölben eine Bierhalle und aus dem ehemaligen Sudhaus eine zweite. Diese „Schwemmen" wurden auch für andere Bierpaläste in München prägend. Im freigeräumten Innenhof entstand ein großer Biergarten. Nach einem Entwurf von Heilmann & Littmann wurde der Komplex 1900 mit einem Saalbau ergänzt, der eine große Halbtonne als Decke erhielt.

Mathäserbräu, 1892

Geburt des Freistaats Bayern

Nach einer von der SPD und USDP organisierten Friedensdemonstration am 7. November 1918 auf der Theresienwiese, auf der gleichzeitig an die zehn Redner sprachen, folgten viele Teilnehmer Kurt Eisner nach dessen Rede mit Felix Fechenbach, Hans Unterleitner und Ludwig Gandorfer hinauf zur Theresienhöhe ins Westend, befreiten dort Soldaten, die in der Guldeinschule kaserniert waren und zogen mit ihnen zur Max-II-Kaserne und zur Türkenkaserne.

Im großen Festsaal des Mathäser versammelten sich schließlich etwa 1.000 Menschen. Der zentral gelegene Mathäserbräu wurde in der Revolutionsnacht das vorläufige Hauptquartier der Revolutionäre, von hier aus koordinierte man das weitere Vorgehen, die Besetzungen der öffentlichen Gebäude und Einrichtungen. In den Festsälen erfolgte die Gründung des Arbeiter-, Bauern- und Soldatenrats, dessen Erster Vorsitzender Kurt Eisner wurde. Noch in derselben Nacht verkündete Kurt Eisner mit der Proklamation: „Bayern ist fortan ein Freistaat" die Abschaffung der Monarchie.

Denkmal für Kurt Eisner

thäser-Bierstadt, um 1965

1.22 Mathäser Filmpalast

Der Gebäudeblock des Mathäser wurde im Zweiten Weltkrieg fast vollständig zerstört. Hans Eckstein, der leitende Architekt der Löwenbräu AG entwarf die „Mathäser-Bierstadt" mit 16 einzelnen Lokalen und einem Bierumsatz von über 50.000 Liter – pro Tag! – und 42.000 Essensportionen pro Woche. Insgesamt standen über 1.000 Sitzplätze zur Verfügung. Außerdem gab es im Komplex zwei Festsäle, einen Biergarten und Terrassen mit über 1.000 Plätzen, Einzelhandels- und Büroflächen und vor allem den Mathäser Filmpalast mit der größten Kinoleinwand Deutschlands und 1.200 Sitzplätzen. Das Pächter-Ehepaar Georg u. Rosa Reiss betrieb nicht nur den Mathäser, sondern bundesweit auch bis zu 50 Kinos, seit 1962 das Löwenbräuzelt auf dem Oktoberfest und weltweit die Großgaststätte *Oberbayern* auf Messen und Ausstellungsplätzen. Der 1957 eröffnete Mathäser-Filmpalast war eines der bedeutendsten Premieren-Kinos und bis zur Schließung des Mathäser 1996 Schauplatz des Deutschen Filmballs. 1999 wurden die Gebäude abgerissen.

Mathäser-Filmpalast, 2022

Der Neubau nach einer Planung des Architekturbüros Peter Lanz umfasst heute 14 Kinosäle mit insgesamt 3.832 Sitzplätzen, Baukosten ca. 175 Millionen Euro. Eine sich über die gesamte Fassade erstreckende Medienfassade durfte nicht ausgeführt werden.
Die Kinosäle sind natürlich mit den neuesten technischen Möglichkeiten ausgestattet. Das Sterben der kleinen Lichtspielhäuser wurde dadurch jedenfalls nur noch mehr befördert.

1 Bahnhofsviertel

Ami-Bars im Bahnhofsviertel

Trotz der großen Zerstörungen im Viertel oder gerade deswegen entwickelte sich das Bahnhofsviertel in Rekordgeschwindigkeit zu einem pulsierenden Geschäftsviertel, reihenweise entstanden eingeschoßige Baracken und Behelfsbauten. Neben den Läden gab es v.a. in der Goethestraße und Schillerstraße viele Bars, in denen die US-Soldaten der Besatzungsmacht ausgingen, wobei sich hier eher die „weißen" Lokale befanden: Hillbilly-Kneipen, in denen Rock'n'Roll und Boogie Woogie angesagt war, während die „schwarzen" Lokale eher in Haidhausen und an der Schleißheimer Straße lagen. GIs aus ganz Bayern kamen an den Wochenenden in die Bars rund um den Hauptbahnhof.

Quick-Bar, 1953

Broadway-Bar, 1957

Favorit-Bar, 1957

Roxy-Bar und Tilly-Bar, um 1960

Havanna-Bar, 1957

Rumba-Bar, 1957

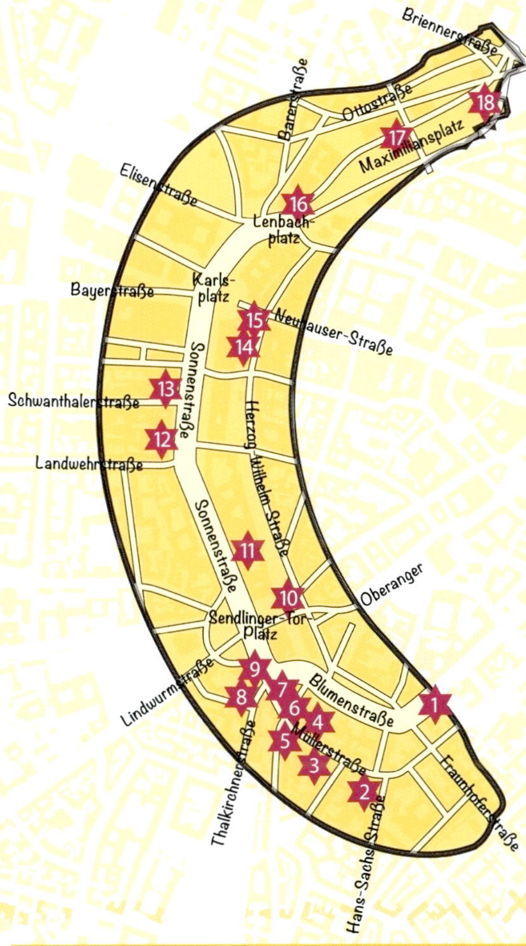

Feierbanane

Im Sommer 1996 pachteten Wolfgang Nöth und Gabriela Scheffel ein 90.000 m² großes Gelände auf dem ehemaligen Pfanni-Werk im Münchner Osten an der Friedenstraße und eröffneten den Kunstpark Ost, auf dem 30 Diskotheken, Clubs, Bars und darüberhinaus Künstlerateliers und andere Zwischennutzungen entstanden. Am 31. Januar 2003 wurde der Kunstpark Ost aufgelöst, die einzelnen Clubs wanderten in verschiedene Standorte in der Stadt ab, über die Jahre ein großer Teil an den Süd- und Westrand der Altstadt: Müllerstraße – Sonnenstraße – Maximiliansplatz, entlang dem Altstadtring. Angeblich soll die Polizei selbst den Begriff „Feierbanane" aufgebracht haben, da sie in diesem Gebiet verstärkt zum Einsatz kam: Ruhestörung, Drogen, Kriminalität und mit sich selbst war die Polizei wohl auch beschäftigt. Die Anwohner haben sich an die neuen Besucher noch nicht wirklich gewöhnt. Dass das Gebiet gar als unbewohnbar gilt, hat das Verwaltungsgericht nach Weisung von oben aber dann doch zurückgenommen. Zu den besten Zeiten waren wohl an die 13.000 Partygänger unterwegs. Die Pandemie hat sicher vorerst für etwas Ruhe gesorgt. (Stand: 24.03.2022)

18 Heart Restaurant, Bar und Club
Reich & Schön ist von Vorteil.
Lenbachplatz 2a

17 call me drella
Drella nannte sich Andy Warhol, wenn er nachts in New York um die Häuser zog.
Cooler Glamour. Disco, Funk & Soul, Old School Hip Hop, frühelektronische Musik der 80er und 90er Jahre.
Maximiliansplatz 5

17 089 Bar & Lounge
HipHop, Klassiker und Elektro
Maximiliansplatz 5

17 Pacha
Weltweite Club-Kette. Internationale DJs und VIP-Bereich
Maximiliansplatz 5

17 Rote Sonne
Elektro-Sound abseits des Mainstream
Maximiliansplatz 5

17 Sweet
ehemals Gecko, ehemals Max & Moritz, ehemals Soul City
„Sweet Music, Sweet People, Home"
Maximiliansplatz 5

15 Ruby Dance Club
Clubsound, Urban Beats, RnB, House, Hip Hop, Pop und Mainstream, Premium Black Music und Latin Hits
Neuhauser Straße 47

14 Evergreen
Freitag Ü30-Nacht, Saturday Night Fever
Neuhauser Straße 47

13 Harry Klein
Dorado für Techno- und House-Freaks
Sonnenstraße 8

13 Milchbar
„Club mit dem besten Flirtfaktor "
Sonnenstraße 12

12 Kauz Bar
ehemals Cord Club
Mischung aus Bar und Club
Sonnenstraße 18

11 N.Y. Club
Einziger Gay-Club der Feierbanane
Sonnenstraße 25

9 Kiddo Club
ehemals Hades, ehemals Yipyab
Nicht nur HipHop
Thalkirchner Straße 2

10 Kennedy's Bar
Live-Musik und Karaoke
Sendlinger-Tor-Platz 11

7 Pimpernel II
Bar, Nachtclub
Ehemals Gay-Bar
Müllerstraße 56

6 Bar Rendevous
Gay-Bar
Müllerstraße 54

5 Ochsengarten
Gay-Bar
Müllerstraße 47

4 Loretta
Bar
Müllerstraße 50

3 Edelheiß
Gay-Bar
Pestalozzistraße 6

2 Nil
Café und Gay-Bar
Hans-Sachs-Straße 2

1 Zur Feuerwache
Gay-Bar
Blumenstraße 21a

1 Schwanthalerstraße

Schwanthalerstraße, um 1900

Schwanthalerstraße

Die Straßen im Schwanthalerquartier wurden nicht in einem übergreifenden Generalplan angelegt, sondern nach den jeweiligen Bedürfnissen der Besiedlung. Von der Sonnenstraße aus bzw. der vom Landschaftsarchitekten Sckell angelegten Ringchaussee führte ein Weg Richtung Theresienwiese, der um 1810 zu einer Straße ausgebaut wurde und den Namen Reberstraße erhielt. Um 1830 wurde die Straße verlängert bis zur unteren Hangkante der Theresienhöhe und umbenannt zur Lerchenstraße. Die beiden Entwicklungsstufen kann man noch im Bereich der Kreuzung mit der Schillerstraße an den unterschiedlichen Baulinien erkennen. Wie im gesamten Gebiet wurde die Straße mit einzelnen Häusern im Sinn einer Gartenstadt mit Abständen zwischen den Gebäuden und Vorgärten bebaut, nicht jedoch die Südseite der Straße, die von Anfang an als geschlossene Blockrandbebauung ausgeführt wurde. Erst um 1900 kam es zu einer eher großstädtischen Bebauung, 1896 wurde das Deutsche Theater eröffnet.

München urban

Ab 1865 wurde die Straße in Richtung Westend weitergeführt, zunächst als Schwanthalerhöhe bzw. als Obere Schwanthalerstraße. Erst 1933 wurden die Vorgärten der nördlichen Häuserzeile aufgelassen und die Straße verbreitert, damit hatte sie auch ihren vorstädtischen Charakter verloren. Im Zweiten Weltkrieg gehörte das Schwanthalerquartier zu den Vierteln mit den schwersten Zerstörungen aufgrund der Nähe zum Hauptbahnhof. Die Nachkriegsbebauung hat die Straße mit eher gesichtslosen Bauten befüllt, wenn es auch noch einzelne Bauten gibt, die an die bürgerliche Zeit der Ludwigsvorstadt erinnern. Heute hat die Schwanthalerstraße zwar einen gewissen großstädtischen Charme, der sich aber wohl nicht allen erschließt.

Der Namensgeber

Benannt wurde die Schwanthalerstraße nach ihrem berühmtesten Bewohner schon kurz nach seinem Tod 1848: Ludwig Michael Schwanthaler, Schöpfer der Bavaria auf der Theresienhöhe. Der Bildhauer hatte sein Atelier in dem Haus mit der Nummer 2 auf der Südseite, gegenüber stand sein Wohnhaus, das später zum Schwanthaler-Museum wurde. Schwanthaler war neben der Künstlerfamilie Adam einer der ersten, der die damals ruhige, beinahe ländliche Atmosphäre in der Nähe zur Theresienwiese zu schätzen wusste. Bis zur Jahrhundertwende wurde das Viertel zu einem Künstlerviertel, allein in der Schwanthalerstraße lassen sich um 1870 mehr als 200 Künstlerateliers nachweisen. Hier wohnten und arbeiteten nicht nur Künstler wie Gabriel von Max, Friedrich von Kaulbach, Adolph Lier, Hanns Makart und Heinrich von Zügel, sondern auch die Schriftsteller Gottfried Keller und Friedrich Hebbel.

Schwanthalerstraße, um 1935

Straßenverbreiterung

Die Vorgärten auf der Nordseite der Schwanthalerstraße blieben bis zum Jahr 1933 bestehen, als man die Straße verbreiterte. Auf der Südseite hatte es nie Vorgärten gegeben. Nur wenige Häuser im Schwanthalerviertel haben den Luftkrieg überstanden.

1.23 Sabel-Schulen

Auf den Badener Gustav Adolf Sabel (1867–1911) geht die Gründung einer privaten Handels- und Sprachenschule 1896 in Nürnberg zurück. Weitere Schulgründungen folgten in München (1902), Augsburg und Saarbrücken. Seine Frau Therese eröffnete eine private „Große Pariser Moden-Akademie" in München. Nach dem Tod Sabels führte seine Frau nur die Schulen in Nürnberg und München weiter. 1976 wurden die Schulen in eine gemeinnützige „Stiftung private Wirtschaftsschulen Sabel" umgewandelt, heute gibt es 10 Standorte in Deutschland.

Schwanthalerstraße, 2022

1.24 100 m Zukunft Schwanthalerstraße

Das „Referat für Stadtverbesserung" (Sechs Studierende der TUM mit einem Semesterprojekt an den Lehrstühlen für Architekturinformatik und Urban Design) eröffneten am 23. August 2020 die Neuordnung der Schwanthalerstraße. Für einen Tag wurde ein Teilstück der Straße für Autos gesperrt und begrünt. Verschiedene Initiativen und Privatpersonen eigneten sich den Straßenraum an und bespielten die Erdgeschoß- und die Aufenthaltszone des alternativen Straßen-Layouts. *„Also wenn es nach mir ginge, dann könnte es hier immer so aussehen"*, so eine 80-jährige Anwohnerin.

1.25 Deutsches Theater

Friedrich Haenle, Münchner Kommerzienrat und Besitzer der Fabrik Leo Haenle für Bronzefarben, Metallpapiere und Silberbeschläge von internationalem Rang war Inhaber mehrerer Grundstücke an der Schwanthalerstraße, die er mit einem Großprojekt ertragreicher nutzen wollte. Seine Firmenanteile verkaufte er um 1901. Er beauftragte um 1892 den französischen Architekten Alexander Bluhm und die Gebr. Rank zum Projekt eines Vergnügungspalasts mit einem Cafe, Restaurant, 20 Läden, 30 Wohnungen und einer Passage quer durch den Baublock bis zur Landwehrstraße. Am Projekt „Feenpalast" beteiligt waren wohl auch die Gebr. Rank und die Baufirma Stöhr, der Architekt Joseph Rank war vermutlich der verantwortliche Planer. Schon zur Bauzeit schrieb die Münchner Fremdenzeitung euphorisch: „Überall ist nur das Beste gewählt, die ersten Firmen der Welt wurden mit Lieferungen betraut, ohne Rücksicht auf Entfernung oder Unkosten, die bis jetzt schon 6 Millionen verschlungen haben."

Eröffnet wurde das Haus 1896. Der große Saal für mehr als 1.600 Besucher wurde nur als Gastspieltheater genutzt: v.a. für Varietes, volkstümliche Komödien, Volksschauspiele, Sportveranstaltungen und Faschingsbälle. Hier tagte aber auch seit Dezember der Münchner Arbeiterrat, Kurt Eisner hatte das Deutsche Theater für 6 Monate beschlagnahmen lassen. Am 16. Dezember 1918 gründete sich hier der Bund sozialistischer Frauen durch u.a. Anita Augspurg und Lida Gustava Heymann.

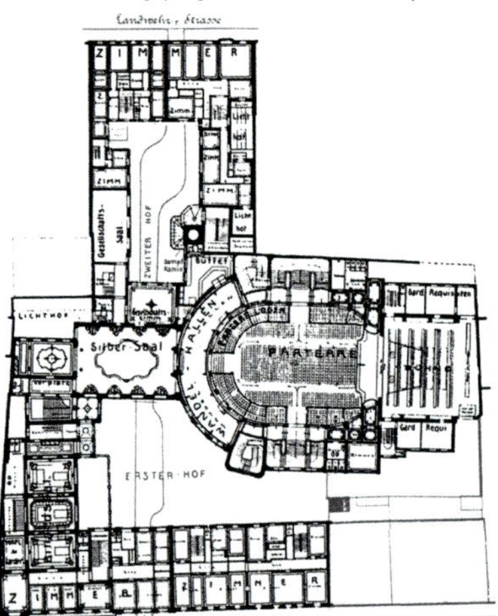

Deutsches Theater, Großer Saal

Deutsches Theater

Variete, Bal Paré und Musical

Bis 1976 wurde das Deutsche Theater privat betrieben. In der Zeit des Intendanten Hans Gruß, seit 1918, wurde das Haus zu Münchens bestem Ort für glitzernde Revuen, Operetten, große Redouten und ausufernde Faschingsfeste. Aber es traten auch Karl Valentin und Liesl Karlstadt hier auf. In der NS-Zeit unter dem Intendanten Paul Wolz wurde der Saal durch den Architekten Paul Baumgarten d.Ä. umgestaltet. Nach der Zerstörung im März 1943 im Luftkrieg bauten die Filmarchitekten Willy und Ludwig Reiber das Haus 1949 bis 1951 wieder auf, original erhalten hatten sich nur der sogen. Silbersaal und die Außenmauern. Das Deutsche Theater wurde in den 1960er Jahren nicht nur von Varieteveranstaltungen bespielt sondern auch mit klassischem Schauspiel, Ballet und v.a. Musicals, erfolgreichstes Stück war die West Side Story ab 1961. Nach einer umfassenden Sanierung der maroden Bausubstanz ab 1977 und einer vielfach kritisierten Umgestaltung durch den Architekten Reinhard Riemerschmid führte ab 1982 Heiko Plapperer-Lüthgarth die Geschäfte im Auftrag der Stadt München.

Bereits 2003 drohte dem Theater eine erneute Schließung bzw. der Verkauf der Immobilie durch die Stadt München als Eigentümerin. Der Sanierungsbedarf wurde auf 130 Millionen DM geschätzt. Unter dem Motto „Rettet das Deutsche Theater" wandte sich erfolgreich dagegen der Verein der Freunde des Deutschen Theaters München. Auch die Suche der Stadt nach einem privaten Investor, der sowohl das Haus wie auch den Spielbetrieb übernehmen sollte war nicht erfolgreich. 2007 entschied der Stadtrat, das Haus und die Leitung weiterhin in städtischem Besitz zu behalten und zu sanieren.

Deutsches Theater, Silbersaal

Sanierung und Neufassung

Ab 2008 begann die umfassende Sanierung des gesamten Baukomplexes mit der Erneuerung der technischen Installationen und Brandschutzeinrichtungen. Völlig neu gestaltet wurden das Foyer und der große Saal durch das Architekturbüro doranth post architekten. Der denkmalgeschützte Silbersaal musste erhalten bleiben. Am 17. Januar 2014 konnte das Deutsche Theater wieder eröffnet werden. Die Kosten der Sanierung hatten sich durch mehrfache Verzögerungen und Schwierigkeiten bei der baulichen Umsetzung auf 97 Millionen Euro erhöht. Während der Bauzeit war der Spielbetrieb ausgelagert in ein Zirkuszelt in Fröttmaning.

1.26 Methgarten

Schwanthalerstraße 35, (früher Lerchenstr. 17) Der Wachszieher und Lebzelter Paul Ebenböck hat 1818 seine Wachsbleiche hierher verlegt. Für seine Bienenzucht und die Wachsbleiche brauchte er möglichst unbebaute Gebiete. Das Bienenwachs wurde teilweise auf Leinenbahnen der Sonne ausgelegt, um ein weißes Wachs zu erhalten, das dann weiter u.a. zu Kerzen verarbeitet wurde.

Einen Teil des großen Grundstücks machte er 1828 zu einem Methgarten, in dem er Met, also Honigwein ausschenkte. Im Garten gab es für die Besucher weitere Vergnügunsstätten, z.B. ein Biedermeier-Karussell, das sich bis 1939 erhalten hat.

Als die Ludwigsvorstadt immer dichter besiedelt wurde und damit auch die Luftverschmutzung erheblich zunahm, zog Ebenböck 1866 mit seiner Wachsbleiche weiter hinaus nach Pasing, in die heute nach Alois Ebenböck (1867–1936) benannte Straße. Sein Nachfahre Ernst Ebenböck hat das Haus und den großen Garten der Stadt München vererbt, aktuell ist dort u.a. das Archiv der Münchner Arbeiterbewegung untergebracht.

Der Methgarten gehörte wie andere Met-Lokale zu den besonders bei Dienstmädchen an den „Schlenkeltagen" beliebten Lokalen. An den Tagen um Maria Lichtmeß wechselten die Dienstboten in der Regel ihre Anstellungen und hatten einige Tage frei zum Umeinanderschlenkeln.

Stadtplan Wenng, 1858

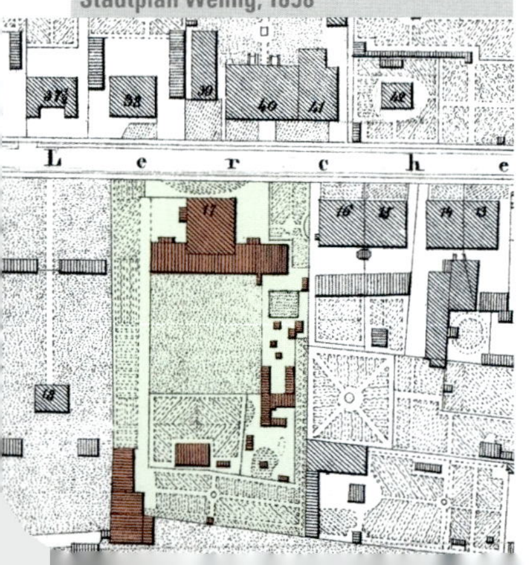

Der von der Enkelin Klara angeheiratete Konditor Johann Baptist Finsterwalder ließ das 1874 neu gebaute Gasthaus Methgarten zu einem Konditorei-Café erweitern. Das Café wurde bald zu einem beliebten Treffpunkt vieler Künstler aus dem Viertel, u.a. kamen die benachbarten Maler der Familie Adam, Moritz von Schwind und der Bildhauer Ludwig von Schwanthaler hierher. Auch der berühmte japanische Arzt und Dichter Ôgai Mori (1862–1922) beschreibt Besuche im Café Finsterwalder und speziell die Kellnerin Anna während seines Studiums bei Max von Pettenkofer in München. Das Gebäude wurde im Krieg zerstört und bis 1959 wieder aufgebaut.

1.27 Frankfurter Hof

1898 hatte der Gastwirt Joseph Durner das Gasthaus „Zur Stadt Frankfurt" in der Schillerstraße 49 übernommen und eine Bühne für Volkssänger eröffnet. Aufgetreten sind hier viele Münchner Volkssänger wie Johann Stephan „Papa" Kern, der junge Weiß Ferdl und ab 1. Juli 1908 Karl Valentin (für 5 Mark Honorar). Hier hat Valentin 1911 auch Liesl Karlstadt, eigentlich Elisabeth Wellano bei einer ihrer Aufführungen (3 Mark Honorar) kennengelernt, wie sie selbst schrieb. Später haben sie hier gemeinsam das Stück „Alpengesangsterzett Alpenveilchen" 385mal aufgeführt. 1919 hat Joseph Durner den Frankfurter Hof aufgegeben, danach ging es auch mit der Volkssängerbühne bergab. Das Haus wurde im Juni 1944 im Luftkrieg schwer beschädigt und abgebrochen.

1.28 Zum Goldenen Anker

Das Haus in der Schillerstraße 34 (früher: 30) mit dem orientalischen Restaurant „Derya" hatte eine große Bedeutung für den Beginn der Revolution in München. Seit Dezember 1916 trafen sich hier im Hinterzimmer Kriegsgegner und Sozialisten zu Diskussionen mit Kurt Eisner, dem Schriftsteller, Journalisten und freien Mitarbeiter der Zeitung *Münchener Post*, der Mitglied der SPD und ab 1917 der USPD war.

Angeregt hatte die Treffen und Diskussionsabende die Jugendgruppe der SPD, die „Achtzehner", zu der auch Felix Fechenbach gehörte. Eisner gelang es, den Besuchern der Treffen, die aus allen gesellschaftlichen Schichten kamen, die komplexe politische Situation zu erklären und eine Diskussion über das weitere Vorgehen in Gang zu bringen. Fechenbach: *„Kurt Eisner lehrte uns richtig lesen, zeigte, was in Zeitungsartikeln, Regierungskundgebungen und anderen Dokumenten zwischen den Zeilen und Worten stand."* Zu den eingeladenen Rednern gehörten auch Erich Mühsam und Ernst Toller. Je länger der Krieg andauerte, desto mehr Interessenten kamen. Vor dem Januarstreik 1918 waren oft bis zu 150 Personen im Goldenen Anker. Viele der Teilnehmer traten im April 1917 der neu gegründeten USPD bei.

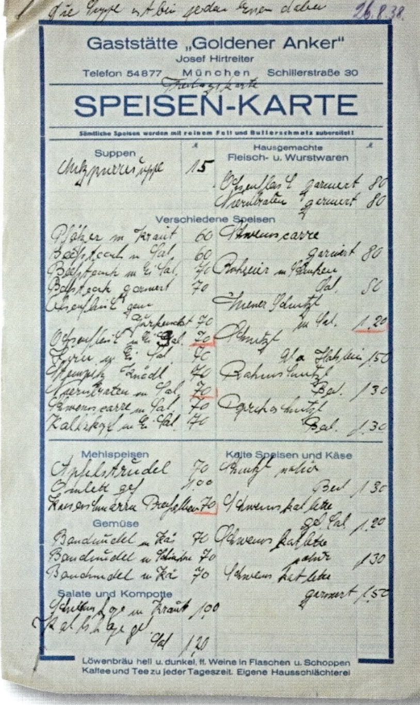

Gaststätte „Goldener Anker"
Josef Hirtreiter
Telefon 54877 München Schillerstraße 30

SPEISEN-KARTE

Sämtliche Speisen werden mit reinem Fett und Butterschmalz zubereitet!

Suppen

Hausgemachte Fleisch- u. Wurstwaren

Verschiedene Speisen

Mehlspeisen

Kalte Speisen und Käse

Gemüse

Salate und Kompotte

Löwenbräu hell u. dunkel, ff. Weine in Flaschen u. Schoppen
Kaffee und Tee zu jeder Tageszeit. Eigene Hausschlächterei

Südliches Bahnhofsviertel e.V.

Seit 2010 gibt es den Verein Südliches Bahnhofsviertel. Lokale Akteure haben sich zusammengetan, um die Entwicklung des Stadtquartiers als internationales und multikulturelles Stadtviertel zu fördern. Immer wieder stand und steht das Viertel im Fokus der Stadtentwicklung: es hat ganz besondere Herausforderungen. Die Anzahl der Besucher und damit die Zahl der Hotels und Übernachtungsmöglichkeiten sind hoch. Die Einwohner sind eher jung: Über 20 Nationalitäten leben hier. Die Probleme sind großstädtisch: dichter Verkehr, kaum Grün, viele Spielhallen, Sexshops, hohe Anonymität. Viele Bewohner, Geschäftsleute, Institutionen, Eigentümer, Kulturschaffende sind aber auch bereit ihr Viertel mitzugestalten. Ulla Ammermann und Fritz Wickenhäuser haben mit dem Verein und in Zusammenarbeit mit dem Münchner Forum viele Veranstaltungen, Führungen und den Austausch mit Stadtverwaltung und Politik organisiert.

Fritz Wickenhäuser

Ganz besonders hat sich Prof. Dr. Fritz Wickenhäuser (1944–2020) für sein Viertel engagiert. Neben dem Aufbau und der Leitung des Hotel Cristal und Dolomit, hat er sich im Hotel- und Gaststättenverband, als Hochschullehrer und für Selbstständige und Wirtschaftsförderung eingesetzt. Für sein Viertel ging er gerne auch ungewöhnliche Wege. Mit seinem Charme hat er vieles möglich gemacht: z.B. neue Straßenlaternen in der Schwanthalerstraße, den interkulturellen Weihnachtsbaum in der Goethestraße, und vor allem konnte er wie kein anderer das Viertel erklären und seine Probleme darstellen.

1.29 Der integrative Weihnachtsbaum

In der Goethestraße vor der Hausnummer 20 stellt der Verein Südliches Bahnhofsviertel jedes Jahr einen interkulturellen, multikulturellen Weihnachtsbaum auf, in manchen Jahren hängen die Anwohner ihre Wunschzettel in den Baum. Es sind vor allem Wünsche nach einem friedlicheren Miteinander in der Welt.

Fritz Wickenhäuser beim Aufstellen des Weihnachtsbaums 2015

1.30 City-Kinos

Sonnenstraße 12/Schwanthalerstraße

Das Kino wurde im Dezember 1959 von Walter Jonigkeit und Manfred Bertuch als City-Filmtheater im Sonnenhof eröffnet, damals ein großer Saal mit 1.080 Plätzen. Kurz zuvor war in direkter Nachbarschaft am 6.11.1959 das Volkstheater im Sonnenhof eröffnet worden, das von Eduard Loibner jun. geleitet wurde und bis 1972 volkstümliche Inszenierungen bot, u.a. spielte hier Gustl Bayrhammer. Zum Leidwesen der Volkstheaterfreunde wurde der Raum danach zu einem Kino umgebaut, aus technischen Gründen mit einer eher unüblichen Rück-Bildprojektion: das Atelier-Kino mit 333 Plätzen, das aber 1992 zu zwei kleineren Kinosälen umgebaut wurden, wie auch der City-Filmpalast schon 1978/79 in zwei Säle mit 400 und 221 Plätzen und einen dritten Saal mit 103 anstelle des Foyers. In den City-Kinos findet das alljährliche Internationale Dokumentarfilmfestival statt, das Fantasy-Filmfest und das Verzaubert-Filmfest.

1.31 Thalia-Theater

Theaterdirektor Emil Weinmüller eröffnete am 29. September 1874 das Theater an der Goethestraße, Aufführungen fanden bis Mai 1875 statt. Für 66.000 Gulden konnte Weinmüller den Bau an den Baumeister David Niederhofer verkaufen. Nachfolger als Direktor wurde Carl Seyfferth, das Theater wurde danach nur noch für Redouten und schließlich als Rollschuhbahn genutzt. Abgebrochen 1880.

Thalia-Theater, 1875

Thalia-Theater.

Dienstag, den 8. April 1879:

Sechstes Gastspiel:

des Herrn Hofkünstlers BELLACHINI.

Die ZAUBERWELT

Bellachini.

Neues Programm.

1.32 Binders Volkstheater

Eduard Binder, Schauspieler und Theaterdirektor leitete über zwei Jahre das Maxvorstadt-Theater im Elysium Ecke Sophienstraße/Karlsplatz in der Maxvorstadt. Die Konkurrenz wude immer größer, finanziell hatte sich Binder wohl auch übernommen, jedenfalls musste er sein Theater am Karlsplatz 1877 aufgeben, fand aber ein neues Lokal im Haus des Privatiers Schweißgut an der Senefelderstraße 11 1/2, die Leopoldstadt, erste Vorstellung am 7. Oktober 1880. Oft gab es aber im Publikum mehr Spektakel als auf der Bühne: Regelmäßig randalierten Hunderte von Studenten bis der Verkauf von Bier im Theater verboten wurde, im Juni 1881 mussten die Gendarmen sogar mit blank gezogener Waffe einschreiten. Binder war verzweifelt, selbst die großartigsten Stücke, wie Hamlet, Faust und Parsifal, in denen er die Hauptrollen spielte, wurden von den Studenten verulkt, aber das Haus war wenigstens voll. Am 22. September 1886 starb der Theaterdirektor.

1.33 Münchner Volkstheater in der Westendhalle

Nach dem Tod des Theaterdirektors Binder übernahm seine Witwe Christine die Geschäftsführung, Künstlerischer Leiter war wohl Franz Hilpert, nach dem Tod der Witwe übernahm er das Theater und konnte ab März 1891 in der ehemaligen Westendhalle spielen, auf der Ostseite der Sonnenstraße 5, Eingang von der Josephspitalstraße, ein großer Saal mit 1.000 Plätzen. Vor allem wurden Bauernschwänke gespielt, im Lauf der Zeit aber auch ernstzunehmende Stücke und Volksopern, womit Hilpert zu einer ernstzunehmenden Konkurrenz für das Gärtnerplatztheater wurde.

Auf Anordnung der Feuerpolizei musste das Theater 1901 geschlossen werden, Franz Hilpert spielte noch einige Jahre in Landshut weiter. Das Volkstheater in der Josephspitalstraße wurde im Zweiten Weltkrieg zerstört.

Panorama an der Goethestraße

Panorama der Kreuzigung

Das Unternehmen geht zurück auf den ehemaligen Direktor der Panorama-Gesellschaft München an der Theresienstraße, Josef Halder, der im November 1884 die Idee zum ersten Mal formulierte. Die am 1. Februar 1885 neu gegründete Gesellschaft Halder & Co. beauftragte am 10. Februar den Maler Bruno Piglhein. Mit den Malern Karl Hubert Frosch, Joseph Krieger und René Reinicke und mit seiner eigenen Gattin reiste Piglhein sofort nach Palästina, ausgestattet mit Empfehlungsschreiben des päpstlichen Nuntius und des Münchner Erzbischofs Steichele, acht Tage später landeten sie in Alexandrien, am 4. März kamen sie in Jerusalem an. Über zwei Monate fertigten die Künstler vor Ort topographische Skizzen und Milieustudien, auch fotographische Aufnahmen wurden erstellt. Krieger und Frosch hatten beide bereits Erfahrungen in der Panorama-Malerei.

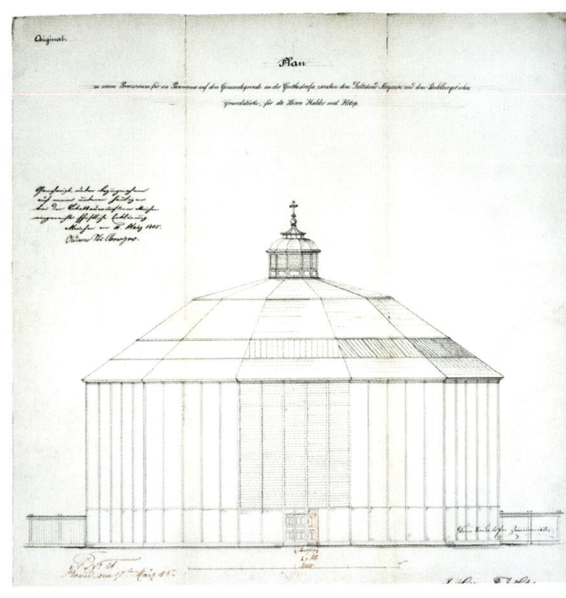

1.34 Panoramagebäude Goethestraße

In München begann inzwischen der Bau eines neuen Panorama-Gebäudes an der Goethestraße, das Grundstück hatte die Stadt auf fünf Jahre verpachtet, am 12. Mai war das Gebäude fertig, zwei Tage später wurde die Leinwand durch den Brüsseler Produzenten Felix Mommen aufgehängt und gespannt. Am 1. Juni 1885 konnte Piglhein mit den Malarbeiten beginnen, inzwischen waren weitere Künstler engagiert worden: der Landschaftsmaler Adalbert Heine und Piglheins Schüler Joseph Block. Innerhalb von einem Jahr wurde das riesige Panoramagemälde mit 15 m Höhe und einer Gesamtlänge von 120 m fertig gestellt.

Wissenschaftliche Expertise

Als Autor für die begleitende Publikation zum Panorama, vor allem aber als wissenschaftlichen Berater für religionsgeschichtliche Fragen engagierte man den Theologieprofessor Maximilian Vinzenz Sattler. Er bestimmte die Figuren der Hauptgruppe am Kreuz und deren Lebensalter, auf ihn gehen archäologische Angaben und topographische Details zurück, die im Begleitführer ausgiebig dargestellt wurden. Nichts sollte den Betrachter daran zweifeln lassen, dass hier die Wirklichkeit dargestellt war. Über drei Monate wurden die Umrisse nach dem Entwurf Piglheins auf die Leinwand übertragen, danach begann die eigentliche Malerei, die bis Anfang Mai 1886 abgeschlossen wurde, nachdem man die ursprüngliche Ausführungsfrist um einen Monat verlängert hatte. Am 29. Mai 1886 konnte das neue Panorama-Gebäude mit Piglheins Gemälde endlich eröffnet werden, zunächst nur für das königliche Haus, am folgenden Tag gab es vormittags eine feierliche offizielle Eröffnung, am Nachmittag war Zutritt für das Publikum.

Prinzregent Luitpold hatte die Arbeiten bereits im Oktober des vergangenen Jahres besichtigt und von da an wöchentliche Besuche unternommen. Das Panorama der Kreuzigung fand außerordentlich großen Beifall. In den Medien wurde die herausragende künstlerische Leistung Piglheins gewürdigt, die stimmungsvolle Darstellung und die zurückhaltende Inszenierung aber auch die wissenschaftliche Grundlage und die umfassende Recherche. Besonders anerkennend wurde die emotionale Wirkung beschrieben, das „Auslösen religiöser Gefühle", der „Schauer der Andacht".

Der weltweite Erfolg der Kreuzigungspanoramen

Das Panorama geriet zu einem ungeahnten Kassenerfolg und wurde bis März 1889 an der Goethestraße ausgestellt. Anschließend versandte man das Bild nach Berlin, wo es ab April im ehemaligen Panorama-Atelier an der Bachstraße an der S-Bahnstation Tiergarten bis Ende des Jahres 1891 zu sehen war. Danach sollte das Bild in London ausgestellt werden. Dazu kam es jedoch nicht mehr, da dort bereits seit Ende 1890 ein weiteres Kreuzigungspanorama einer amerikanischen Gesellschaft zu sehen war, bei dem auch Karl Hubert Frosch mitgewirkt hatte. Es folgte einer der weltweit ersten Prozesse wegen Urheberrechtsverletzung.

Unrühmliches Ende

Das Gemälde von Piglhein wurde schließlich nach Wien versandt und ab März 1892 im „Neuen Panorama" am Prater ausgestellt. In der Nacht vom 26. auf den 27. April 1892 fing das seit 1882 bestehende Panorama-Gebäude Feuer. Teile des Bauwerks konnten zwar durch die Feuerwehr gerettet werden, das Gemälde Piglheins war vollkommen zerstört. Die Ursache des Brands konnte nicht festgestellt werden, eine Anzeige gegen den Besitzer Ignaz Fleischer wegen mangelhaftem Brandschutz wurde wieder fallen gelassen. Die Brandursache konnte nie endgültig geklärt werden. Erstaunlicherweise waren jedoch sowohl das Gebäude als auch das Panorama-Gemälde bei der Versicherungsfirma Phoenix gut versichert, das Bauwerk weit über seinem Wert mit 100.000 Gulden und das Bild mit 90.000 Gulden, die letztlich auch zur Auszahlung an den Betreiber der Panorama-Rotunde bzw. an die Gesellschaft Halder & Co. gelangten. Für den Künstler Piglhein war der Verlust ein herber Schlag, sein Vorschlag an Halder, eine neue Ausgabe des Gemäldes zu produzieren, fand jedoch keinen Widerhall.

Im Panoramagebäude an der Goethestraße wurden bis zu seinem Abbruch 1892 noch weitere Panoramen ausgestellt: „Die Schlacht bei Wörth" aus dem Krieg von 1870/71 und der „Auszug des Volkes Israel".

Aus: Panorama München, Illusion und Wirklichkeit, München als Zentrum der Panoramenmalerei

Bruno Piglhein bei der Arbeit am Panorama der Kreuzigung in der Goethestraße
Illustration von Fritz Wahle, München, 1886

Migration

Aufnahmeraum im Hauptbahnhof

Historie

München hat eine lange Geschichte der Migration. Sogar Heinrich der Löwe, Gründer der Stadt München, war ein „Zuagroaster" aus Schwaben mit italienischer Abstammung. Aus vielen Regionen Deutschlands und der Welt stammten auch die Künstler, die sich im „Schwanthalerviertel" niederließen und die Wiesen vor den Toren der Stadt zu Ateliers und Wohnungen umwandelten.

Mit der Eisenbahn kamen vermehrt Fremde in die Stadt. Rasch entstanden Hotels, Fuhrbetriebe, Logistik-Unternehmen im Viertel. Auch die Arbeiter der Eisenbahn brauchten Wohnungen und Unterkünft. So finden sich in den Adreßbüchern zunehmend Condukteure und Obercondukteure, Lokomotivführer, Packträger, Wagenwärter, Zolleinnehmer, Fuhrmänner und Stationsdiener.

Mit der Eisenbahn begann auch die Industrialisierung des Viertels. Die enorme Steigerung der Produktionskraft und die schnelleren, leistungsfähigeren Handelswege ließen rund um den Bahnhof viele Industrie- und Handelsbetriebe entstehen. Das Viertel um den Bahnhof wandelte sich langsam. Geschäftsbesucher suchten Amüsement und Unterhaltung, Handelsniederlassungen siedelten sich an und bald gab es mehr Geschäfte, Werkstätten und Büros als Wohnungen und mehr Besucher als „Einheimische".

Der millionste Gastarbeiter, 1969

Der „millionste Gastarbeiter aus Südosteuropa", Ismail Bahadir, ein 24jähriger Türke, erhielt am 27. November 1969 vom Präsidenten der Nürnberger Bundesanstalt für Arbeit, Josef Stingl (2. v.r.) am Gleis 11 einen Fernseher (Schaub-Lorenz) als Begrüßungsgeschenk für die „willkommenen und erwünschten Arbeitskräfte aus dem Ausland, die der deutschen Wirtschaft bei der ‚Bewältigung des Rentenberges', und der ‚Erreichung der Wachstumsziele" helfen.
Zunächst arbeitete der gelernte Dreher für 730 Mark im Monat bei dem Motorenhersteller *Humboldt Deutz* in Mainz. Nach zwei Jahren kamen auch seine Frau und seine Tochter nach Deutschland, 1981 kehrte die Familie in die Türkei zurück. Vom erarbeiteten und gesparten Geld konnte Bahadir eine kleine Maschinenfabrik in der Türkei eröffnen.

Gleis 11: Ankunft der „Gastarbeiter"

Zwischen 1960 und 1974 war Gleis 11 am Münchner Hauptbahnhof die erste Station für über 4 Millionen Arbeitssuchende aus Spanien, Italien, Griechenland, Jugoslawien, Marokko, Tunesien und der Türkei. Beim Wiederaufbau nach dem zweiten Weltkrieg waren Arbeitskräfte willkommen. Gemäß der Anwerbeabkommen hatten alle bereits in ihren Heimatländern Arbeitsverträge unterschrieben, bevor sie sich auf den Weg nach *Alemania* gemacht haben. Sie wollten mit dem in Deutschland verdienten Geld ihre Familien in der Heimat unterstützen. Viele waren in München bereits am Ziel angekommen, sie hatten Verträge mit Siemens, Metzeler, Moll, BMW u.a. Doch viele reisten von hier weiter in andere Städte Deutschlands.

Im ehemaligen Bunker unter dem Gleis 11 war der Empfang und die Registrierung. Zur Begrüßung gab es: einen 0,5-l-Becher Heißgetränk, eine Papiertüte mit zwei Semmeln, Wurst, Schmelzkäse, zwei Bananen, Butterkekse, eine kleine Tafel Schokolade. Jeden Montag und Mittwoch kam in der Früh um 5:00 ein Zug aus Istanbul mit 800 – 1.000 türkischen Menschen. Am Dienstag und Donnerstag vormittags kam der Zug aus Zagreb mit ca. 600 – 700 jugoslawischen und am Nachmittag mit griechischen Menschen.

Gleis 11 Hauptbahnhof

Unter dem Titel „Gleis 11" wurde 2010 die Ankunft der ausländischen Arbeitskräfte am Originalschauplatz, d. h. im Bunker unter dem Gleis 11 von den Kammerspielen als Dokumentartheaterprojekt nachgespielt. Zuschauer durften die „Gastarbeiter" spielen, jeder bekam einen Arbeitsvertrag und einen Koffer – und durfte die Willkommens-Bürokratie des kalten, grauen, muffigen Bunkers erleben. Zeitzeugen kommentierten und erinnerten sich:

„Ich war verwitwet mit drei kleinen Kindern, ich hatte keine Chance in Jugoslawien – ich musste weg"!

„Bei der Ankunft in München war ich enttäuscht: Was ist Deutschland? Ein Keller! Eng, es stinkt, und warten, warten, warten!
Ich dachte, Deutschland ist ein Paradies!"

„Ich bin 1960 weg aus Sardinien, es war schon warm, Frühling – in München lag Schnee, es war grau und kalt. Ich wurde traurig und fragte mich, warum nur bin ich gekommen?"

„Ich habe feine Drahtfäden in die Speicherelemente eingezogen. Wenn am Monatsende die Miete für das Wohnheim abgezogen wurde, blieb fast nichts mehr übrig vom Lohn."

„Ich hatte einen Vertrag bei Metzeler in München, mein Mann einen bei Mercedes in Sindelfingen – wir wussten nicht wie weit das auseinander liegt."

„In Griechenland kennen wir das Wort „Gastarbeiter" nicht – undenkbar, dass ein Gast arbeitet".

„In meiner Heimat Tunesien hörte ich auf dem Heimweg die Durchsage aus dem Lautsprecher: junge Mädchen gesucht für Arbeit nach Alemannia!
Monatslohn 70 Dinar!"

„Man sagte uns, in Deutschland werden Mädchen verschleppt. Aber mich hat mein Manfred abgeschleppt … seine Tante sagte, wie kannst du eine Ausländerin heiraten?"

as schlimmste war die
errissenheit! Viele unserer
nder wuchsen bei der Oma auf
nd warteten immer auf die
ama und den Papa! Und dass
ie endlich mitgehen dürfen!"

„Wir waren im 3-Bett-Zimmer im Siemens-Wohnheim. Die Matratzen waren gut, aber nach 20 Uhr durften wir Tunesierinnen nicht mehr raus."

„In unserer Baracke waren 5 Mann, als ich mal später kam, fragten sie: wo warst du denn?"

„Da habe ich sie getroffen! Endlich spricht wer italienisch hier!"

HAUPTBAHNHOF
WIEDER AB 30. OKTOBER 2011
GLEIS
11
DOKUMENTARTHEATER VON
Christine Umpfenbach & Paul Brodowsky
MK
MÜNCHNER KAMMERSPIELE

„Ich komme aus der Türkei. Mein Vater stellte mich vor die Wahl: willst du Deutschland gehen oder heiraten. Da bin ich nach Deutschland gegangen."

„ich akzeptiere Leben Deutschland, aber immer wollen zurück in Heimat!"

„Eine eigene Wohnung mieten war gar nicht so leicht, sie durfte nicht zu groß und nicht zu klein sein, es gab genaue Vorgaben für die Aufenthaltserlaubnis."

„Wir wollten immer in die Heimat zurückgehen, aber je länger wir hier waren, desto schwieriger wurde es: man konnte nicht soviel sparen und in der Heimat gab es keine Arbeit."

„Ich bin Münchner mit sardischen Wurzeln und europäischem Denken!"

Arbeiterunterkunft

Türkenrat München

Der Türkenrat München wurde 2012 als eine Plattform türkischer Vereine in München ins Leben gerufen. Die Zielsetzung der Vereinigung ist es, die Interessen der türkischstämmigen Gemeinde zu vertreten und sie in allen Belangen der sozialen und bildungspolitischen Ebene zu unterstützen. „Seine Wurzeln kennen und gleichzeitig die deutsche Kultur und ihre Werte verinnerlichen" – so lautet das Motto des Münchner Türkenrats um eine „perfekte Integration" zu ermöglichen.
info@tuerkenrat-muenchen.de

1 Bahnhof

Bahnsteighalle 1960

PI 16 - Polizeiwache am Hauptbahnhof

Seit Ende 2019 ist die Polizei-Inspektion 16 (PI 16) im denkmalgeschützten Eckpavillon des Holzkirchner Bahnhofs, Bayerstraße 14, untergebracht. Dieser Gebäudeteil des von Karl Hasslauer zwischen 1913 und 1922 errichteten Holzkirchner Bahnhofs ist als einziger Gebäudeteil den Zerstörungen des zweiten Weltkriegs entgangen. Der Dienstbereich der PI 16 umfasst das Bahnhofsgelände mit dem unmittelbar angrenzenden Verkehrsraum der Paul-Heyse-Unterführung, der Arnulfstraße und des Bahnhofsplatzes und ist damit für alle bis zu 400.000 Personen zuständig, die täglich den Bahnhof frequentieren. Für die Wohnbevölkerung ist die PI 14 in der Beethovenstraße da.

Ellen Ammann – Gründerin der Bahnhofsmission

Ellen Ammann war eine tatkräftige Frau. Ihr haben wir die Bahnhofsmission zu verdanken. 1897 gründetet sie mit einigen Mitstreiterinnen am Münchner Hauptbahnhof die erste Katholische Bahnhofsmission in Deutschland und leitete sie jahrelang. Es war vor allem der Mädchenschutz, den die ersten katholischen Frauenvereine im Sinn hatten. Mit der Industrialisierung strömte die Jugend auf der Suche nach Arbeit und Brot in die Städte und geriet oft in fatale Arbeitsabhängigkeiten und Slum-ähnliche Wohnsituationen. Allein reisende, unerfahrene und ortsunkundige Mädchen waren besonders gefährdet und häufig Opfer von Mädchenhandel, Arbeitsausbeutung oder Prostitution.

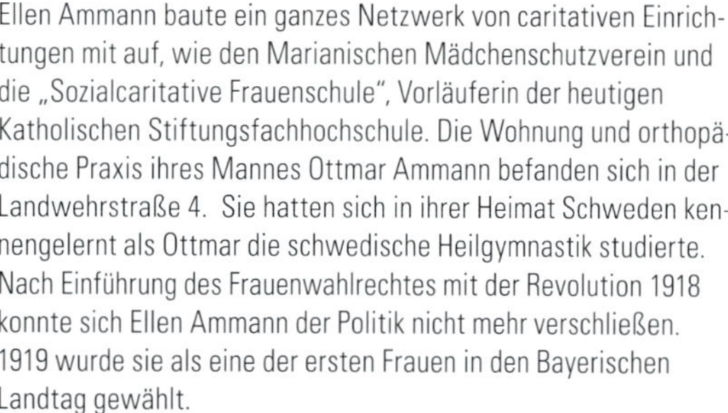

Ellen Ammann baute ein ganzes Netzwerk von caritativen Einrichtungen mit auf, wie den Marianischen Mädchenschutzverein und die „Sozialcaritative Frauenschule", Vorläuferin der heutigen Katholischen Stiftungsfachhochschule. Die Wohnung und orthopädische Praxis ihres Mannes Ottmar Ammann befanden sich in der Landwehrstraße 4. Sie hatten sich in ihrer Heimat Schweden kennengelernt als Ottmar die schwedische Heilgymnastik studierte. Nach Einführung des Frauenwahlrechtes mit der Revolution 1918 konnte sich Ellen Ammann der Politik nicht mehr verschließen. 1919 wurde sie als eine der ersten Frauen in den Bayerischen Landtag gewählt.

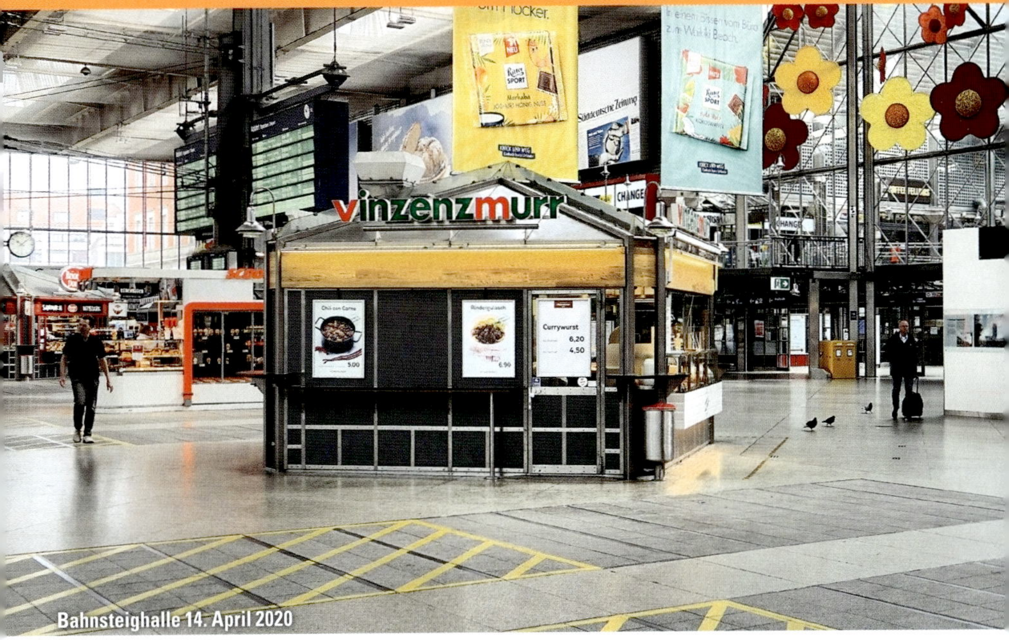

Bahnsteighalle 14. April 2020

Bahnhofsmission – Gleis 11

Heute wird die Bahnhofsmission gemeinsam von IN VIA, dem katholischen Verband für Mädchen- und Frauensozialarbeit und dem Evangelischen Hilfswerk betrieben. Die Räume am „Gleis 11" sind rund um die Uhr jeden Tag geöffnet. Jeder kann Hilfe finden, in großen wie in kleinen Notlagen, ganz egal ob Zug verpasst, Beratungsgespräch oder einfach nur im Schutzraum ausruhen, etwas trinken oder essen. Auch Reisehilfen und Begleitung von allein reisenden Kindern bietet die Bahnhofsmission an.

Hier bekamen auch viele Gastarbeiter in den 1970er Jahren ihr erstes Willkommen und Orientierung, ebenso wie die ankommenden Flüchtlinge aktuell und in den vergangenen Jahren.

1 Bahnhofsviertel

Medizintourismus

Mit dem Medizintourismus, vor allem aus dem arabischen Raum, entstand im südlichen Bahnhofsviertel ein neues Problem: die Nutzung des ohnehin knappen Wohnraums für die zahlungskräftigen Patienten, die sich in den nahen Kliniken behandeln lassen. Eigentümergemeinschaften, wie z.B. an der Paul-Heyse-Straße kämpfen gegen die Zweckentfremdung in ihrer Wohnanlage. Die Wohnanlage war ursprünglich für Familien mit Kindern errichtet und beworben worden.

Natürlich sollen Alle eine angemessene medizinische Behandlung erhalten. Doch die Probleme in Wohnhäusern, in denen Wohnungen an die ausländischen Patienten mit ihren zahlreichen begleitenden Familienmitgliedern vermietet werden, sind nicht unerheblich: täglich laute Grillabende auf den Nachbarbalkonen bis spät in die Nacht, unerlaubter Einbau von lärmenden Klimaanlagen, Strafen der Müllabfuhr wegen Urinbeuteln im Hausmüll, missachtende Behandlung des Dienstpersonals und vieles mehr zeigen eine neue Variante von kulturellen Unterschieden, die das Zusammenleben nicht einfach machen. Hinzu kommen hohe Renditen, die auch den umliegenden Hotelbetreibern ein Dorn im Auge sind. Ihre potentiellen Kunden werden abgeworben von Konkurrenten, die keine Steuern, Auflagen und Vorschriften eines Hotelbetriebs einhalten müssen. Die letzten Jahre wurden mehr und mehr Häuser von Investoren aus dem arabischen Raum aufgekauft und in Ferienwohnungen, Pensionen oder Hotels umgebaut.

Kurzzeitvermietung

Gerade rund um das Oktoberfest boomt in der Ludwigsvorstadt die Kurzzeitvermietung von Wohnraum an Touristen aller Art. Jedoch nur maximal acht Wochen im Jahr dürfen Wohnungen über Home-Sharing-Portale kurzfristig vermietet werden. Dies legt das 2017 verschärfte Wohnraumzweckentfremdungsgesetz fest. Doch es gibt noch immer viele schwarze Schafe, denn der Nachweis ist nicht ganz einfach und die Gewinnspannen sind enorm.

Zuwanderer aus Osteuropa – Arbeiterstrich

Mit der Auflösung des Warschauer Pakts 1991 und der Osterweiterung kamen zunehmend auch Menschen aus Osteuropa nach München. Sie hofften, hier Arbeit und bessere Lebensbedingungen als in ihren Heimatländern zu finden. Teils völlig mittellos und mit hohen Erwartungen landeten viele im südlichen Bahnhofsviertel. Sie suchten Arbeit, um ihre Familien zu Hause zu unterstützen oder hier ein neues Leben aufzubauen. Im Umfeld der Landwehr- und Goethestraße entstand ein sogenannter „Arbeiterstrich": war man früh aufgestanden und hatte man Glück, konnte man als Tagelöhner für wenig Geld von dubiosen Firmen angeheuert werden, meist für harte Arbeiten auf dem Bau, in der Reinigung oder der Logistik. Überstunden, Doppelschichten, keine Pausen, keine Schutzkleidung – und oft nicht einmal den vereinbarten Lohn. Die „Arbeitgeber" stahlen sich auf verwundenen Wegen durch Sub-Unternehmen zu Sub-Unternehmen aus der Verantwortung. Nur bei Zoll-Kontrollen konnten immer wieder mal Strafen verhängt werden. Mit dem Aufbau von Beratungsstellen, Aufklärung, Unterkunftsvermittlungen, Rechtsberatung besserte sich die Situation. Aber noch immer sind viele der Obdachlosen in München Arbeitssuchende aus Osteuropa, die ohne Job auch keine Bleibe finden oder das mühsam verdiente Geld ihrer Familie schicken und auf der Straße schlafen, um so wenig wie möglich ausgeben zu müssen.

Schiller 25

Ecke Schillerstraße/Landwehrstraße befindet sich ein Beratungszentrum für obdachlose Zuwanderer aus EU-Ländern. Es wird vom Evangelischen Hilfswerk betrieben, bietet Beratungsgespräche und vermittelt Unterkünfte. In den Wintermonaten vermittelt die Schiller 25 auch Schlafplätze im Kälteschutzprogramm der Stadt.

Baustelle Schwanthalerstraße 88, März 2022

Wohnraumzweckentfremdung und Erhaltungssatzung

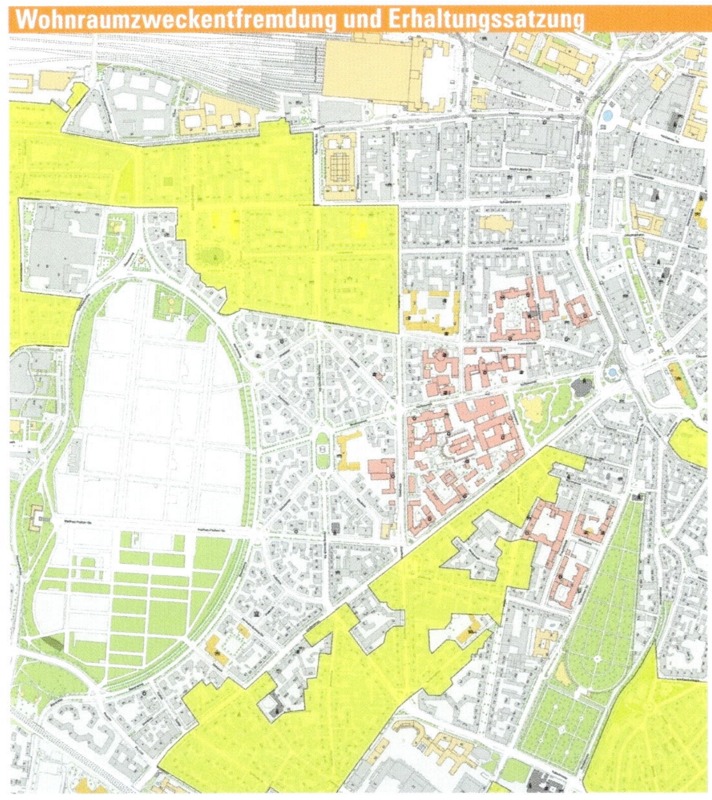

Der Bezirksausschuss des Stadtbezirks 2 Ludwigsvorstadt-Isarvorstadt engagiert sich seit Jahren dafür, dass möglichst viel Wohnraum im Viertel erhalten wird oder neu geschaffen werden kann. Jüngste Erfolge waren die Verschärfung der Münchner Zweckentfremdungssatzung, die Erhöhung der Anzahl der Ermittler*innen und Strafen, sowie die Verlängerung und Erweiterung der Erhaltungssatzung.

Die gelb angelegten Flächen bezeichnen den Stand der Erhaltungssatzungsgebiete im März 2022.

Abriss Parkhaus in der Kolpingstraße, 2022

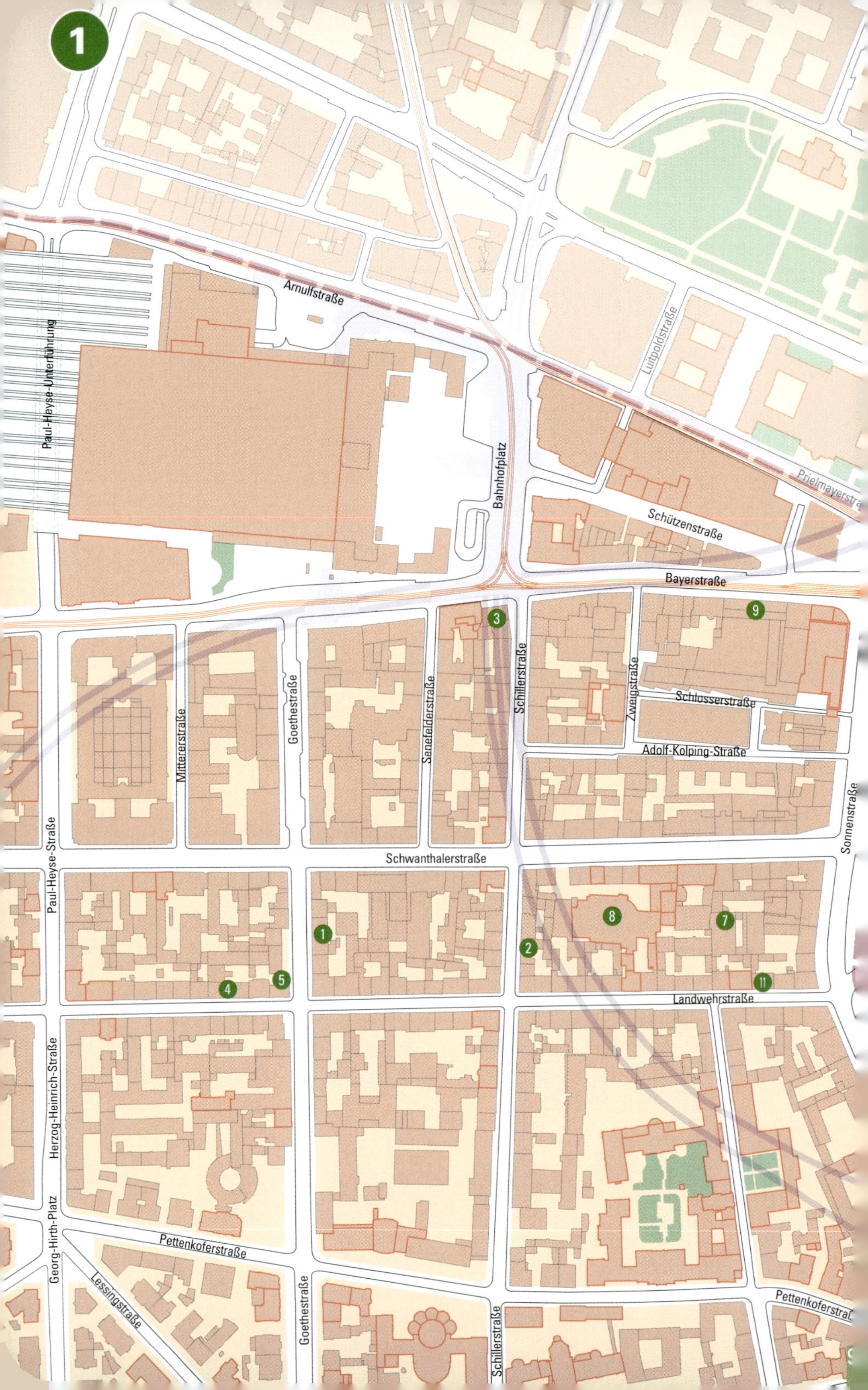

1
Arnulfstraße
Paul-Heyse-Unterführung
Bahnhofplatz
Luitpoldstraße
Prielmayerstra
Schützenstraße
Bayerstraße
Schillerstraße
Zweigstraße
Schlosserstraße
Adolf-Kolping-Straße
Sonnenstraße
Goethestraße
Senefelderstraße
Mittererstraße
Paul-Heyse-Straße
Schwanthalerstraße
Landwehrstraße
Herzog-Heinrich-Straße
Georg-Hirth-Platz
Pettenkoferstraße
Lessingstraße
Goethestraße
Schillerstraße
Pettenkoferstraß
1
2
3
4
5
7
8
9
11

Cafés • Bars

Zaitoone
Shisha-Bar
Schwanthalerstraße 7

Müller
Café und Bäckerei
Lindwurmstraße 1

Senatore
Pizza Bar
Sendlinger-Tor-Platz 5

1st Cup
Café
Sonnenstraße 25

Lavazza
Café
Sonnenstraße 15

Müller
Café und Bäckerei
Sonnenstraße 9

Vinzenz Zöttl
Bäckerei Konditorei
Pettenkoferstraße 8

Tchibo
Café
Sonnenstraße 18

Brasserie Leon
Café
Bayerstraße 3

Bubble Tea
Bayerstraße 7a

Comebuy
Bubble Tea Laden
Bahnhofplatz 1

Infinity Lounge
Shisha-Bar
Landwehrstraße 24

Mauerer
Café & Bäckerei
Schillerstraße/Landwehrstraße 31

Eis

Crema Gelato
Landwehrstraße 14

Gelateria Garda
Eiscafé
Karlsplatz 21/24

Nachtclubs

8Below
Diskothek
Schützenstraße 8

Neuraum
Diskothek
Arnulfstraße 17

Sausalitos
Cocktailbar
Sonnenstraße 12

Maxe Belle Spitz
Bar
Sonnenstraße 19

Kauz Bar
(ehem. Cord Club)
Love, Beats and Happy-Rap
Sonnenstraße 18

milch und bar
Nachtclub
Sonnenstraße 27

Essen

Strada Goethe
Goethestraße 15

1 **Antep Sofrasi**
Goethestraße 17

2 **Schillerbräu**
Brauerei und Restaurant
Bayrisch –
Im **M**aria**K**irchen-Hotel
Schillerstraße 23

Münchner Stuben
Bavaria meets Napoli
Bayerstraße 35

Ca'd'Oro
Ristorante, Pizzeria
Bayerstraße 31

Qaswaa
Arabisches Restaurant
Schwanthalerstraße 26

Sindbad
Restaurant und Grillhaus
Schwanthalerstraße 2

Al Teatro
Café, Restaurant, Bar
Schwanthalerstraße 15

3 **Servus Habibi**
orientalisch, israelisch,
libanesisch und vegan/
Schwanthalerstraße 20

Ratchada Thai
Restaurant & Bar
Thailändisches Restaurant
Schwanthalerstraße 8

Café Mozart
Restaurant
Pettenkoferstraße 2

NENI München
im 25hours Hotel
The Royal Bavarian
Restaurant und Deli
Levante-Küche
Bahnhofplatz 1

1 Bahnhofsviertel

La Fiesta
Cantina y Bar Mexicano
Schwanthalerstraße 3

Anzi Kitchen
Vietnamesisches Essen
Sonnenstraße 4

Oliva
Türkisches Restaurant
Sonnenstraße 8

Altmünchner Gesellenheim
Bayerisches Restaurant
Adolf-Kolping-Straße 1

Stefans Bar
Im Alpen Hotel
Adolf-Kolping-Straße 14

Ali Baba
Türkisches Restaurant
Schillerstraße 6

Bento Nguyen
Vietnamesich-Japanisch
Paul-Heyse-Straße 2

Cafe Regenbogen
Münchner Aids-Hilfe
Lindwurmstraße 71/73

Wirtshaus am Sendlinger Tor
Bayerisches Restaurant
Sendlinger-Tor-Platz 10

City Lounge
Italienisches Restaurant
Sonnenstraße 5

Shanghai
Traditionelles Chinesisches Restaurant
Sonnenstraße 3

my Indigo
Soul-Food-Restaurant
Stachus-UG, Karlsplatz

Pescheria
Mediterrane Meeresfrüchte
Pettenkoferstraße 1

Trautheim Regional
Burger-Restaurant
Pettenkoferstraße 3

Bab Al Hara
Syrisches Restaurant
Landwehrstraße 25

Max Pett
Veganes Restaurant
Pettenkoferstraße 8

Hans im Glück
Burgergrill und Bar
Sonnenstraße 24/26

35 milli(m)eter München
Restaurant
im Mathäser Filmpalast
Bayerstraße 3/5

Kentucky Fried Chicken
Hähnchenrestaurant
Bayerstraße 7

Cucina Centrale
Italienisches Restaurant
Schützenstraße 1

Vinothek by Geisel
Mediterranes Restaurant
Schützenstraße 11

Hindukush
Afghanisches Restaurant
Landwehrstraße 44

Sara
Orientalisches Restaurant
Landwehrstraße 42

Nr.1 Lounge
Restaurant und Shisha-Bar
Landwehrstraße 16

Bab Alymen
Jemenitisches Restaurant
Landwehrstraße 8

Nur
Orientalisches Restaurant
Landwehrstraße 41

Al Sham
Shawarma & Falafel
Restaurant
Landwehrstraße 55

Lebensmittel

4 **Verdi Supermarkt**
Lebensmittel
Landwehrstraße 46
Phantastischer Gemüsemarkt und Super-Döner

Rewe
Goethestraße 30

Sultan Bäckerei
Goethestraße 30

dm
Drogeriemarkt
Goethestraße 30

Çavušoglu
Türkischer Supermarkt
Goethestraße 15

Can
Türkischer Supermarkt
Goethestraße 21

Afrika Food Shop
Senefelderstraße 9

African Food
Paul-Heyse-Straße 23

Afro Nice Price
Afrikan. Nahrungsmittel
Paul-Heyse-Straße 37

Kohinoor
Indische, türkische und arabische Lebensmittel
Sonnenstraße 10

Malik Sweets
Türkisches Gebäck
Sonnenstraße 10

Kabul Market
Lebensmittel
Landwehrstraße 52

Mira Al Maleky
Süßigkeiten
Landwehrstraße 32b

Al Arabi Markt
Lebensmittel
Landwehrstraße 6

Oasis Supermarkt
Lebensmittel
Landwehrstraße 9

Nawa
Süßigkeiten aus Damaskus
Landwehrstraße 31

Döner • Imbiss

Chicken BBQ, Grill
Goethestraße 20

Bistro Lavash
Döner
Goethestraße 7

Vulkan Kebab
Sonnenstraße 8

LeDu Happy
Dumplings & Jianbing
Chin. Abholrestaurant
Stachus-UG, Karlsplatz 1

Sila Restaurant
Türkischer Imbiss
Sendlinger-Tor-Platz 8

Mustafa's Gemüse Kebab
Imbiss
Stachus 21/24

Pizzaiosa Imbiss
Stachus-UG, Karlsplatz 1

Helin Döner
Kebab-Imbiss
Bayerstraße 9

Türkitch
Kebab-Imbiss
Bahnhofplatz 1

Natursaftbar & Falafel Amer Imbiss
Stachus-UG, Bahnhofplatz 7

Miyu Running Sushi
Sushi-Restaurant
Stachus-UG, Schützenstraße

Sarajevo Imbiss
Paul-Heyse-Straße 23

Burger Syndicate
Paul-Heyse-Straße 23

ISRA
Restaurant Grill House
Landwehrstraße 43–45

Alkhaima Snacks/Halal
Landwehrstraße 26

Layali Alsham Imbiss
Landwehrstraße 26

Kunst • Kultur • Kino

5 **Theatergemeinde**
Karten- und Kulturservice für Mitglieder
Goethestraße 24

Filmtheater Sendlinger Tor
6 Legendäre Ausstattung
Sendlinger-Tor-Platz 11

7 **City Atelier Kino**
Schwanthalerstraße 7

Pressehaus Bayerstraße
Paul-Heyse-Straße 4

8 **Deutsches Theater**
Schwanthalerstraße 13

Volksbühne München e.V.
Karten- und Kulturservice für Mitglieder
Schwanthalerstr. 5/IV

Zerboni Schauspielschule
Paul-Heyse-Straße 28

9 **Mathäser Filmpalast**
Bayerstraße 3–5

Atelierprojekt
Verein zur Förderung von bildnerisch-künstlerischen Ausdrucksformen e.V.
Landwehrstraße 39 Rgb.

Galerie Goethe 53
Kulturreferat der LHM
Goethestraße 53

Kinder- und Jugendmuseum der LHM
Arnulfstraße 3

Schul-Computer-Museum der Landeshauptstadt München
Schwanthalerstraße 51–55

Shopping

Galeria München Stachus
Kaufhaus
Karlsplatz 21/24

Calumet
Heaven of Photograph
Schwanthalerstraße 35

Rose Fahrräder
Lessingstraße 14

Gesundheitsfachhaus von Schlieben
Sonnenstraße 17

Zooplus
Zoohandlung
Sonnenstraße 15

Hieber Lindberg
Musikgeschäft
Sonnenstraße 15

1 Bahnhofsviertel

dm
Drogeriemarkt
Sonnenstraße 7

dm
Drogeriemarkt
Sonnenstraße 12

Fielmann
Optiker
Sonnenstraße/Karlsplatz 1

Mr. Box Tea
Bubble-Tea-Laden
Stachus-UG, Karlsplatz 1

Blumen Paradies
Blumenladen
Sendlinger-Tor-Platz 7

Trio Optik
Optikergeschäft
Sendlinger-Tor-Platz 7

Sofacompany
Möbelgeschäft
Sonnenstraße 22

Funtainment
Spielwarengeschäft
Landwehrstraße 12a

Optik Vogel
Optikerladen
Sonnenstraße 32

Schuhhaus Horsch
Untergrößen - Übergrößen
Sonnenstraße 32

10 **Foto Video Sauter**
Fotofachgeschäft
Sonnenstraße 26

Müller
Drogeriemarkt
Sonnenstraße 2

Bücher

Hugendubel am Stachus
Karlsplatz 11/12

Specials

Afro Shop
Senefelderstraße 10

Ziemans Kochschule
Zweigstraße 10

ADAC
Geschäftsstelle Mitte
Sendlinger-Tor-Platz 7

Boque auf Croque
Kochstudio
Sonnenstraße 22

ReSales
Second-Hand-Kleidung
Sonnenstraße2

Vintage Revivals
Second-Hand-Kleidung
Schützenstraße 7

Nikola
Reparaturdienst für audio-visuelle Geräte
Landwehrstraße 12a

Prosteam München
Autowäsche
Landwehrstraße 10

11 **Dinkel**
Fotofachgeschäft
Landwehrstraße 6
Bestes Fachgeschäft für Profi-Fotographen, Super-Beratung

Mariposa Boxclub
Landwehrstraße 39

Ayhan Kiyak
Türkische Fahrschule
Landwehrstraße 67

Trachten Shop
Bayerstraße 55
Oktoberfest-Notausstattung

Apotheke

Schwanthaler Apotheke
Schwanthalerstraße 2

City Apotheke
Schillerstraße 9

Regenbogen Apotheke
Sonnenstraße 33

Marien Apotheke
Sendlinger-Tor-Platz 7

Ahorn Apotheke im Zentrum
Bayerstraße 15

Internationale Apotheke
Bayerstraßele 27

Schützen Apotheke
Schützenstraße 5

Sonstiges

Fahrradverleih München
bei Radius Radverleih im Münchner Hauptbahnhof, bei Gleis 32 (Starnberger Flügelbahnhof)

Orthopädie-Service
am Sendlinger Tor
Sonnenstraße 33

L & C Computer
Computerservice, Beratung
Landwehrstraße 37

Rein & Sauber

Rossmann
Schwanthalerstraße 29

City SB-Waschcenter
7–24 Uhr
Paul-Heyse-Straße 21

City Dry Clean
SB-Waschcenter
Bayerstraße 6

Soziales

Mieterverein München
Sonnenstraße 10

Katholisches Zentralgesellenhaus
Stiftung Kolpingwerk
Adolf-Kolping-Straße 1

Bodelschwingh-Haus
Sozialberatung
Evang. Hilfswerk München
Schillerstraße 25

Baustelle Elementum, 2022

CVJM
Jugendgästehaus
Christlicher Verein Junger Menschen München e.V.
Landwehrstraße 13

KJR
Kreisjugendring
München-Stadt
Paul-Heyse-Straße 22

Jugendmigrationsdienst München (IB)
Lindwurmstr. 117

Missio
Internationales Katholisches Missionswerk
Pettenkoferstraße 26/28

Innere Mission München
Fachdienste für Migration und Integration
Goethestraße 53

IN VIA München e.V.
Kath. Verband für Mädchen- und Frauensozialarbeit
Goethestraße 12 / IV

Münchner Aids-Hilfe
Lindwurmstraße 71

Caritasverband
Migrationsdienst
Goethestr. 53

Altenheim Mathildenstift
Münchenstift GmbH
Mathildenstraße 3b

FrauenGesundheits Zentrum
Grimmstr. 1

Türkische Gemeinde in Bayern e.V.
Goethestr. 28 Rgb.

Ehe-, Familien- und Lebensberatung
der Erzdiözese München und Freising
Rückertstraße 9

Evangelisches Beratungszentrum München e.V.
(ebz) Lebenshilfe
Landwehrstraße 15/Rgb.

Münchner Erziehungsberatung
Beratung bei Schwangerschaft, Erziehung, Ehe, Familie, Lebensberatung
Landwehrstraße 15

Rechtshilfe für Ausländerinnen und Ausländer
München e. V.
EineWeltHaus
Schwanthalerstraße 80 Rgb.

Psychologischer Dienst für Ausländer
Caritas München
Bayerstraße 73/II

Prop e.V.
Geschäftsstelle
Drogennotdienst
Landwehrstraße 31

Sozialbürgerhaus 10 Mitte
Landeshauptstadt München, Sozialreferat
Schwanthalerstraße 62

Bahnhofsmission München
Hauptbahnhof Gleis 11
Bayerstraße 10a

Weisser Rabe
Hand in Hand für mehr Integration von Menschen mit Unterstützungsbedarf
Schwanthalerstraße 73/II

KIBS
Beratungsstelle für Jungen und junge Männer bis 27 Jahre des Kinderschutz München
Landwehrstraße 34

Referat für Gesundheit
der LHM
Bayerstraße 28

Drogenberatung
der LHM
Paul-Heyse-Straße 20

Regsam
Regionale Netzwerke für soziale Arbeit
Bayerstraße 77a

Schulen

Sabel Privatschulen
Schwanthalerstraße 51

VHS Münchner Volkshochschule
Lernwerkstatt – Lernen für alle, Landwehrstraße 32

mona lea – Qualifizierung für Migrantinnen
Schwanthalerstraße 40

Beratung für die berufliche Qualifizierung
Landwehrstraße 46

Grundschule
an der Schwanthalerstraße
Schwanthalerstraße 87

DAA München
Deutsche Angestellten Akademie
Pettenkoferstraße 8

Kolping-Akademie
Adolf-Kolping-Straße 1

inlingua
Sprachschule
Sendlinger-Tor-Platz 6

Briefkästen

Sonnenstraße 24
Hauptbahnhof Gleishalle
Goetheplatz 1
Pettenkoferstraße 8a
Pettenkoferstraße 27a
Adolf-Kolping-Str. 1/5
Goethestraße/Ecke Schwanthalerstraße
Arnulfstraße 2
Bayerstraße 47
Schwanthalerstraße 87

2
8.B
8.B
2.1
172 C
128 D
230 C
230 C
932
19 D
226 A
872
A
D

Klinikviertel 1808

2

Allgemeines Krankenhaus, 1829

Vor dem Sendlinger Tor

Das Wiesengebiet vor dem Sendlinger Tor war bis Ende des 18. Jahrh. nur von einigen Gärtnern genutzt. Die wichtige Verkehrsverbindung nach Sendling und weiter nach Süden durchquert das Gebiet diagonal, im Plan ist noch teils der ursprüngliche Verlauf vor der Begradigung zu sehen. Nördlich der Sendlinger Landstraße steht seit 1783 das Findelhaus in der Findlingstraße, ein städtisches Heim für Waisenkinder, das ab 1819 alle Waisen der Stadt mit den verschiedenen Stiftungsgeldern aufnahm. Unmittelbar darüber das Kloster der Elisabethinerinnen an der späteren Mathildenstraße und verbunden mit einem Garten und einem Weg das ehemalige Ridlerkloster an der Sonnenstraße, das man für die Nonnen des 1782 aufgehobenen Ridlerklosters in der Innenstadt errichtet hatte.

Südlich der Sendlinger Landstraße sind einzelne Gärtnereien zu sehen und an der Straße nach Thalkirchen der bereits 1577/79 eingerichtete Südliche Friedhof. Nach dem Beginn der Entfestigungen am Karlstor ließ der Reichsgraf Rumford 1796/97 auch eine Umgehungsstraße anlegen, die vom Vorfeld des Karlstors westlich der alten Bastionen zum freien Feld vor dem Sendlinger Tor und weiter in die heutige Müllerstraße führte, v.a. um ausländische Truppen und den Lastverkehr aus der Innenstadt fern zu halten. Mit großem Abstand zur Innenstadt zeigt der Plan den gerade begonnenen Bau des Allgemeinen Krankenhauses als Umbau und Erweiterung des Spitals der Barmherzigen Brüder von 1754 mit einem Garten des Landschaftsarchitekten Sckell: Grundstock für ein umfangreiches Klinikviertel.

Sendlinger Landstraße, Carl Gustav Wenng, um 1856

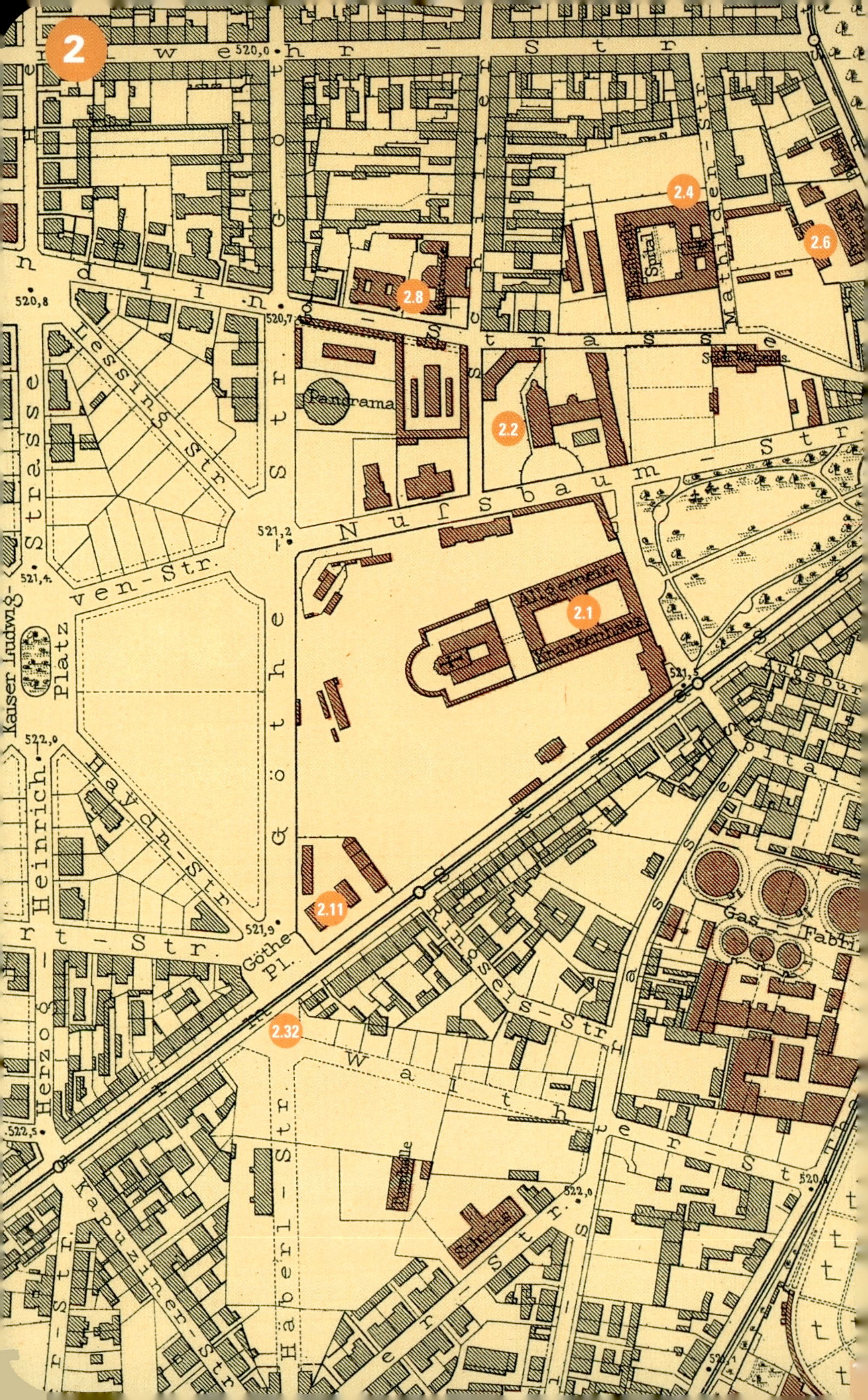
2
2.1
2.2
2.4
2.6
2.8
2.11
2.32
Nußbaum-Str.
Göthe Str.
Allgemein. Krankenhaus
Spital
Panorama
Lessing-Str.
Haydn-Str.
Kaiser Ludwig-Platz
Heinrich
Herzog
Göthe Pl.
Walther-Str.
Kapuziner-Str.
Haberl-Str.
Gas-Fabrik
Mathilden-Str.
Rinosels-Str.
Augsburger
Spital
Schule

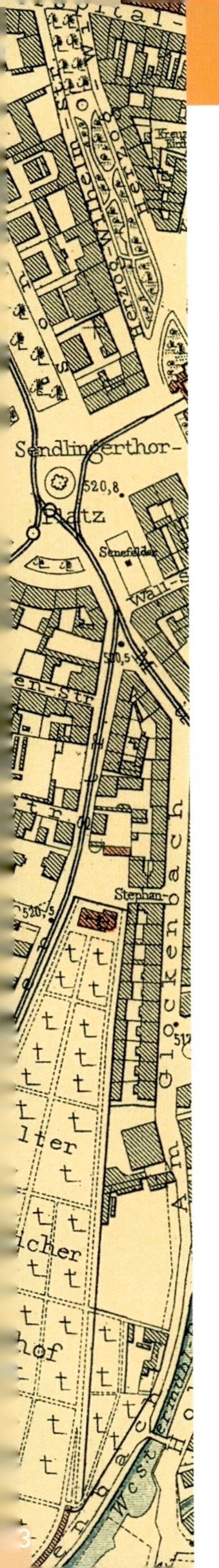

Klinikviertel 1891

Die Stadtkarte von 1891 zeigt das Gebiet südlich der Landwehrstraße nahezu völlig überbaut, nur westlich der Goethestraße im Bereich des Wiesenviertels sind noch freie Grundstücke, die u.a. für den Bau des Theresiengymnasiums freigehalten wurden.
Die Lage des Allgemeinen Krankenhauses an der Nußbaumstraße hat zu weiteren Klinikbauten geführt: Das Elisabeth-Spital in der Mathildenstraße hatte seit 1760 weibliche Kranke aufgenommen und wurde nach Umbauten zum Ersatz für das ehemalige Heilig-Geist-Spital, 1907 wurden die Gebäude mit Ausnahme der Kirche abgebrochen für den Neubau der Poliklinik. Nördlich der Nußbaumstraße besteht seit 1865 eine Chirurgische Klinik, die bis 1891 mehrere Erweiterungen erhielt. An der Sonnenstraße wurde die alte Gebäranstalt bis 1856 durch einen Neubau ersetzt. Nördlich der Findlingstraße steht seit 1825 ein „Anatomisches Theater" des Architekten Klenze.

Zwischen der 1878 neu benannten Lindwurmstraße und der Thalkirchner Straße befindet sich seit 1850 die Gasanstalt, bis 1899 von einer privaten Firma betrieben und dann von der Stadt übernommen. Der Standort wird bis 1910 aufgelöst und zum Bauplatz für mehrere Kliniken.
Die Bebauung an der stadtseitigen Sonnenstraße entspricht noch weitgehend dem Bauprinzip der Sonnenbaulehre mit einzeln stehenden Häusern, nach 1900 findet auch hier eine weitere Verdichtung statt, heute ist dieser Teil geschlossen bebaut. Der Sendlinger-Tor-Platz entwickelt sich immer mehr zum Verkehrsknotenpunkt mit mehreren Trambahn-Linien und Straßenzuführungen.
Aus dem Brunnen im Rondell spritzte am 1. Mai 1883 mit einer 25–30 m hohen Fontäne das erste Wasser der Quellwasserleitung aus dem Mangfallgebiet. An der Goethestraße ist das Panorama-Gebäude zu sehen, das 1892 abgerissen wird.

In der Goethestraße um 1886. Im Hintergrund links der Rundbau des Panoramas. Ausgestellt ist das Panorama der Kreuzigung Christi des Malers Bruno Piglhein. Eine der Top-Attraktionen in dieser Zeit für Besucher und Münchner. Selbst der Prinzregent besuchte das Atelier des Künstlers mehrfach, heißt es. Der Blick auf die Theresienwiese zeigt, dass das Gelände noch nicht bebaut ist.

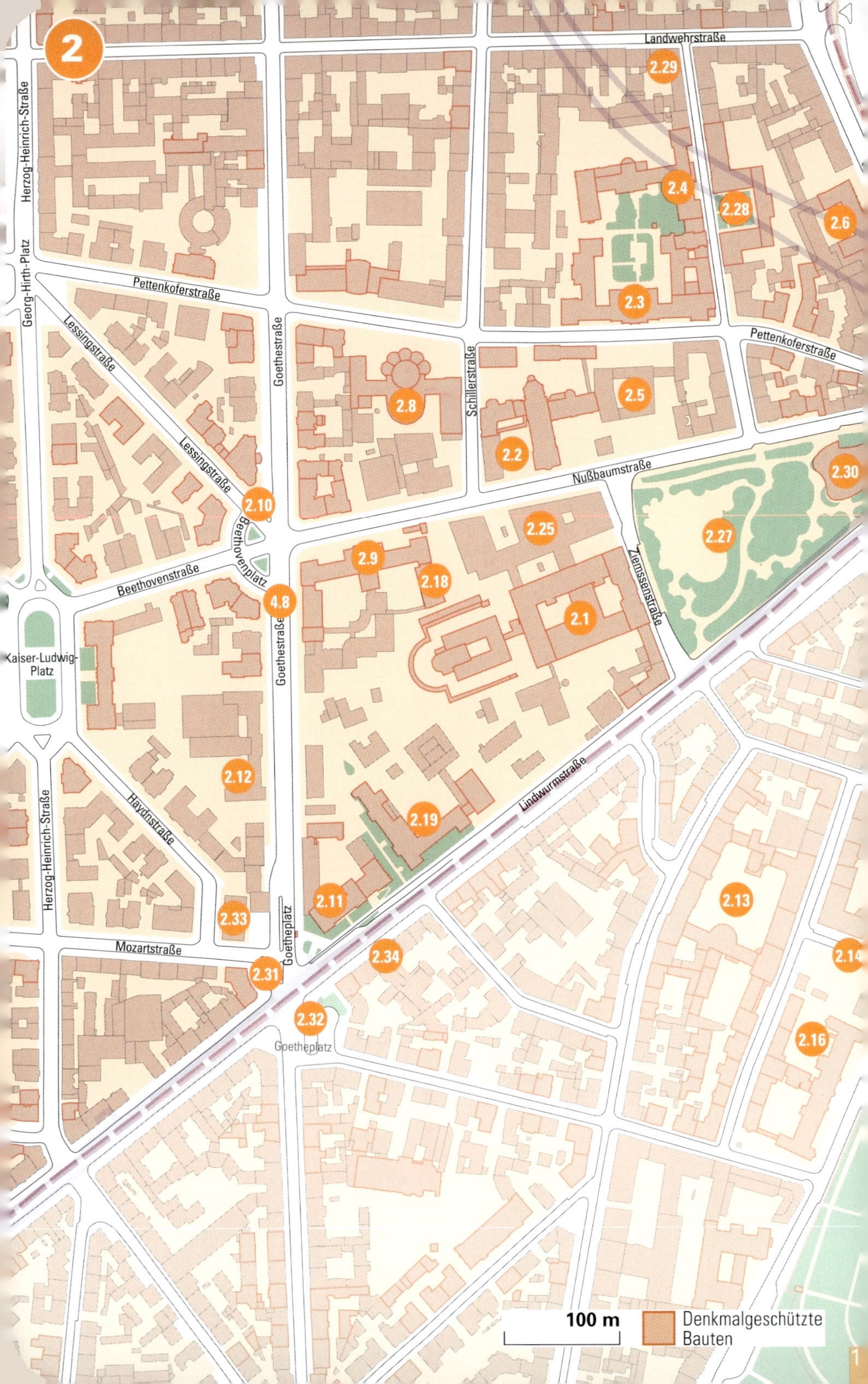
2
Landwehrstraße
2.29
Herzog-Heinrich-Straße
2.4
2.28
2.6
Georg-Hirth-Platz
Pettenkoferstraße
2.3
Lessingstraße
Goethestraße
Schillerstraße
Pettenkoferstraße
2.8
2.5
Lessingstraße
2.2
Nußbaumstraße
2.30
2.10
Beethovenplatz
2.25
2.27
2.9
Ziemssenstraße
Beethovenstraße
2.18
4.8
2.1
Kaiser-Ludwig-Platz
Goethestraße
Lindwurmstraße
2.12
Herzog-Heinrich-Straße
Haydnstraße
2.19
2.11
2.13
2.33
Goetheplatz
Mozartstraße
2.34
2.14
2.31
2.32
2.16
Goetheplatz
100 m
Denkmalgeschützte Bauten

Klinikviertel heute

Portalklinik, 2022

Umwälzungen

Nach dem Zweiten Weltkrieg wurde die in der NS-Zeit abgebrochene Protestantische Kirche St. Matthäus in der Sonnenstraße am Sendlinger-Tor-Platz neu errichtet und prägt seitdem den Platz. Durch den geplanten Auszug der Fachkliniken wird es große Umwälzungen im Stadtviertel geben. Bereits umgezogen nach Großhadern ist die Frauenklinik an der Maistraße.

2.25 Portalklinik der LMU

Am 22. Juni 2021 konnte die neue Portalklinik eröffnet werden, wichtigste Maßnahme für den weiteren Umbau des Klinikviertels und Voraussetzung für eine Versorgung der Bevölkerung in den verschiedenen medizinischen Disziplinen. Auf 12.400 m² stehen 200 Betten in sieben Stationen für die Nahversorgung der Bevölkerung bereit. Planung: Architekturbüro Stefan Ludes (Recklinghausen/München).

2.26 U-Bahnhof

Am U-Bahnhof Sendlinger-Tor-Platz kreuzen sich insgesamt 6 U-Bahn- und 5 Trambahnlinien, es fahren pro Tag ca. 1.600 U-Bahnen ab, 250.000 Fahrgäste nutzen den Bahnhof täglich, davon ca. die Hälfte Umsteiger. Bis 2023 soll der aufwändige Umbau des U-Bahnhofs abgeschlossen sein. Da sich die Fahrgastzahlen seit 1980 verdreifacht haben, werden neue und veränderte Zugangstreppen und Lifte den Ablauf der Verkehrsströme verbessern. Für zusätzliche Ladennutzungen wird ein Lastenaufzug eingebaut und die Ausgänge z. B. zur Müllerstraße neu erstellt. Dazu kommen notwendige Brandschutzmaßnahmen und eine neue Gestaltung des gesamten Bahnhofsbereichs nach einer Planung der Architekten Raupach + Bohn mit einer Lichtgestaltung durch das Münchner Büro Ingo Maurer.

Baustelle U-Bahnhof Sendlinger-Tor-Platz 2018

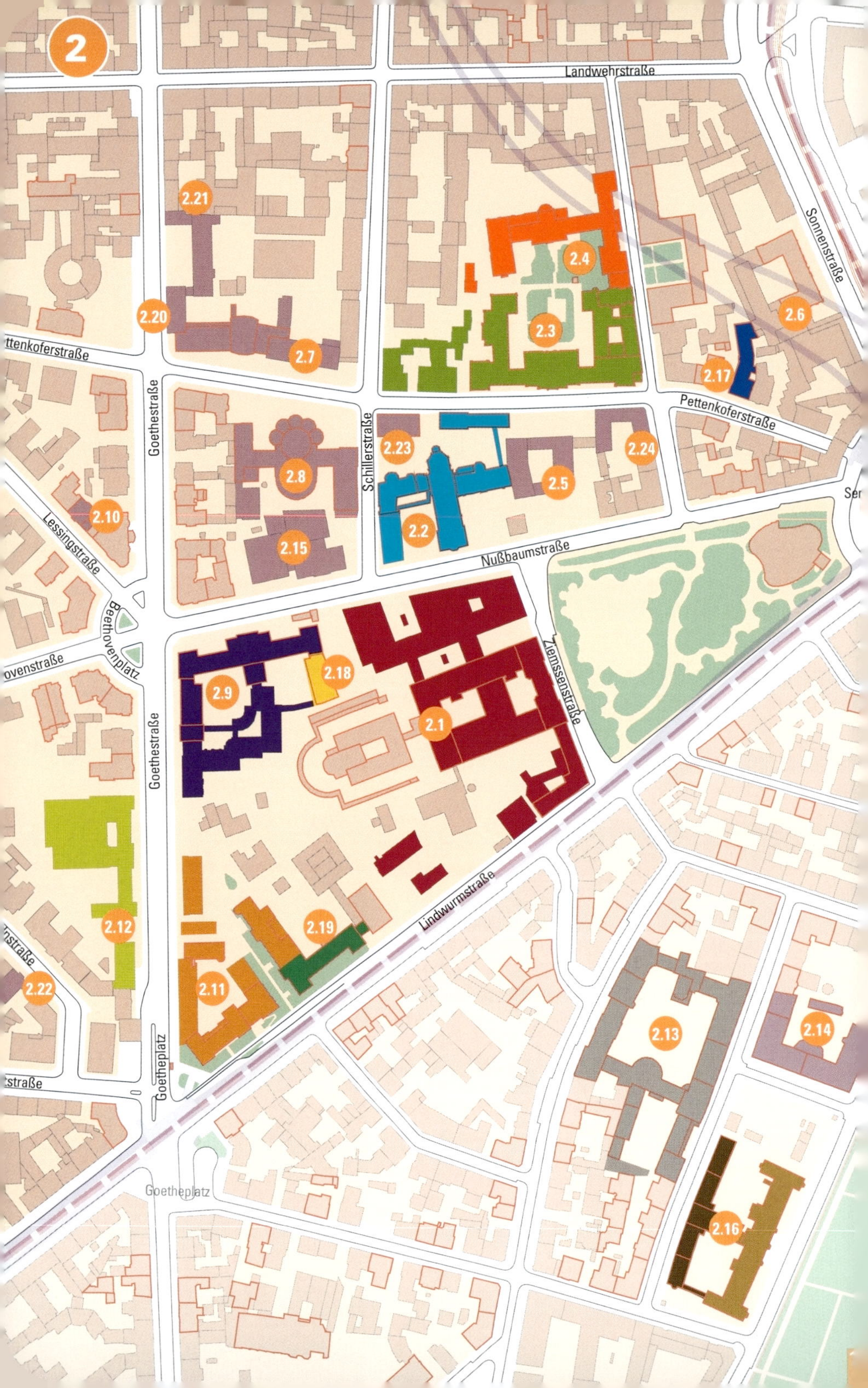
2
Landwehrstraße
Sonnenstraße
2.21
2.20
2.7
2.4
2.3
2.6
2.17
ttenkoferstraße
Pettenkoferstraße
Goethestraße
Schillerstraße
2.23
2.24
2.8
2.5
2.2
2.10
Lessingstraße
2.15
Nußbaumstraße
Beethovenplatz
ovenstraße
2.18
2.9
2.1
Ziemssenstraße
Goethestraße
Lindwurmstraße
2.19
2.12
2.11
2.22
2.13
2.14
Goetheplatz
Goetheplatz
2.16

Kliniken und Institute

Kliniken der Medizinischen Fakultät der LMU München

2.1 **LMU Klinikum Innenstadt (Allgemeines Krankenhaus)**
Ziemssenstraße 5

2.2 **Chirurgische Klinik**
Nußbaumstraße 20

2.3 **Poliklinik (Reisingerianum)**
Pettenkoferstraße 8a

2.4 **Klinik für Augenheilkunde**
Mathildenstraße 8

2.17 **Klinik und Poliklinik für Hals-, Nasen- und Ohrenheilkunde**
Pettenkoferstraße 8a

2.9 **Klinik für Psychiatrie und Psychotherapie**
Nußbaumstraße 7

2.18 **Klinik für Kinder- und Jugendpsychiatrie, Psychosomatik und Psychotherapie**
Nußbaumstraße 5a

2.11 **Haunersche Klinderklinik**
Lindwurmstraße 4

2.19 **Klinik und Poliklinik für Mund-, Kiefer- und Gesichtschirurgie**
Lindwurmstraße 2a

2.12 **Poliklinik für Zahnmedizin**
Goethestraße 70

2.13 **Ehemalige Frauenklinik**
Maistraße 11

2.16 **Klinik für Dermatologie**
Thalkirchner Straße 48

2.16 **Klinik für Allergologie**
Frauenlobstrae 9–11

2.27 Nußbaumpark

Für die Anlage des Allgemeinen Krankenhauses 1813 war die freie Fläche bis zur Altstadt eine notwendige hygienische Maßnahme. Im Sinne eines *Cordon sanitaire* sollte das Krankenhaus nach den damaligen gesundheitlichen Vorsichtsmaßnahmen im sicheren Abstand zu den dicht bebauten Vierteln der Stadt bleiben.
Der Landschaftsarchitekt Friedrich Ludwig von Sckell gestaltete die freie Fläche am Rand seiner Ringchaussee mit zwei außen verlaufenden Pappelalleen an der begradigten Sendlinger Landstraße, der künftigen Lindwurmstraße und der Krankenhausstraße, später benannt nach dem Chirurgen Johann Nepomuk Nußbaum.
Im Park stehen heute noch die Denkmäler für Friedrich Bezold (1842–1908), Professor für Ohrenheilkunde und seit 1831 ein Denkmal für Ernest von Grossi, 1824–29 Leiter der ersten medizinischen Abteilung des Allgemeinen Krankenhauses, Bildhauer: Ludwig von Schwanthaler.
Bis zum Zweiten Weltkrieg standen hier auch die Denkmäler für die Mediziner Nußbaum und Hugo von Ziemssen.

Institute

2.5 Pettenkofer Institut
2.7 Physiologisches Institut
2.14 Pathologisches Institut
2.15 Institut für Rechtsmedizin
2.20 Walter-Straub-Institut
2.21 Institut für Humangenetik
2.22 Institut für Soziale Pädiatrie und Jugendmedizin
2.23 Institut für Notfallmedizin u. Medizinmanagement
2.24 Institut für Prophylaxe und Epidemiologie der Kreislaufkrankheiten

2 Klinikviertel

Heilig-Geist-Spital, 1570

Medizinische Versorgung in München

Vermutlich bereits 1208 wurde an der Stelle des heutigen Viktualienmarktes das erste Spital der Stadt – damals vor den Mauern – an der wichtigsten Handelsstraße vom bayerischen Herzog Ludwig I., dem Kelheimer, gegründet. Über die Jahrhunderte erhielt das Spital zahlreiche Förderungen und Steuerbefreiungen, wurde zu einer eigenständigen Pfarrei erhoben und konnte als unabhängiger Wirtschaftsbetrieb arbeiten. Um 1570 enthielt der abgeschlossene Bereich des Spitals neben der gotischen Pfarrkirche (der heutigen Heilig-Geist-Kirche) mit einem eigenen Friedhof (am heutigen Dreifaltigkeitsplatz) besondere Bauten für Frauen und Männer (Weiber- und Männerspital), eine „Findelstube" für Kinder, eine Gebärstube mit der Versorgung der Mütter durch Hebammen, eine „Narrenkeuche" für geistig Behinderte, dazu Werkstätten für Schmiede und Schäffler, eine Braustätte mit einem Ausschank, ein Schlachthaus und zahlreiche Wirtschaftsgebäude.
Die Organisation des Spitals und die Pflege der Kranken geschah durch Mitglieder des Heilig-Geist-Ordens, der ursprünglich aus Montpellier nach München kam. Die wirtschaftliche Versorgung des Spitals war sichergestellt durch den Betrieb von mehreren Mühlen und zahlreiche Ländereien außerhalb der Stadt. Das Spital war an den Zolleinnahmen des Salzhandels beteiligt, weitere Mittel kamen durch kirchliche Ablässe, Steuerbefreiungen und Spenden der Bürgerschaft. Am bekanntesten ist heute noch die Wadlerspende – eine großzügige Verteilung von Brezen an Bedürftige, die erst 1801 aufgehoben wurde, als der Brezenreiter verprügelt wurde, weil ihm die Brezen ausgingen.

Leprosenhaus am Gasteig

Lepra, Pest und Cholera

Zur Versorgung der Personen mit ansteckenden chronischen Krankheiten (und v.a. zum Schutz der gesunden Bürger) gab es außerhalb der Stadt Leprosenhäuser: 1213 wird ein Seuchenhaus am Gasteig erwähnt, das bis 1861 betrieben wurde, seit dem 15. Jahrhundert stand ein Leprosenhaus in Schwabing am heutigen Nikolaiplatz, 1819 wurde es aufgehoben. Ein „Brechhaus" für Infizierte z.B. an Pest erkrankte lag außerhalb der Stadt an der heutigen Baumstraße zwischen Isar und Pesenbach. In den Zeiten der Pestseuchen und Cholera-Epidemien richtete man Notlazarette ein, mehrere Jahrzehnte führte man seit 1866 an der Dreimühlenstraße ein Blatternhaus.

Nikolaikirche in Schwabing

Spitäler und Stiftungen

Für die Versorgung kranker Hofbediensteter gründete Herzog Albrecht V. 1555 das Herzog-Spital in der heute danach benannten Straße (bis 1800), 1614 wurde mit einer bürgerlichen Stiftung das Josephspital errichtet. Dazu kamen weitere bürgerliche und kirchliche Versorgungs- und Pflegeanstalten.

Brand des Blatternhauses 1.9.1897

Aufklärung und Neuzeit

Mit der Aufklärung änderte sich auch grundlegend die Einstellung und das Verständnis von medizinisch notwendigen Maßnahmen und Einrichtungen, das Allgemeine Krankenhaus vor dem Sendlinger Tor gilt als das erste wissenschaftlich ausgerichtete Krankenhaus in München.

Allgemeines Krankenhaus, 1813

2.1 Allgemeines Krankenhaus

Ziemssenstraße 1
Das Grundstück, ca. 200 m vor dem Sendlinger Tor erwarben Mönche der Barmherzigen Brüder im Jahr 1750, um – auf Anweisung von Kurfürst Max III. Joseph – bis 1772 ein Klosterspital zur Pflege von männlichen Kranken zu errichten. Auch als Folge der Säkularisierung wurden die kirchlichen Pflegeorden 1809 aufgelöst und an gleicher Stelle mit Verwendung einiger bestehender Bauteile ein neues Krankenhaus nach einem Entwurf des Architekten Nikolaus Schedel von Greifenstein gebaut. Die Hauptfassade zur Stadt hin gestaltete Karl von Fischer, hinter dem Gebäude wurde ein Heilkräutergarten durch Friedrich Ludwig von Sckell angelegt.

1813 wurde das Krankenhaus eröffnet, 1818 wurde es zunächst städtisch und nach dem Umzug der Universität von Landshut nach München zur Universitätsklinik. Größere Umbauten und Erweiterungen geschahen erst wieder durch den Klinikdirektor Hugo von Ziemssen ab 1877. In den Jahren 1896–1902 wurde auch die innere Raumdisposition und Ausstattung modernisiert und die Fassade barockisiert. Nach den Zerstörungen des Zweiten Weltkriegs wurde das Gebäude stark verändert wieder aufgebaut.

Franz Xaver Häberl

Die Initiative zum Bau des Allgemeinen Krankenhauses und die Erarbeitung eines funktionalen Konzepts geht zurück auf den Arzt Franz Xaver Häberl. Er war als behandelnder Arzt in Münchner Krankenhäusern tätig, erforschte Verbesserungen des medizinischen Betriebs und publizierte seine Erkenntnisse. 1808 wurde er zusammen mit seinem Verwandten Simon von Häberl mit der Anlage des neuen Allgemeinen Krankenhauses beauftragt. Wesentliche technische und hygienische Neuerungen waren hier u.a. eine systematische Belüftung der Krankenräume, eine Versorgung mit Trink- und Brauchwasser über einen eigenen Brunnen und Hochbehälter und wassergespülte Toiletten. Das Krankenhaus hat damit auch überregional große Bedeutung erlangt. Nach Fertigstellung des Baus blieb Franz Xaver Häberl bis zu seiner Pensionierung 1826 Krankenhausdirektor und leitender Arzt.

2.2 Chirurgische Klinik

Nußbaumstraße 20

Das Allgemeine Krankenhaus war bereits Mitte des 19. Jahrhunderts überlastet, daher wurde auf dem benachbarten Grundstück an der damaligen Krankenhausstraße bis 1865 ein „Aushilfskrankenhaus" durch Arnold Zenetti errichtet, neben einem bereits bestehenden „Blatternhaus". V.a. sollte die chirurgische Abteilung in einen Neubau verlegt werden um bessere operative Bedingungen zu schaffen. Viele Erweiterungen folgten u.a. mit einem modernen Operationssaal 1891 durch Zenetti, 1894 durch Theodor Fischer, 1903 ein Nord-Süd gerichteter Trakt östlich der Gesamtanlage und schließlich bis 1921 unter Ferdinand Sauerbruch weitere Trakte mit einem von Theodor Kollmann entworfenen Operationssaal zur Schillerstraße hin.

Nach schwersten Zerstörungen im Luftkrieg ist die Chirurgische Klinik heute eine der wichtigsten Operationskliniken in der Innenstadt. 1969 fand hier durch Rudolf Zenker die erste Herztransplantation in Deutschland statt.

Chirurgische Klinik, um 1900

Chirurgische Klinik, Operationssaal

Ferdinand Sauerbruch

Ferdinand Sauerbruch (1875–1951) leitete von 1919 bis 1928 als Ordinarius für Chirurgie die Chirurgische Klinik. Auf ihn geht der Neubau eines modernen Operationstraktes an der Schillerstraße zurück und eine von ihm entwickelte Unterdruckkammer, in der Lungenoperationen in „verdünnter Luft" praktiziert werden konnten. Sauerbruch leitete auch die Notoperation an Anton Graf von Arco auf Valley, der den Ministerpräsidenten Kurt Eisner ermordet hat und selbst angeschossen wurde, wie auch am selben Abend die Operation an Erhard Auer, den Anführer der SPD, der ebenfalls schwer verletzt wurde.

Dem Altbau von Zenetti aus dem Jahr 1891 ergänzte der Architekt Theodor Fischer, damals Leiter des Stadterweiterungsbüros, in den Jahren 1894/95 einen Kopfbau mit einem neuen Haupteingang und einer Vorhalle, der weitgehend erhalten ist. Während die bis dahin entstandenen Bauten eher dem Stil der Neorenaissance zugehören, setzt Fischer hier bereits neobarocke Gestaltungs-Elemente ein.

Spital der Elisabethinerinnen, 1900

Spital und Kirche der Elisabethinerinnen

Das Spital war für die medizinische Versorgung weiblicher Patienten bestimmt wie das Spital der Barmherzigen Brüder für männliche Kranke. Betreut wurde das Krankenhaus vom Pflegeorden der Elisabethinerinnen, die von Maria Amalie, der Witwe des bayerischen Kurfürsten und deutschen Kaisers Karl Albrecht eingesetzt wurden. Ab 1760 war die Anlage fertig gestellt, wichtiger Bauteil war die Spitalkirche St. Elisabeth, die sich nach schweren Schäden und einem stark vereinfachten Wiederaufbau in der Mathildenstraße erhalten hat. Die Spitalgebäude nahmen 1823 das ehemalige Heilig-Geist-Spital auf und wurden 1907 abgebrochen.

2.3 Poliklinik der Universität

Pettenkoferstraße 8a

Der 1910 fertig gestellte monumentale Neubau der Poliklinik südlich der Spitalkirche St. Elisabeth ersetzte das Reisingerianum in der Sonnenstraße. Architekten der Anlage waren Ludwig von Stempel und Theodor Kollmann. Die Klinik enthielt Abteilungen für verschiedene medizinische Bereiche. Die 130 m lange Hauptfassade zur Pettenkoferstraße ist gegliedert durch Risalite und erhielt reichen dekorativen Schmuck des Bildhauers Julius Seidler. Auf dem Relief über dem Hauptportal im Bild rechts ist Herakles dargestellt im Kampf mit der Hydra als Symbol für den Kampf der Medizin mit den unheilvollen Krankheiten. Im Inneren ein prunkvolles Treppenhaus.

2.4 Augenklinik

Auf beiden Seiten der Elisabethkirche entstanden nach dem Abriss des Spitals Kliniken: nördlich die Augenklinik nach einem Entwurf von Ludwig von Stempel. Vom Bauteil an der Mathildenstraße geht der Hauptteil der Klinik in Richtung Westen und schließt einen großen Innenhof gemeinsam mit der südlich gelegenen Poliklinik ab. Das medizinische Konzept stammt vom Augenarzt Oscar Eversbusch, die Klinik galt damals als weltweit modernste Einrichtung.

Reisingerianum

Sonnenstraße 16

Der Mediziner Franz Reisinger war Professor an der Universität in Landshut, hier gründete er auch eine Poliklinik. Nach seiner Emeritierung arbeitete er als Wundarzt in Augsburg und starb 1855 an der Cholera. Da er sich mit dem Augsburger Stadtrat zerstritten hatte, vermachte er sein großes Vermögen der Ludwig-Maximilians-Universität in München. Mit diesen Mitteln wurde 1863 das Reisingerianum an der Sonnenstraße errichtet, eine Poliklinik, die v.a. auch zur Ausbildung der praktischen Ärzte diente und seit 1910 als Hebammenschule verwendet wurde.

Max von Pettenkofer

Max von Pettenkofer

Forschungen

Max Pettenkofer (1818–1901) war ein Bauernkind aus Lichtenheim bei Neuburg an der Donau und konnte mit Unterstützung seines Onkels Franz Xaver, der in München als Hofapotheker tätig war, das Münchner Wilhelmsgymnasium besuchen. Schon während seines Studiums der Naturwissenschaften, Pharmazie, Medizin und Chemie war er als Apotheker-Lehrling bei seinem Onkel, nach weiteren Studien erhielt er 1843 einen Doktortitel der Medizin und seine Approbation als Apotheker. Nach einem kurzen Ausflug in die Theaterwelt als Schauspieler Tenkof kehrte er nach München zurück und bekam schließlich 1844 einen Studienplatz im Laboratorium des Chemikers Justus von Liebig in Gießen, eine Anstellung erhielt er aber nicht, daher kehrte er zurück nach München und arbeitete zunächst im Bayerischen Hauptmünzamt als Chemiker. Maßgeblich beteiligt war Pettenkofer an der Berufung von Justus von Liebig auf einen Lehrstuhl an der Universität, er selbst erhielt ebenfalls 1852 einen Professorentitel für Hygiene. Pettenkofer beschäftigte sich als Mediziner und Chemiker mit den verschiedensten Aufgaben und Forschungen: Gasbeleuchtung, Zement, Kupfer-Amalgam für Zahnfüllungen, Fleischextrakt und vieles andere.

Seuchennest München

München hat drei schwere Cholera-Epidemien erlebt: 1836, 1854 und Mitte der 1870er Jahre, dazu noch mehrere Typhus-Epidemien. Noch 1854 gab es keinerlei wissenschaftliche Erkenntnisse über die Verbreitung und wirksame Gegenmittel, oft wurde die massenhafte Übertragung erst durch die vermeintliche Abwehr befördert, beispielsweise durch die kirchlichen Prozessionen und Bittgottesdienste. Der Ausbruch der Cholera 1854 traf die Stadt empfindlich während der Industrieausstellung im Glaspalast, vermutlich gehörten die Ausstellungs-Wärter zu den ersten, die sich infiziert hatten, nach wenigen Tagen war der Glaspalast leer. Wer es sich leisten konnte, verließ die Stadt.

Die Seuche war schon für beendet erklärt worden, fast 3.000 Personen waren verstorben, als auch noch die Königinmutter Therese, die Gattin von König Ludwig I. verstarb. Jetzt war auch dem wittelsbacher Hof und dem Stadtmagistrat klar, dass konkrete Maßnahmen beschlossen werden mussten. Mitte des Jahrhunderts war München als „Seuchennest" verrufen, Fachleute warnten vor der schlechten Luft, dem unhygienischen Trinkwasser und dem miserablen Zustand der Entsorgung, nachweisbar waren auch die Sterberaten im Vergleich zu anderen Städten außerordentlich hoch.

Der Kampf gegen die Cholera

Schon seit den 1840er Jahren setzte sich Pettenkofer mit der Cholera auseinander, 1836/37 hatte München die erste Cholera-Epidemie erlebt, mehr als 900 Erkrankte starben. Ursachen und wirksame Gegenmittel waren unbekannt. Als 1854 die nächste Cholera-Epidemie grassierte, unternahm er umfangreiche Recherchen vor Ort, er untersuchte die Wohnungen der Erkrankten und deren Lebensumstände und entwickelte daraus seine Bodentheorie. Ursache für die Verbreitung waren seiner Meinung nach die schlechten Bodenverhältnisse, die Entnahme von Trinkwasser aus Grundwasserbrunnen und gleichzeitig die unkontrollierte Entsorgung in den Untergrund. Er ließ in einem Stadtplan die Wohnorte der verstorbenen eintragen um seine Theorie zu bestätigen und daraus die notwendigen Konsequenzen zu fordern. Hauptziel war eine Verbesserung der Hygiene in der Stadt.

Arnold Zenetti

Pettenkofer als Begründer der modernen Hygienik

Als Konsequenzen seiner Bodentheorie und als Ursache für die Verbreitung der Cholera und anderer Epidemien forderte Pettenkofer v.a. drei Maßnahmen: eine neue Versorgung mit sauberem Trinkwasser, ein neues System der Abwasserentsorgung und einen neuen Vieh- und Schlachthof. Über 600 Schlachtstätten der Wirte und Metzger gab es im gesamten Stadtgebiet, deren Schlachtabfälle kaum kontrolliert entsorgt wurden.

Mit unermüdlichem Eifer, zahlreichen Publikationen und Vorträgen versuchte Pettenkofer die amtlichen Stellen aber auch die Bürger zu informieren und von den notwendigen Maßnahmen zu überzeugen. Es dauerte aber Jahrzehnte, bis diese unter Bürgermeister Alois von Erhardt umgesetzt werden konnten. Mit erheblichen Mitteln der Stadt konnte schließlich 1878 ein neuer Vieh- und Schlachthof als zentrale Schlachtstätte unter städtischer Aufsicht an der Tumblingerstraße eröffnet werden, 1880 begann man eine neue leistungsfähige Kanalisation einzurichten und 1883 konnte die neue Wasserversorgung mit Quellwasser aus dem Mangfalltal mit einem Springbrunnen auf dem Sendlinger-Tor-Platz gefeiert werden. Wesentlichen Anteil an den Planungen hatte der Architekt und Stadtbaurat Arnold Zenetti.

Die Verbesserung der hygienischen Situation auch für die einzelnen Bürger war die Voraussetzung für die Entwicklung Münchens zur Großstadt. Höhepunkt der Maßnahmen auf dem Weg zu einer „Gesunden Stadt" war die Eröffnung des Karl Müllerschen Volksbads 1901.

Hygienisches Institut, um 1910

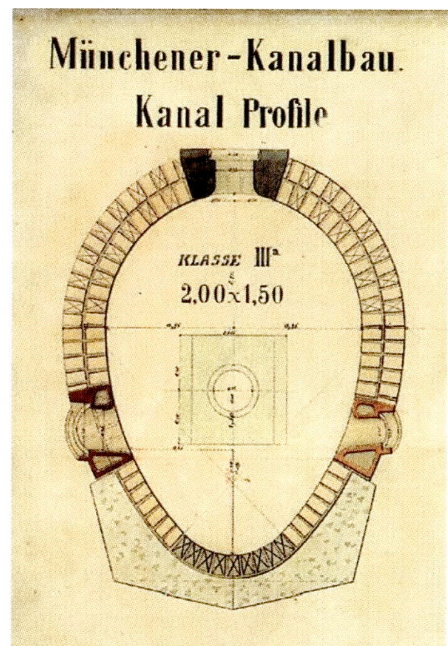

2.5 Pettenkofer-Institut

Für seine Forschungen erhielt Pettenkofer 1879 ein eigenes Gebäude an der Ecke Paul-Heyse-/Pettenkoferstraße, das weltweit erste Hygiene-Institut, das am 13. Juli 1944 im Luftkrieg zerstört wurde. Hier fand auch der Selbstversuch Pettenkofers statt. In direkter Nachbarschaft zur Chirurgischen Klinik wurde als erster Neubau der medizinischen Fakultät nach Kriegsende 1961 das Max-von-Pettenkofer-Institut errichtet, Architekt: Paul Löwenhauser, die Figur der griechischen Göttin Hygieia stammt von Franz Mikorey.

2.6 Gebäranstalt

Sonnenstraße 17
Im Auftrag der Stadt wurde das Gebärhaus in den Jahren 1853–56 nach einem Entwurf von Friedrich Bürklein von Stadtbaurat Arnold Zenetti errichtet, davor gab es entsprechende Abteilungen im Heilig-Geist-Spital. 1884 ging das Gebäude und die Einrichtung in Staatsbesitz über und wurde zur Frauenklinik der Universität. Verbunden damit war auch eine Erweiterung der Aufgaben von einer reinen Geburtsklinik zu einer Frauenklinik mit Gynäkologie, operativer Geburtshilfe und seit 1907 auch mit einer staatlichen Hebammenschule. Mitte des 19. Jahrhunderts kam fast die Hälfte der Kinder im Raum München unehelich zur Welt, oft waren die Mütter damit überfordert. In der Frauengebäranstalt konnten sie betreut von Hebammen und Ärzten ihre Kinder zur Welt bringen. Nach 1900 war jedoch die Klinik den steigenden Anforderungen nicht mehr gewachsen, es mehrte sich Kritik an den hygienischen Verhältnissen. Als Ersatz entstand die neue Frauenklinik an der Maistraße.

Gebäranstalt, um 1860

2.6 Postscheckamt – Isarklinik

Nach der Auflassung der Frauenklinik wurde das Gebäude an der Sonnenstraße an die Reichspost verkauft, die es durch die Architekten der Postbauschule unter Robert Vorhoelzer 1920–22 zu einem Postscheckamt umbauen ließ, Teile der Fassade wurden verändert sowie die gesamte Innendisposition. Nachdem das Gebäude für kurze Zeit von der Telekom genutzt wurde ist es seit 2008 Teil der von Prof. Eckhard Alt gegründeten Isarklinik mit ca. 240 Betten (zunächst bis 2014: Isar Medizin Zentrum).

2.7 Alte Anatomie

Als zweites Gebäude für die Belange der Medizin nach dem Allgemeinen Krankenhaus wurde ein Anatomiegebäude 1825 an der heutigen Ecke Schiller-/Pettenkoferstraße errichtet. Vertreter der Akademie der Wissenschaften hatten sich „lebhaft" dafür eingesetzt, ein „anatomisches Theater und bequemes Zergliederungshaus nächst dem Krankenhaus" zu bauen. Der Architekt Leo von Klenze erstellte die Planung, in Betrieb blieb das Gebäude bis 1908 und wurde danach als Gerichtsmedizinisches Institut genutzt. 1944 wurde es zerstört.

Isarklinik, 2022

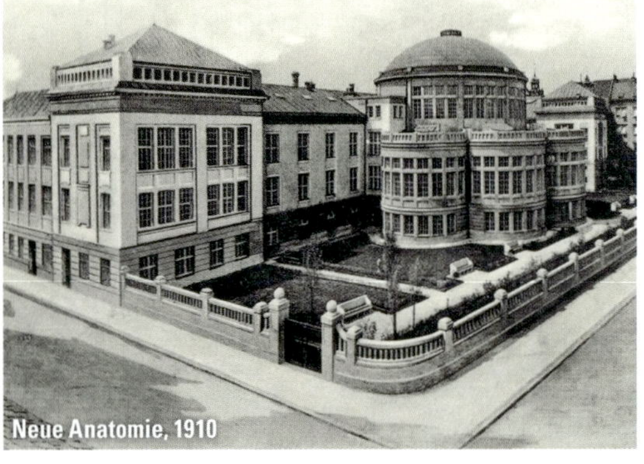

Neue Anatomie, 1910

2.8 Anatomische Anstalt

Für den wachsenden Lehr- und Forschungsbetrieb der medizinischen Fakultät wurde 1902–08 ein neues Anatomiegebäude erstellt. Das inhaltliche Konzept stammte vom Anatomieprof. Johannes Rückert, Architekt war Max Littmann. Prägender Bauteil ist der überkuppelte hohe Präpariersaal, der von fünf weiteren, chorartigen Präparierräumen umgeben wird. Das Gebäude ist einer der ersten Eisenbetonbauten in München, die Kuppel mit 22m Durchmesser hat eine Schalenstärke von nur 10 cm. Im Erdgeschoß besteht auch heute noch die anatomische Schausammlung.

Psychiatrische Klinik, 1904

2.9 Psychiatrische Klinik

Nußbaumstraße 7

Für die Behandlung bzw. Bewahrung psychisch Kranker stand seit 1803 das Giesinger Tollhaus am heutigen Kolumbusplatz zur Verfügung, erst 1859 war die Kreisirrenanstalt in der Hochau fertig. Zur Ausbildung der angehenden Ärzte und für die Forschung an dem 1864 eingerichteten Lehrstuhl für Psychiatrie entstand 1902–04 das Gebäude der Psychiatrischen Klinik. Der Neubau wurde vom Direktor der Kreisirrenanstalt Prof. Anton Bumm konzipiert, der seit 1897 Ordinarius für Psychiatrie an der Universität war. Der Entwurf stammt von Max Littmann, Bauunternehmer war Heilmann & Littmann, die Klinik entsprach den modernsten Anforderungen.

Vom repräsentativen Hauptbau an der Nußbaumstraße führten drei Flügel in den Patientengarten, im Mittelbau war eine Poliklinik untergebracht, darüber ein Hörsaal und die Verwaltung, im rückwärtigen Gebäude Studien- und Wirtschaftsräume, die Seitenflügel beinhalteten jeweils die Frauen- und Männerabteilungen. Nach Stockwerken wurden die „ruhigen und unruhigen" Kranken getrennt. Ursprünglich berechnet auf 100 Betten nahm der Bau bereits 1928 270 Kranke auf. Noch vor der Einweihung starb Anton Bumm, sein Nachfolger wurde Emil von Kraepelin. 115ol, 115or,

Psychiatrische Klinik, 2019

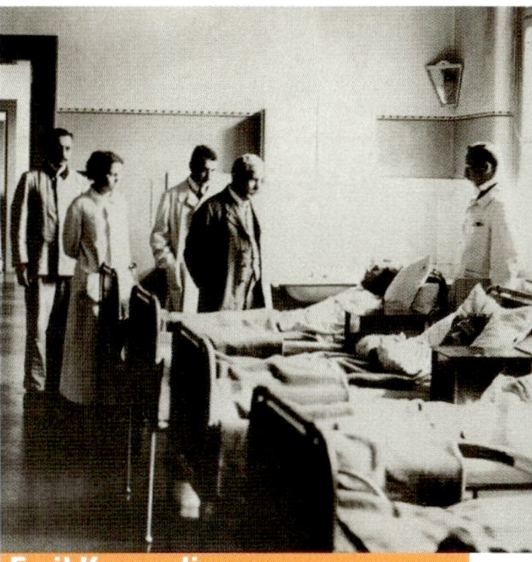

Emil Kraepelin

Nachfolger von Anton Bumm wurde 1903 der Psychiater Emil Kraepelin (1856–1926). Unter seiner Leitung wurde die Psychiatrische Klinik zu einem international beachteten psychiatrischen Zentrum. Auf Kraepelin gehen bedeutende Entwicklungen in der wissenschaftlichen Psychiatrie zurück. U.a. führte er die Grundlagen des modernen Systems der Klassifizierung psychischer Störungen ein und betrieb wichtige Forschungen zur Psychopharmakologie.

Psychiatrische Klinik, Bibliothek, 2019

Alois Alzheimer

Alzheimer (1864–1915) stammte aus Marktbreit in Unterfranken, hatte in Würzburg und Tübingen studiert und wurde nach mehreren anderen Stellen Assistent bei Emil Kraepelin in Heidelberg. Mit Kraepelin kam Alzheimer nach München. Nach dem Tod der von ihm in Frankfurt betreuten Demenz-Patientin Auguste Deter untersuchte er in München deren Gehirn und entdeckte auch bei anderen verstorbenen Demenz-Kranken auffällige Veränderungen der Hirnrinde, die heute als Symptome der Alzheimer-Krankheit gelten. (Erinnerungstafel am Wohnhaus Rückertstraße 1).

Brakls Kunsthaus, 1917

2.10 Brakls Kunsthaus

Beethovenplatz 1, Lessingstraße 2
Das Haus wurde 1909 nach einer Planung des Architekten Emanuel von Seidl für den Kunstsammler Franz Josef Brakl (1854–1935) als Wohnhaus gebaut, 1913 entstand die Kunstgalerie. Nach seiner Tätigkeit als Sänger (1878–1898) und Direktor (1898/99) des Gärtnerplatztheaters war Brakl einer der wichtigsten Galeristen der Moderne in München. Das Gebäude galt als eine der schönsten Kunsthandlungen Deutschlands und war schon zur Erbauungszeit mit Zentralheizung, elektrischer Beleuchtung und Aufzügen für Personen und die Kunstwerke ausgestattet. Hier stellte Brakl zunächst zusammen mit Heinrich Thannhauser moderne Kunst aus, v.a. die Münchner Maler der Künstlervereinigung „Die Scholle".

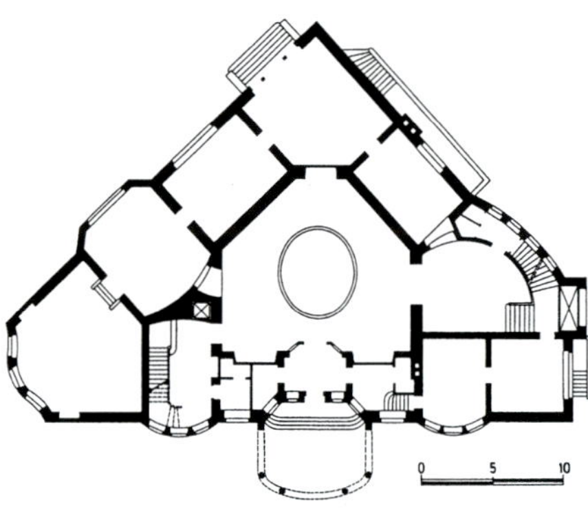

2.10 Institut Geschichte der Medizin

Nach dem Ersten Weltkrieg musste Brakl aufgrund der schlechten Wirtschaftslage die Galerieräume in das Wohnhaus verlegen. Ein Umbau des Galeriegebäudes durch den Architekten Theodor Fischer in ein Versteigerungshaus kam nicht zur Ausführung. 1930 erwarb die amerikanische Ärztin Norchhoff-Jung beide Gebäude für die Universität, die hier nach geringen Umbauten durch Theodor Fischer die medizinische Fachbibliothek und 1939 im ehemaligen Wohnhaus das Institut für Geschichte der Medizin einrichtete. An die frühere Nutzung des Gebäudes als Kunstgalerie erinnern noch zwei Plastiken des Malers und Bildhauers Fritz Gärtner (1882–1958), den Brakl in seiner Galerie ausstellte: ein Relief mit Schnitterinnen und Schnittern an der Fassade des Hauses und die Figur einer Bäuerin von 1911 im Vorgarten. 2010–2013 wurde das Gebäude durch das Staatliche Bauamt München 2 vorbildlich restauriert.

Der Bildhauer Ingram Spengler hat 1934 zwei Figurengruppen für den Haupteingang gestaltet, die Szenen aus dem Märchen *Rotkäppchen und der gestiefelte Kater* darstellen, sie stehen heute vor dem Eingang zum Tiefparterre des Erweiterungsbaus von 1967/76.

2.11 Haunersches Kinderspital

August Hauner (1811–1884) kam 1845 nach München und arbeitete als städtischer Armenarzt. 1846 eröffnete er eine private Klinik für Kinder in einer Mietwohnung in der Sonnenstraße 27, die er mit privaten Mitteln und Spenden betrieb – eines der ersten Kinderkrankenhäuser in Deutschland, seit 1849 in der Jägerstraße 9. Für Hauner bedeutete das Krankenhaus nicht nur Heilstätte für die Kinder, sondern auch Beratung für die Mütter zu einer richtigen Ernährung und Kinderpflege. Hauner setzte sich speziell auch für naturgemäße Heilmethoden ein und für die Anwendung der Pockenschutzimpfung.

Sein ehrgeiziges Ziel war der Bau einer öffentlichen Kinderklinik. Mithilfe zahlreicher Mäzene gelang schließlich die Finanzierung. Der vom Architekten Arnold Zenetti geplante Bau konnte im März 1882 an der Lindwurmstraße am Goetheplatz eröffnet werden. August von Hauner, dem 1858 der persönliche Adel verliehen worden war, starb nur zwei Jahre nach der Eröffnung, die Klinik wurde nach ihm von seinem Schwiegersohn Alfred von Halm geleitet und 1886 vom bayerischen Staat als Universitätsklinik übernommen. 1909 erhielt das Haunersche Kinderspital Anbauten an der Goethestraße, bis in die 1930er Jahre folgten mehrere Erweiterungen. Der Flügel an der Goethestraße wurde nach der Zerstörung im Zweiten Weltkrieg wieder aufgebaut.

2.12 Zahnklinik

Goethestraße 70. Das Gebäude der Zahnklinik wurde nach dem Zweiten Weltkrieg an der Goethestraße neu eingerichtet im Bau der 1895 hier errichteten Taubstummenanstalt. Das Gebäude war 1945 stark zerstört, nur wenige Bauteile konnten für den Neubau der Jahre 1946–59 verwendet werden. Den Wiederaufbau bzw. Neubau plante der Architekt Franz Ruf, jüngerer Bruder von Sep Ruf. Der Nordflügel wurde 1985/87 erneuert und die gesamte Klinik 2007 modernisiert.

2.13 Frauenklinik Maistraße

Zwischen 1913 und 1916 wurde an der Stelle des ehemaligen Gaswerks an der Maistraße die neue Frauenklinik erbaut. Die Räumung des Geländes war sehr aufwändig. Architekt des Neubaus war Theodor Kollmann (1873–1965). Treibende Kraft für den Neubau war der Gynäkologe und Geburtshelfer Prof. Albert Gustav Döderlein (1860–1941). Neben den zeitgemäßen Anforderung an das Klinikgebäude selbst wurden auch die Anforderungen der universitären Ausbildung wie Hörsaal, Bibliothek, ein Wohnhaus für den Klinikleiter, die Unterbringung der Schwestern, eine Kirche sowie ein erholsamer Garten eingeplant. Aufgrund der innerstädtischen Lage der Klinik wurden die meisten Kranken-, Behandlungs- und Unterrichtsräume rund um den großen Gartenhof angelegt. Die Hebammenschule schließt sich direkt im Norden an.

Ehemalige Frauenklinik, Innenhof, 2019

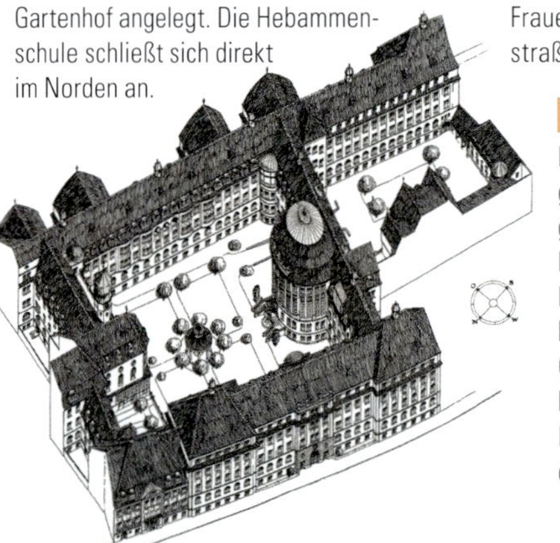

Die Frauenklinik war für über 2.000 Geburten jährlich ausgelegt und hatte noch zusätzlich 100 Betten für die gynäkologische Abteilung, sowie Unterrichtsräume und einen Hörsaal für rund 500 Studierende. Ende Juni 2021 fand die letzte Geburt in der Maistraße statt. Nach über hundert Jahren und mehr als 200.000 Geburten zog die Frauenklinik um in das neue Klinikum Innenstadt in der Ziemssenstraße und die Gynäkologie nach Großhadern.

Hebammenschule

Die Hebammenschule, gegründet bereits 1777, gehörte zu den ältesten Hebammenschulen in Deutschland. Seit 1919 hatte sie ihren Sitz im Gebäude der Frauenklinik an der Maistraße. Im September 2021 ging diese Ära hier zu Ende.

2.14 Pathologisches Institut

Thalkirchner Straße 36

Als letzter medizinischer Bau auf dem Gelände des ehemaligen Gaswerks entstand 1928–30 nach einem Entwurf des Architekten Theodor Kollmann das Pathologische Institut der Universität als dreiflügelige Anlage mit einer eindrucksvollen Hauptfront zur Winckelstraße. Im Innenhof ist ein polygonaler Vorbau, der im Erdgeschoß den Sektionssaal und im Obergeschoß den histologischen Kurssaal enthält. Der Bau hatte nur geringe Schäden im Weltkrieg und ist weitgehend original erhalten, auch die Inneneinrichtung mit der Bibliothek. Der Innenhof enthält auch noch nach Norden hin das ehemalige Stallgebäude für Versuchstiere. Über den Doppelsäulen der Eingangsfront sind acht Portraitplastiken bedeutender Pathologen nach Modellen des Bildhauers Bernhard Bleeker aufgereiht: von links nach rechts: Francis Bacon of Virulam, William Harvey, Albrecht von Haller, Giovanni Battista Morgagni, Xavier Bichat, Theodor Schwann, Johannes Müller und zum Abschluss Rudolf Virchow.

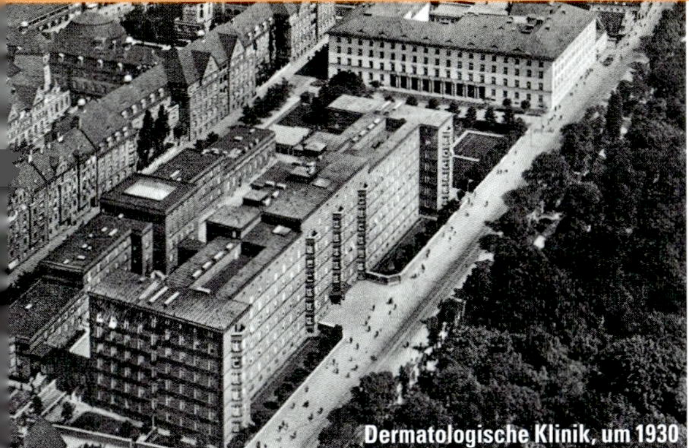
Dermatologische Klinik, um 1930

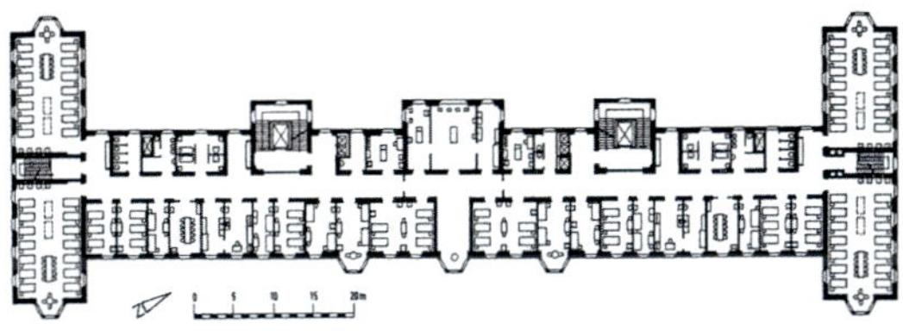

2.16 Dermatologische Klinik

Thalkirchner Straße 48
Auf dem Grundstück des aufgelassenen Gaswerks entstanden nach der Frauenklinik weitere medizinische Einrichtungen: die städtische Dermatologische Klinik direkt an der Thalkirchner Straße gegenüber dem Alten Südlichen Friedhof und parallel dazu an der Frauenlobstraße eine staatliche Klinik und Poliklinik für Dermatologie und Allergologie für die Ausbildung der Studierenden.

Initiator des Klinikbaus war der Dermatologe Leo von Zumbusch, seit 1913 Leiter der Universitäts-Poliklinik. Zumbusch war als Mitglied des Freikorps Epp 1919 an der Niederschlagung der Münchner Räterepublik beteiligt.

Architekten der Dermatologischen Klinik waren die städtischen Baubeamten Hans Grässel und Richard Schachner, der auch die Frauenklinik geplant hatte, hier aber einen weniger repräsentativen Baustil wählte, sondern eine moderne, effizientere Hochhausscheibe mit sieben Geschoßen plante. Der schmale, aber monumentale Bau ist ein gutes Beispiel für die gemäßigte Moderne im München der 1920er Jahre. Bauzeit 1926–28.

In den Jahren 1946–78 diente die Klinik mit 200 Betten auch als Ersatzeinrichtung für die Chirurgische Klinik an der Nußbaumstraße, die großenteils zerstört war.

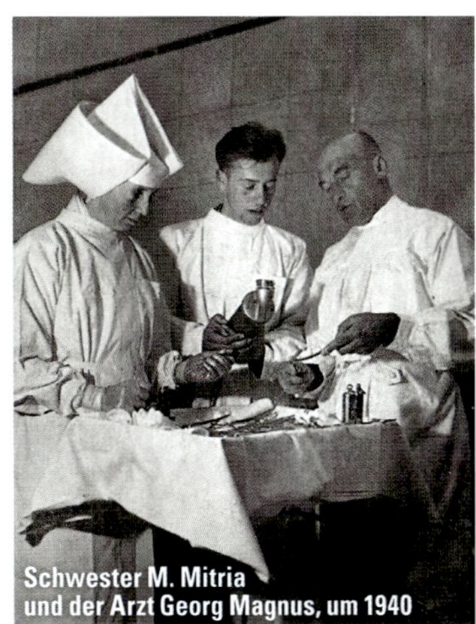
Schwester M. Mitria und der Arzt Georg Magnus, um 1940

Barmherzige Schwestern

1832 wurde Ignatia Katharina Jorth (1780–1845) vom Mutterhaus der Barmherzigen Schwestern in Zabern bei Straßburg nach München geholt, um die Pflege im Allgemeinen Krankenhaus aufzubauen. Es gab viel zu tun: Das Pflegepersonal war ohne jegliche Ausbildung, die hygienischen Zustände miserabel, die Zuwendung zu den Kranken erbärmlich. Tatkräftig führte sie Verbesserungen ein, wie z.B. ein neues Waschhaus, Infektionsschutz und Reinlichkeit, die Regelung von Besuchszeiten, besseres und warmes Essen. 1834 wurde sie die erste Generaloberin des neu gegründeten Mutterhauses der Barmherzigen Schwestern in München. Noch heute wirken die Barmherzigen Schwestern in München, sie betreiben die Berufsfachschule für Krankenpflege Maria Regina in der Thalkirchnerstraße, die Maria-Theresia-Klinik am Bavariaring, Altenheime – und die Adelholzener Alpenquelle.

Franz Xaver von Häberl

* 1759 Erlkam bei Holzkirchen, † 1846 Bayerdießen. Bedeutendster Arzt in München um 1800. Studium in München und Ingolstadt. Publikation zur „Verbesserung von Krankenhäusern". Zusammen mit Simon Häberl, einem entfernten Verwandten Planung des Allgemeinen Krankenhauses und ab 1813 bis 1824 dessen erster Direktor. Einführung eines Ventilationssystems zur Belüftung der Krankensäle, einer Heizung und von Spülklosetts.
Alter Südl. Friedh.: ML 233

Franz Joseph von Lindwurm

* 1824 Würzburg, † 1874 München. Internist und Dermatologe. Studium an mehreren europ. Universitäten. 1859 Leiter der III. Medizinischen Abteilung (für Syphiliskranke und Krätzkranke) des Allgemeinen Krankenhauses und 1865 Direktor. 1863 Professur. Lindwurm beschäftigte sich mit der Erforschung von Typhus und Herzleiden, Syphilis, Hautkrankheiten.
Alter Südl. Friedh.: ML 5-1-38

Philip Franz Nepomuk von Walther

* 1782 Burrweiler/Reinland-Pfalz, † 1849 München. Chirurg. 1804 Professor für Physiologie und Chirurgie an der Universität Landshut, 1818 in Bonn, ab 1830 Lehrstuhl für Chirurgie und Augenheilkunde an der Universität München. Leibarzt von König Ludwig I., seinerzeit einer der bedeutendsten und einflussreichsten Ärzte in Bayern.
Alter Südl. Friedh.: N A 167

Johann Nepomuk von Nußbaum

* 1829 Haidhausen, † 1890 München. Chirurg und Hochschullehrer. 1849 Studium der Medizin an der Universität München. 1857 Privatdozent für Chirurgie und Augenheilkunde. 1860 bis 1890 Ordinarius für Chirurgie. Spezialist für Kinderchirurgie und plastische Chirurgie und in der operativen Versorgung von Kriegsverletzungen. Einer der beliebtesten Chirurg im 19. Jahrhundert.
Alter Südl. Friedh.: Mr Sp. 13

Max von Pettenkofer

* 1818 Lichtenheim, † 1901 München. Arzt und Apotheker, weltbekannter Hygieniker. Erforschung der Ursachen der Cholera, Befürworter einer Sanierung der städtischen Infrastruktur. Auf ihn gehen der Ausbau der Kanalisation, die neue Wasserversorgung aus dem Mangfalltal und die Einrichtung des Schlachthofs zurück. 1865 Einrichtung des weltweit ersten Lehrstuhls für Hygiene, 1879 weltweit erstes Hygieneinstitut.
Alter Südl. Friedh.: 31-1-21

Franz Reisinger

* 1787 Koblenz, † 1855 Augsburg. Chirurg. Studium in Landshut, Würzburg und Göttingen. 1819–1824 Professor für Chirurgie an der Universität Landshut. 1820 Einrichtung der ersten chirurgischen Poliklinik an der Ludwig-Maximilians-Universität. 1831–1855 Direktor des Allgemeinen Krankenhauses in Augsburg. Mit seinem Vermächtnis von 300.000 Gulden legte er den Grundstein für den Bau der Poliklinik, dem nach ihm benannten Reisingerianum.

Johann Nepomuk v. Ringseis

* 1795 Schwarzhofen, † 1880 München. Internist. Medizinstudium in Landshut. Mitglied des Romantikerkreises um Carl von Savigny, Bettina und Clemens von Brentano. 1817–1824 Ärztlicher Reisebegleiter des Kronprinzen Ludwig. Einfluss auf die Entwicklung der bayerischen Landesuniversität und die Besetzungen der Lehrstühle der medizinischen Fakultät. 1817 Oberarzt am Allgemeinen Krankenhaus. 1824 o. Professor.

August von Rothmund

* 1830 in Volkach, † 1906 München. Augenarzt. 1856 Direktor der chirurgischen Poliklinik in München. Von 1863–1900 Direktor der Augenklinik. Alter Südl. Friedh.: 31-1-34

Friedrich Bezold

* 1842 Rothenburg ob der Tauber, † 1908 München. Augenarzt und Spezialist für Ohrenheilkunde. Studium in München, Erlangen, Würzburg und Wien. 1878 Leitung des otiatrischen Ambulatoriums der LMU. 1885 außerordentlicher und 1906 ord. Professor. Zahlreiche Schriften auf dem Gebiet der Ohrenheilkunde. Verdienste um die Ausbildung der Taubstummenlehrer. Denkmal im Nußbaumpark

Franz von Winckel

* 1837 Berleburg/Westfalen, † 1911 München. Gynäkologe. 1864–1872 Professor für Gynäkologie und Gerichtsmedizin in Rostock, danach Direktor der Entbindungsanstalt in Dresden, seit 1882 Vorstand der Frauenklinik an der Sonnenstraße und der Hebammenschule in München. Herausgeber des Handbuchs für Geburtshilfe. Grab im Nordfriedhof.

Hugo Wilhelm von Ziemssen

* 1829 Greifswald, † 1902 München. Mediziner. Internist, Hochschullehrer, Kgl. Geheimrat. Ausbildung bei Rudolf Virchow, H. Haeser und F. Niemeyer. 1863 Lehrstuhl für spezielle Pathologie und Therapie in Erlangen. 1874 Direktor des Allgemeinen Krankenhauses, mehrfach Dekan der medizinischen Fakultät, 1878 Einrichtung des Medizinisch-Klinischen Instituts als erster Einrichtung dieser Art in Deutschland.
Alter Südl. Friedh.: 9-8-52

Ernst von Grossi

* 1782 Passau, † 1829 München. Mediziner und Hochschullehrer, Studium in Passau und Wien, Arzt am Passauer Krankenhaus. Professur in Salzburg und 1809 an der chirurgischen Schule in München, 1817 Obermedizinalrat. Mitglied der Bayerischen Akademie der Wissenschaften. 1831 Denkmal zu seinen Ehren im Nußbaumpark, angeregt von seinen Schülern.

2.28 Altenheim Mathildenstift

Mathildenstraße 3

Mit dem Bau des Klosterspitals der Elisabethinerinnen 1760 an der heutigen Mathildenstraße begann dieser Bereich auch zu einem Zentrum für Einrichtungen der Wohlfahrtspflege zu werden. 1823 wurde das Spital von der Heilig-Geist-Kirche in der Altstadt hierher verlegt. Viele medizinische und soziale Einrichtungen folgten.

Auf dem gegenüberliegenden freien Grundstück bis zur Frauenklinik an der Sonnenstraße hin ließ die Stadt München 1881/82 einen ersten Bauabschnitt für ein städtisches Altersheim errichten. Die Planung stammte vom Leiter des städtischen Bauamts Friedrich Löwel. Diesem heute nördlichen Bauteil fügte der Architekt Hans Grässel nach Süden hin schon 1895/96 Erweiterungen an, die damit auch einen Schmuckhof zur Mathildenstraße bilden. In der Gestaltung der Fassaden unterscheiden sich die beiden kurz hintereinander entstandenen Bauteile: der Bau von Löwel wirkt eher geschlossen und wehrhaft mit seinem zweigeschoßigen Rustikasockel, der Grässel-Bau ist im Stil der sogen. deutschen Neorenaissance gestaltet, gegliedert durch flache zweigeschoßige Erker, über dem Haupteingang entwickelt sich ein Volutengiebel.

Die innere Raumstruktur bestand ursprünglich aus Einzelzimmern, 1996/97 wurden die Räume in kleine Wohnungen umgewandelt.

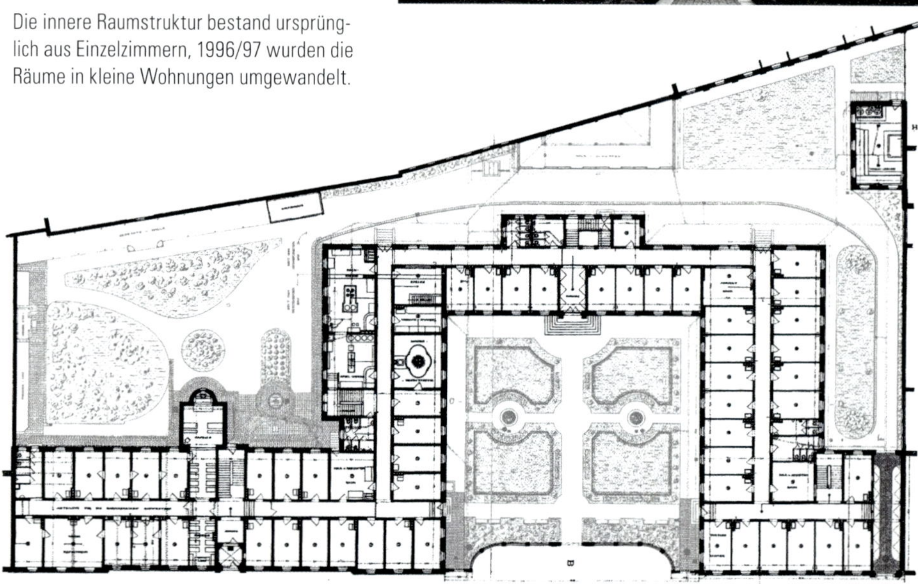

2.29 Mathilden-Saal/Wichern-Haus

Landwehrstraße/Mathildenstraße
Gustav Seiler, Vikar an der evangelischen St. Matthäuskirche leitete eine Gruppe von evangelischen Handwerksmeistern und Gesellen, aus der sich 1848 der „Evangelische Handwerkerverein" gebildet hat. Ziel des Vereins war „christliche Sitte und Leben" unter den Handwerkern zu fördern, Vorbild für die Einrichtung war das Engagement des Theologogen und Sozialpädagogen Johann Hinrich Wichern, der als Begründer der Inneren Mission der evangelischen Kirche gilt (und übrigens auch den Adventskranz erfunden hat).

Der Münchner Handwerker-Verein hatte prominente Unterstützer u.a. auch aus dem königlichen Haus, die Gattinnen der ersten bayerischen Könige waren alle protestantisch. 1870 konnte das Haus in der Landwehrstraße 13 als „Herberge zur Heimat" eingeweiht werden. Es diente als Unterkunft für die (meist) umherziehenden Handwerksgesellen. Im Folgejahr gab es bereits 500 Übernachtungen, die Zahl stieg bis 1874 auf weit über 7.000. Der Handwerker-Verein erhielt großen Zulauf, es wurden viele weitere Abteilungen gegründet. Aus dem Handwerker-Verein heraus entstanden mehrere evangelische Einrichtungen: Diakonissenanstalt München (1867), Evangelischer Waisenhausverein (1873) und 1886 der Christliche Verein Junger Männer (CVJM). 1890 wurde das benachbarte Haus Mathildenstraße 4 angekauft und u.a. mit einem großen Saal ergänzt. 1944/45 wurden sämtliche Gebäude an der Landwehr- und Mathildenstraße zerstört. Heute gibt es am „Evangelischen Eck" das Wichern-Haus für Auszubildende, das Veranstaltungszentrum des Handwerker-Vereins mit einem neuen Mathildensaal (Architekt: Georg Küttinger), das Beratungszentrum des Evang.-Luth. Dekanatsbezirks München und nebenan das Hostel des CVJM.

2 Sendlinger-Tor-Platz

Sendlinger-Tor-Platz, Entwurf 1806

Sendlinger-Tor-Platz, 1885

Sendlinger-Tor-Platz, 2019

Ein neuer Zugang zur Stadt

Der Zugang zur Stadt von Süden über die Sendlinger Landstraße und das Sendlinger Tor gehört über die Jahrhunderte zu den wenigen und besonders geschützten Eingängen durch die Stadtmauer. Nach dem Beginn der Entfestigungen kurz vor 1800 wird auch der Bereich vor dem erhalten gebliebenen Sendlinger Tor zu den meistdiskutierten Orten für eine Neugestaltung. Im Bild links ein Vorschlag des Architekten Franz von Thurn von 1806 mit mehrgeschoßigen Bauten entlang der ehemaligen Stadtmauern und einer kreisrunden Platzgestaltung.

Die Anlage des Allgemeinen Krankenhauses mit deutlichem Abstand zum Sendlinger Tor war bereits Grundlage für die Planungen des Landschaftsarchitekten Friedrich Ludwig von Sckell, der für die Sonnenstraße eine großzügige Grünanlage und begleitende einzelstehende Geschoßbauten vorsah und für den Platz vor dem Stadttor einen Halbkreis von Alleebäumen mit einer Öffnung zur Innenstadt. Der Platz bleibt bis 1870 ohne Begrünung, erst dann legte man ein Rondell mit Blumenbeeten an, in der Mitte ein Brunnen mit einer Fontäne, aus der 1883 das erste Wasser der neuen Wasserleitung aus dem Mangfalltal spritzte.

Die erhebliche Zunahme des Autoverkehrs bedingte neue Verkehrsführungen in den 1960er und 70er Jahren und einen Umbau des Platzes. Heute beschränken sich die Grünflächen auf zwei Bereiche am Rand, vor der St. Matthäuskirche wurde 1972 ein neuer Brunnen mit mehreren Fontänen nach einem Entwurf von Heiner Schumann angelegt, der 2011/12 saniert wurde.

Panorama vom Turm der Matthäuskirche, 1955

Bebauung

An die ursprüngliche halbrunde Bebauung erinnert nur noch der dreigeschoßige Bau an der Ecke zur Lindwurmstraße, alle anderen Bauten sind neueren Datums. Erhalten hat sich der großstädtische Bau direkt am Sendlinger Tor von 1913/14. Im sogen. Sendlingerblock ist auch einer der ersten großen und prächtigen Kinoräume erhalten, den der Filmpionier Carl Gabriel errichten ließ. Gegenüber steht die Blumenschule, ein Bau des Architekten August Voit d.J. von 1876/77 mit der damals üblichen aufwändigen Gestaltung im Stil der Neorenaissance nach einem Konzept von Stadtbaurat Arnold Zenetti. Nach Südosten erhielt die Schule einen Anbau nach Plänen von Carl Hocheder für zwei Turnräume.

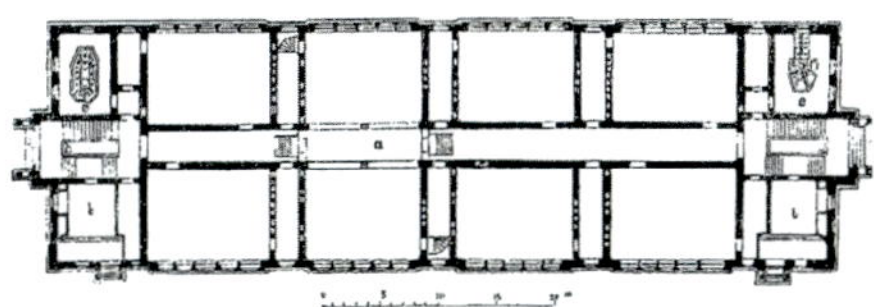

Stadträumlich wird der Platz heute vom Bau der Protestantischen Kirche St. Matthäus und ihrem 52 m hohen Turm bestimmt, der in den Jahren 1953/55 vom Architekten Gustav Gsenger errichtet wurde. Schon nach dem Abbruch der alten Matthäuskirche in der Sonnenstraße hatte es wohl Überlegungen gegeben, im Nußbaumpark eine neue Kirche zu errichten, der Kriegsbeginn hat weitere Planungen verhindert.

Der Baukörper der Kreissparkasse München-Starnberg von 1984/87 nach Plänen von Paolo Nestler (1920–2010) ersetzte teilweise erhaltene Bauten der Vorkriegszeit bzw. durch Umbauten veränderte Gebäude.

Senefelder-Haus

Im Haus Sendlinger-Tor-Platz 5 war am 26. Februar 1834 Aloys Senefelder (1771–1834) verstorben, der Erfinder der Lithographie. Mit dieser Erfindung konnten ab 1808 nicht nur die mehr als 20.000 Katasterkarten der Grundsteuer für den quasi bankrotten Staat gedruckt werden, die Lithographie hat auch das komplette Druckgewerbe revolutioniert. Zu Ehren von Senefelder wurde 1877 ein vom Maler Peter Herwegen entworfenes und vom Bildhauer Julius Zumbusch gestaltetes Denkmal in der kleinen Grünanlage vor dem Haus aufgestellt, das aber 1955 wegen der Verkehrsumplanungen auf den Marsplatz in der Maxvorstadt vor der ebenfalls nach ihm benannten Berufsschule versetzt wurde. Am Neubau Sendlinger-Tor-Platz 5 hat man die Gedenktafel des 1979 abgebrochenen Vorgängerbaus wieder angebracht.

2.30 St. Matthäuskirche

Nach dem nur vier Wochen zuvor befohlenen Abriss der Matthäuskirche in der Sonnenstraße wurde der protestantischen Gemeinde im Juni 1938 der Weiße Saal der ehemaligen Augustinerkirche in der Neuhauser Straße für die Gottesdienste zugeteilt. Der Architekt German Bestelmeyer hatte den Saal eingerichtet und im März 1939 auch eine Planung für einen repräsentativen Neubau einer protestantischen Bischofskirche vorgelegt, der im westlichen Bereich des Nußbaumparks ausgeführt werden sollte – durch den Kriegsausbruch wurden die Planungen nicht weiter verfolgt.

Nach dem Ende des Kriegs wurden bald Forderungen nach einem Neubau laut, der ehemalige Standort in der Sonnenstraße wurde jedoch von der Stadtverwaltung nicht unterstützt. Der Vorschlag von Bestelmeyer einer Situierung im Nußbaumpark wurde aufgegriffen, wenn auch der Neubau näher zum Sendlinger-Tor-Platz zu stehen kam. Beauftragt wurde nach einem Wettbewerb von 1947 der Architekt Gustav Gsaenger, Schüler des 1942 verstorbenen Bestelmeyer.
Gsaenger konzipierte einen mehrfach geschwungenen Baukörper mit fließenden Übergängen für die einzelnen Räume und Galerien, der sich gut in die komplexe Situation am Sendlinger-Tor-Platz einfügt und auch dessen ursprünglich runde Formen der Randbebauung aufnimmt. Durch die monumentalen, dynamisch geformten Wandhöhen und den 52 m hohen Turm beherrscht der moderne Kirchenbau den Platz. Nach außen zeichnen sich die Konstruktionselemente in Sichtbeton ab mit den dazwischen liegenden mehrfach geschwungenen Ausfachungen mit rot gefärbtem Putz.
Der 1953–55 errichtete Bau von Gsaenger wurde richtungsweisend für den modernen Kirchenbau in Bayern.

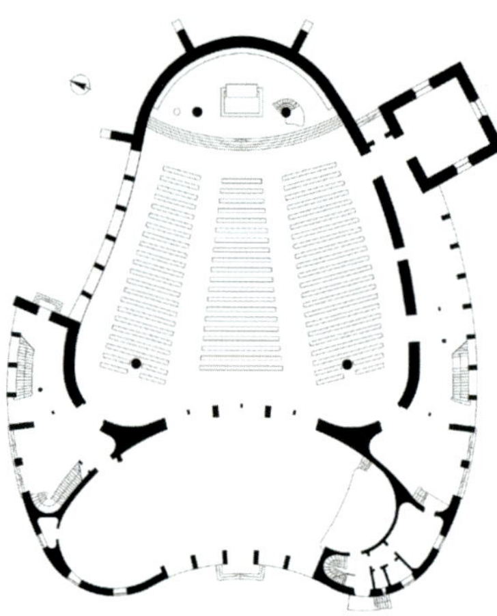

Protestantische Bischofskirche

Sowohl die ehemaligen theologischen Oberkonsistorialpräsidenten, wie auch der erste Kirchenpräsident und die folgenden Landesbischöfe der Evangelisch-Lutherischen Kirche in Bayern haben die Kirche St. Matthäus als ihre Hauptpredigtkirche genutzt.
Als zweite „Bischofskirche" gilt St. Lorenz in Nürnberg, da die Einführung eines neu gewählten Landesbischofs traditionell in Nürnberg gefeiert wird.

Protestantische Pfarrkirche St. Matthäus 2

Innenraum und Ausstattung

Der Gottesdienstraum ist auf den erhöhten Chorbereich ausgerichtet, zentrales Bildmotiv der Chorwand ist ein Mosaik der Künstlerin Angela Gsaenger (1929–2011), der Tochter des Architekten. Über dem Altar hängt ein großes Kruzifix des Ruhpoldinger Künstlers Andreas Schwarzkopf (1902–1991). Die Flachdecke wird getragen von sechs schlanken Säulen, die mit schwarzem Stuckputz verkleidet sind. Belichtet wird der hohe Raum in erster Linie seitlich von Norden durch raumhohe Verglasungen. Der Chorbereich wird durch eine künstliche Beleuchtung akzentuiert. Die Stufen des Chorbereichs, der Altar und die Kanzel sind aus Ruhpoldinger rotem Marmor.

Raumgefüge

An den zentralen, herzförmigen Hauptraum schließen sich mehrere gut belichtete Nebenräume an: nach rechts (im Bild oben) die Brauthalle zwischen dem Turm und der Sakristei, nach unten, Richtung Nußbaumpark der nierenförmige, hohe Gemeindesaal mit einer Empore und einer Bühne. Nach links in Richtung der Nußbaumstraße eine kleinere Vorhalle mit den Aufgängen zu den Emporen.

Sendlinger-Tor-Platz

Entwurfszeichnung , Gustav Gsenger, 1952

Gustav Gsaenger

1900–1989

Studium an der TH München, u.a. bei German Bestelmeyer. Bauten in München: u.a. Wohnbauten der Siedlung Neuhausen, 1932 Epiphaniaskirche in Allach-Untermenzing, 1938 Studierenden-Wohnanlage in der Notburgastraße, 1957 Wiederherstellung der Markuskirche, 1958 Gethsemanekirche, 1961 Bethlehemskirche, 1965 Dankeskirche in Milbertshofen. Zahlreiche Kirchenbauten in anderen Städten. Erweiterungsbau des Münchner Stadtmuseums im Rosenstal und Wiederaufbau des Klostertrakts der Theatinerkirche an der Weinstraße.

Erweiterung Stadtmuseum, Gustav Gsaenger, 1958

Denkmalschutz

Der Kirchenbau steht unter Denkmalschutz. Zur Sicherung des Bestands der Bischofskirche und zur Sanierung erheblicher baulicher und brandschutztechnischer Mängel wurden nach einer Planung des Büros PECK.DAAM Architekten und in Abstimmung mit dem Bayerischen Landesamt für Denkmalpflege und der Unteren Denkmalschutzbehörde der Landeshauptstadt München mehrere Maßnahmen durchgeführt: 1997–99 wurde der Glockenturm saniert, ab 2006 bis März 2010 wurde die Dachabdichtung erneuert und Türen und Treppen für den Brandschutz eingebaut.

2 Goetheplatz

Goetheplatz, um 1905

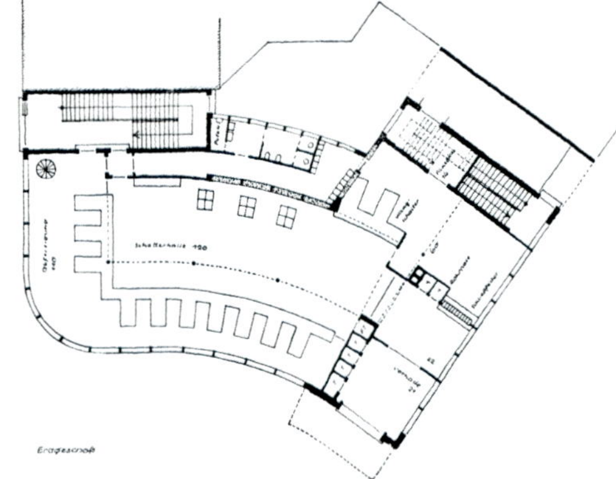

Goethepost, um 1930

2.31 Goethepost

Das Postgebäude am Goetheplatz ist das letzte Bauwerk einer Reihe von Postneubauten, die in den 1920er Jahren von der Oberpostdirektion in München errichtet wurden (u.a. Postämter in der Fraunhoferstraße, Tegernseer Landstraße, am Harras und das Paketpostamt an der Arnulfstraße). Sie gehören zu den bedeutendsten Bauten der Moderne in Bayern – das „Neue Bauen" war hier allerdings bald als Kulturbolschewismus verschrien. Der enge Standort am Goetheplatz, der auch verkehrstechnisch eine immer bedeutendere Rolle spielte, wird von der Lindwurmstraße und im spitzen Winkel von der Mozartstraße begrenzt, eine Anschlussbebauung war bereits vorhanden.

Die Architekten der Postbauschule Walther Schmidt und Franz Holzhammer unter der kollegialen Leitung von Robert Vorhoelzer hatten in frühen Skizzen ein Hochhaus an dieser Stelle vorgeschlagen aber schließlich ein Bauvolumen entwickelt, das mit einem eleganten Schwung der Fassade eine kreisförmige Idee für den Platz entwickeln sollte, die aber durch spätere Bauten und veränderte Straßenführungen nicht zur Verwirklichung kam. In den Jahren 1931/32 wurde der heute denkmalgeschützte Bau fertig gestellt.

Goetheplatz, 2017

Neben der Auseinandersetzung mit dem konkreten Ort waren für die Architekten der Postbauschule funktionale Erfordernisse und deren Umsetzung und Sichtbarmachung im Bauwerk von größter Bedeutung. Im Gegensatz zu der althergebrachten Vorstellung eines Amtes und der Beziehung zwischen Amtsinhabern, den Beamten und den Bürgern stellen die Postbauten der 1920er Jahre das „Amt" als Dienstleister und die Nutzer als „Kunden" dar. Daher verschanzen sich die Postbeamten nicht mehr hinter verschlossenen Schaltern, sondern bieten ohne Barrieren in einer offenen, lichtdurchfluteten Halle ihre Dienstleistungen an direkt zugänglichen, bestenfalls verglasten Schaltern an. Die Transparenz des Betriebs zeigt sich von außen durch verglaste, horizontale Fensterbänder der Schalterhalle im Erdgeschoß und der früher im 1. Obergeschoß befindlichen Büros. Vom seitlichen Eingang zum Postamt – gekennzeichnet durch ein flaches Vordach – führt der Weg über eine Vorhalle in den Schalterraum bzw. in ein „Stummes Postamt", mit Telefonzellen, Briefkästen, Postfächern und einer Rohrpostanlage.

Restaurierung und Umbau

Leider hat die Bundespost ihre Gebäude nicht nur in München verkauft und ist dabei, einzelne Postämter ganz aufzugeben. Das Postamt Goetheplatz wurde in den 1980er Jahren im Innenbereich umgestaltet – die Schalter befinden sich nicht mehr an der Fassade, der Raum ist vollgestellt mit Waren, die originalen Stützenverkleidungen wurden ersetzt. Seit 2013 befindet sich im 1. Obergeschoß ein Architekturbüro. Die Architekten Marco Goetz und Matthias Castorph haben beim Umbau der Räume auch dem ursprünglichen Gedanken eines durchgehenden Fensterbandes Rechnung getragen, das v.a. nachts wirksam ist. In den oberen drei Geschoßen befinden sich Wohnungen.

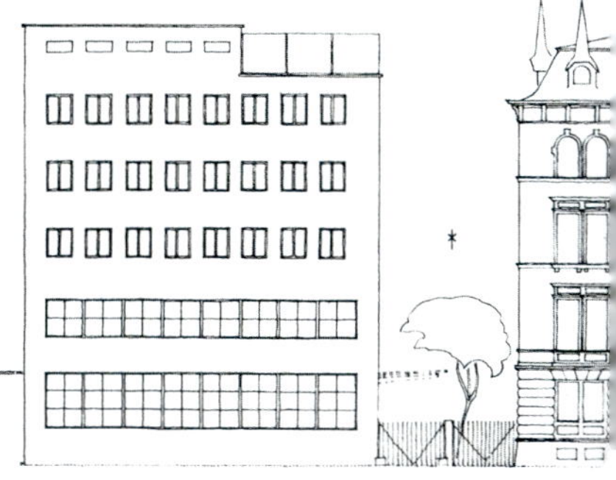

2 Goetheplatz

Blick durch die Mozartstraße Richtung Bavaria, um 1886

Götheplatz.

MÜNCHEN.

Goetheplatz, 2020

2.32 Goetheplatz

Eigentlich führen auf den Goetheplatz und die Lindwurmstraße sechs Straßen: von Norden seit 1875 die Goethestraße und nach 1882 die Haydn- und Mozartstraße als Straßen des Wiesenviertels mit Villenbauten und Vorgärten und von Süden seit 1875 geplant, aber erst um 1890 ausgeführt die Häberl- und die Waltherstraße mit Mietshäusern. Das Bild heute wird geprägt durch die Nachkriegsbebauung, von früheren Bauten ist nur die Goethepost erhalten, das Haunersche Kinderkrankenhaus und das Haus Lindwurmstraße 77, dem vor dem Krieg jedoch ein Nachbarhaus vorgesetzt war.

2.33 Royal-Filmpalast

Auf den Grundstücken mehrerer im Luftkrieg zerstörter Gebäude entstand in den Jahren 1956/57 der Royal-Filmpalast nach einem Entwurf des Architekten Sep Ruf. Er enthielt zunächst einen großen Kinosaal mit 1.000 Plätzen und eine Kinoleinwand mit 160 m² in einem geschlossenen Kubus über dem offenen Erdgeschoß, einen weiteren Saal mit 500 Plätzen im Untergeschoß. Nach einem Umbau 1984 sind die großen Kinosäle in mehrere Räume aufgeteilt.

2.34 Café Regenbogen

Lindwurmstraße 71

Das Café Regenbogen besteht schon seit 1988 in den Räumen der Münchner Aids-Hilfe. Es ist gedacht als Treffpunkt für Menschen mit HIV, für Freundinnen und Freunde. Aber jeder ist willkommen im Cafe, das mittags und abends auch leckere und günstige bayerische und mediterrane Speisen anbietet. Im Café Regenbogen werden mit Unterstützung der Stadt auch Stellen für Langzeitarbeitslose angeboten, in denen auf den Wiedereinstieg ins Berufsleben vorbereitet wird.Es finden manchmal kleine Ausstellungen statt, auch Veranstaltungen sind möglich.

Essay Ludwigsvorstadt im Wandel

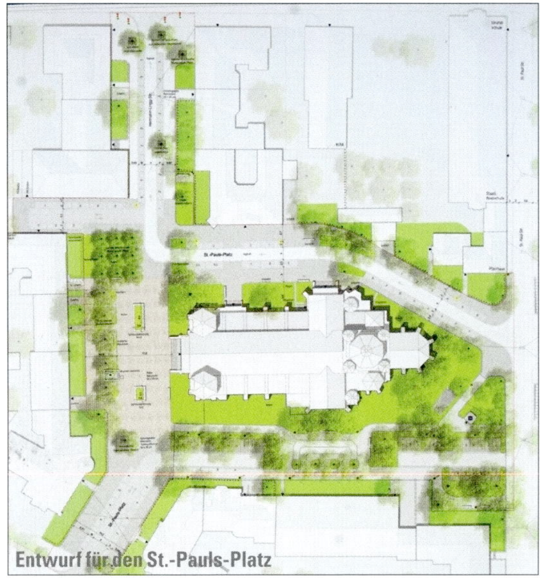
Entwurf für den St.-Pauls-Platz

Benoît Blaser

ist seit Mai 2020 Vorsitzender des BA 2 Ludwigsvorstadt-Isarvorstadt und Mitglied der Fraktion Die Grünen - Rosa Liste.

Die Ludwigsvorstadt ist im Wandel. Es gibt aktuell viele Baustellen und einige mehr befinden sich noch in der Planungsphase. Um nur zwei Großbauvorhaben zu nennen, die das Bild des Bahnhofsviertels stark verändern werden: zum Einen die Neugestaltung des Hauptbahnhofes selbst, aber auch Veränderungen im Umfeld, beispielsweise in der Schützenstraße, das ehemalige Karstadt-Gelände. Es soll dabei ein autofreier Bahnhofsvorplatz entstehen und eine richtig gute Fußverbindung zur Innenstadt realisiert werden. Ziel dieser Vorhaben ist es, weniger Verkehr und dadurch mehr Platz für Fussgänger*innen und Radfahrende zu schaffen.

In diesem Zusammenhang wurde ein Maßnahmenbündel des Stadtrates beantragt, das zu einer Aufwertung des Viertels sowie einer Verbesserung des sozialen Zusammenhaltes der vielfältigen Bewohner*innen führen soll. Mit der Fertigstellung des Sankt-Pauls-Platzes hat das „Wiesnviertel" einen neuen Ort mit guter Aufenthaltsqualität bekommen.

Baustelle Bahnhofplatz, April 2020

Theresienwiese, August 2021

Durch die zweimalige pandemiebedingte Absage des Oktoberfests hat die Theresienwiese auch gezeigt, dass sie viel mehr als nur eine Veranstaltungsfläche sein kann: Sport und Freizeitangebote haben die Fläche zu einem beliebten Naherholungsgebiet für Anwohnende allen Alters verwandelt. Es geht nun darum zu prüfen, inwieweit diese Angebote verstetigt werden können und sich zusammen mit den jährlich wiederkehrenden Veranstaltungen planen lassen.

Die Ludwigsvorstadt ist eines der Stadtgebiete mit dem geringsten Anteil an Grünflächen. Mit Ausnahme des Nußbaumparks und der Grünflächen rund um die Theresienwiese haben nur wenige Straßen Bäume. In der Zukunft wird es also darum gehen – trotz dichter Bebauung – Begrünung umzusetzen: neue Bäume, Hochbeete und Fassadenbegrünungen.
Der Wandel im Viertel wird weitergehen.

Baustelle in der Schwanthalerstraße, März 2022

Benoît Blaser,
Ludwigsvorstadt-Isarvorstadt, März 2022

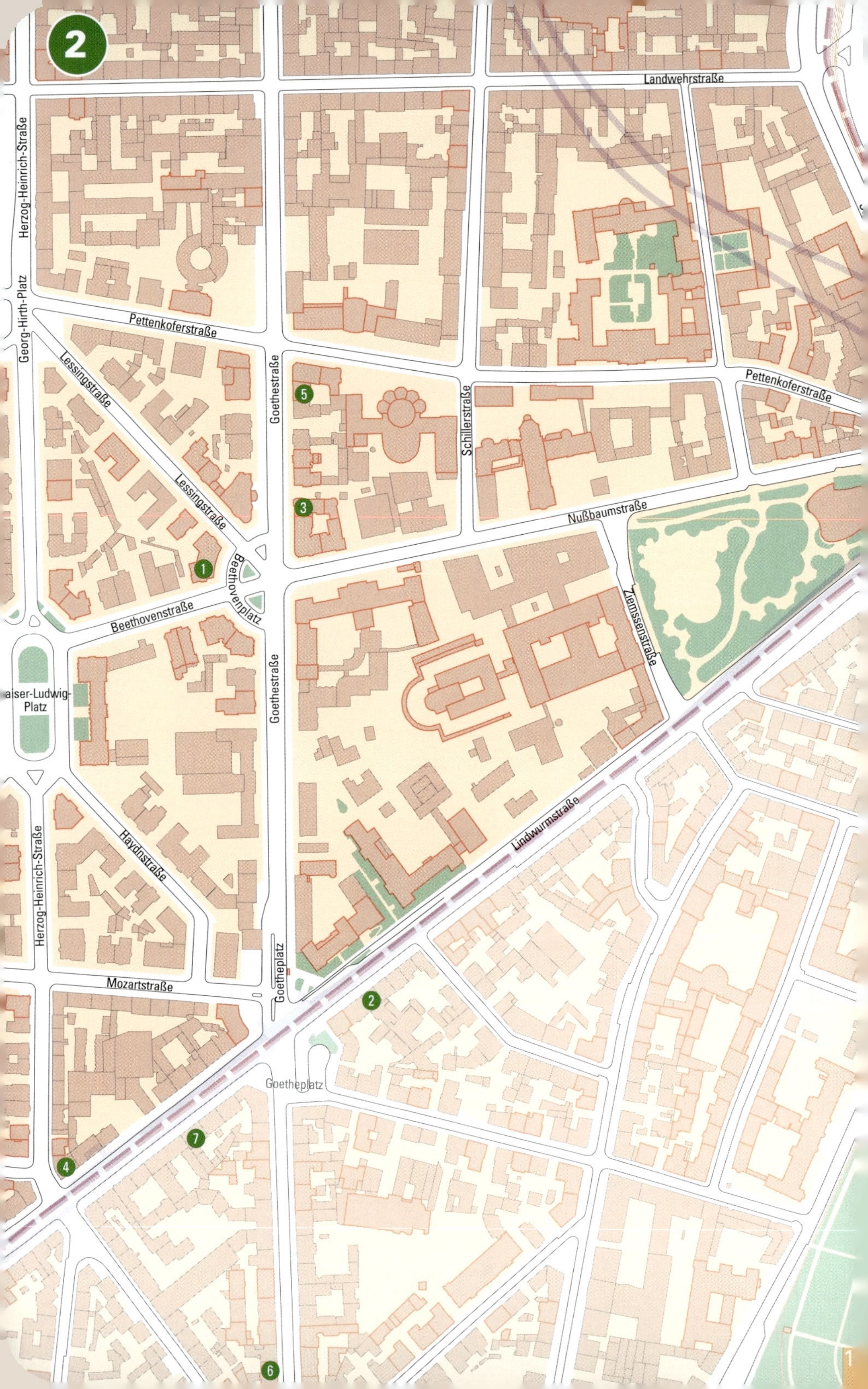
2
Landwehrstraße
Herzog-Heinrich-Straße
Georg-Hirth-Platz
Pettenkoferstraße
Lessingstraße
Lessingstraße
Goethestraße
Schillerstraße
Pettenkoferstraße
Nußbaumstraße
Beethovenplatz
Beethovenstraße
Kaiser-Ludwig-Platz
Goethestraße
Ziemssenstraße
Haydnstraße
Lindwurmstraße
Herzog-Heinrich-Straße
Mozartstraße
Goetheplatz
Goetheplatz
1
2
3
4
5
6
7

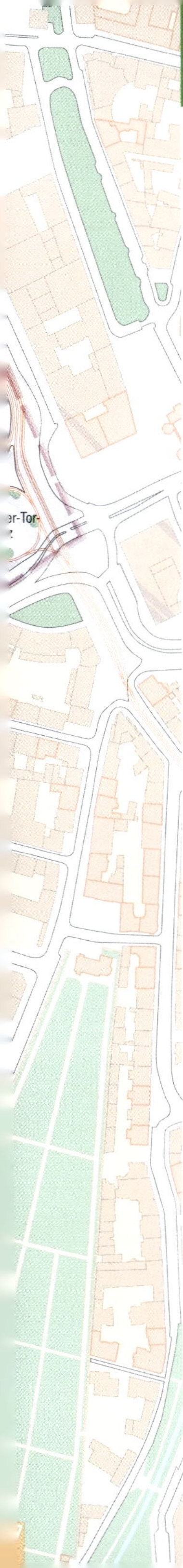

Klinikviertel • Service

Cafés • Bars

❶ Bar Gabányi
Beethovenplatz 2

Kustermann
Café Konditorei
Vom Feinsten
Lindwurmstraße 36

Tchibo
Kaffebar
Lindwurmstraße 89

Mochaccino
Coffee & Food
Lindwurmstraße 12

Vinzenz Zöttl
Bäckerei, Konditorei, Café
Lindwurmstraße 77

❷ Café Regenbogen
Aids-Hilfe
Lindwurmstraße 71

Tribu
Lindwurmstraße 25

Bäckerei Wimmer
Lindwurmstraße 10

Bar Moka
Gelateria
Lindwurmstraße 7

Essen

Annam
Vietnamesische Küche
Sehr sehr lecker!
Waltherstraße 30

❸ Mariandl
Café, Restaurant, Hotel
Goethestraße 51

Weltwirtschaft
Schwanthalerstraße 78
Im EineWeltHaus

Gasthaus zur Festwiese
Schwanthalerstraße 85

Pizzeria San Paolo
St.-Paul-Straße 1a

Banyan
Vietnamesisches Restaurant
Goethestraße 68

❹ Lindwurmstüberl
Bayerisches Restaurant
Augustinerbier
Lindwurmstraße 32

Edo Sushi
Sushi-Restaurant
Herzog-Heinrich-Straße 37

Pizza Haus
Lindwurmstraße 69

Oanh 65
Vietnamesisches Restaurant
Lindwurmstraße 65

Asia Sushi
Lindwurmstraße 39

Ristorante Pizzeria Mixto
Italienisch, Steinofenpizza
Lindwurmstraße 13

Eisdiele

Adriano
Lindwurmstraße 77

Lebensmittel

Edeka Express
Lindwurmstraße 95

Bäckerei Wimmer
Sensationelle Kaisersemmeln
Lindwurmstraße 10

Taj Mahal
Indische Lebensmittel
Lindwurmstraße 3

Kolumbus
Russischer Laden
Mozartstraße 3

Asia Lebensmittel
Koreanische Lebensmittel
Mozartstraße 3

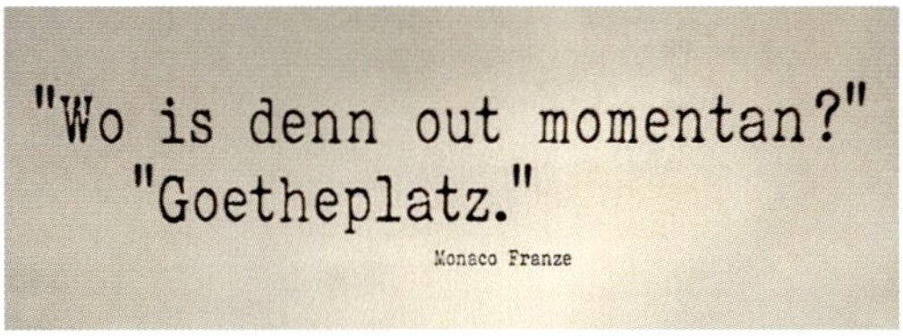

"Wo is denn out momentan?"
"Goetheplatz."
Monaco Franze

2 Klinikviertel

Döner • Imbiss

Bei Toki
Griechisch
St.-Paul-Straße 3

Feinkost Imbiss
Warmer Leberkäs
Pettenkoferstraße 32

Thai Mama Bistro
Lindwurmstraße 21

Crispy & More
Einfacher syrischer Schnellimbiss für Schawarma, Falafel u.a.
Herzog-Heinrich-Straße 38

Madlen
bowls & more
Späti (10–23)
Lindwurmstraße

Döner 24
Kebab, Pizza
Lindwurmstraße 8

pureburrito
Burrito-Imbiss
Lindwurmstraße 57

Ayla Imbiss
Döner, Falafel, Burger
Lindwurmstraße 7

Max Beef Noodles
Chines. Nudelrestaurant
Sendlinger-Tor-Platz 10

Kunst • Kultur

Vereinigung der Verfolgten des Naziregimes
Bund der Antifaschistinnen und Antifaschisten
Landesvereinigung Bayern
Frauenlobstraße 24 Rgb

Medizinische Lesehalle
Ludwig-Maximilians-Universität
Beethovenplatz 1

Freie Evangelische Gemeinde München Mitte
Mozartstraße 12

Shopping

Trachtenhaus Peteranderl
Dirndl-Truhe München
Lindwurmstraße 15

dm
Drogeriemarkt
Lindwurmstraße 95

Tchibo
Kaffebar, Shop
Lindwurmstraße 89

trendOptic trendAkustik
Optiker, Hörgeräteakustiker
Lindwurmstraße 87

Bürobedarf Roder
Lindwurmstraße 30

LFDY Store München
supercoole Klamotten: die Kids stehen Schlange
Lindwurmstraße 55

Kiosk Sieben
Reisingerstraße 1

Baby Ansorge
Fachgeschäft für Babysachen (inkl. Lederhosen)
Lindwurmstraße 17

popolino
organic parenting since 1991
Nachhaltige Baby- und Kindermode
Lindwurmstraße 5a

D&P
Parfümerie
Lindwurmstraße 5a

Bücher

5 Lehmanns Media
Goethestraße 41

6 Buch und Bohne Buchhandlung
Kapuzinerplatz 4

Specials

Marta´s Änderungsschneiderei
Spezial-Tipp von Klaus H.
Lindwurmstraße 45

7 Gallus
Reprographische Betriebe Schmucker
Alles super. Top-Qualiät, freundlich, schnell
Lindwurmstraße 91
www.gallus-repro.de/

Schaumstoffe
Polsterwaren
Schwanthalerstraße 77

Nähwerk
Laden, Schneiderei, Café
Schwanthalerstraße 79

Frauenzimmerl
Ein Stück vom Glück
Pettenkoferstraße 32

Stickerei Bergmann
Stickerei-Service
Lindwurmstraße 21

Hörgeräte Seifert
Lindwurmstraße 9

Apotheke

Oleander Apotheke
Lindwurmstraße 103

Wittelsbacher-Apotheke
Lindwurmstraße 97

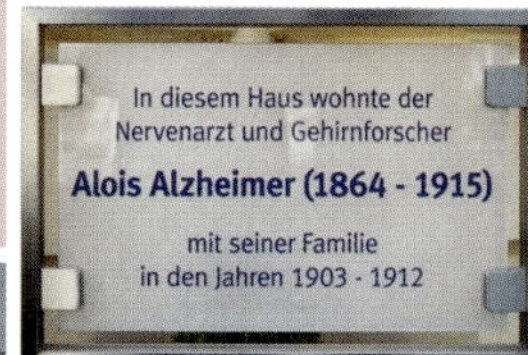

Sonstiges

Verbraucherzentrale Bayern e.V.
Beratungsstelle München
Mozartstraße 9

Deutsche Post
Goetheplatz 1

Spritzenautomat
Deutsche Aids-Hilfe
Lindwurmstraße/Ecke Goethestraße

Rein & Sauber

City Dry Clean
Textilreinigung
Lindwurmstraße 16

SB-Waschcenter
Textilreinigung
Lindwurmstraße 14

Soziales

Internationales Beratungszentrum
Goethestraße 53

Schulen

Theresien-Gymnasium
Kaiser-Ludwig-Platz 3

Briefkasten

Ziemssenstraße 1
Nußbaumstraße 20
Goetheplatz 1

3.2
3.1
Hayde

3.1 Hochgericht am Galgenberg

Lange vor den Bebauungen im Westend und der Ludwigsvorstadt gab es an der Ausfallstraße nach Landsberg einen ganz speziellen Anziehungspunkt für die Münchner. An der Stelle, an der die Straße das ehemalige Hochufer der Isar hinaufführt, war eine kleine Erhebung schon von weitem sichtbar: der Galgenberg mit der Richtstätte, dem „Hochgericht", auch als Rabenstatt bezeichnet.

Es gab noch eine weitere Richtstätte, an der Enthauptungen vollzogen wurden: die „Hauptstatt" vor dem Neuhauser Tor am Beginn der Arnulfstraße. Das dortige Hinrichten mit dem Schwert galt als „ehrliche" Todesstrafe und wurde nicht bei heimtückischen Verbrechern und Verbrecherinnen angewandt im Gegensatz zum Hängen. Nur in seltenen Fällen wurden Hinrichtungen auf dem Schrannenplatz vor dem Rathaus vollzogen, eine der Ausnahmen war die Exekution des „Goldmachers" Marco Bragadino, der 1591 als Betrüger mit dem Schwert auf dem heutigen Marienplatz hingerichtet wurde, neben ihm stand ein Galgen dessen Strick sinnigerweise mit Flittergold überzogen war.

3.2 Hauptstatt

Die „Hauptstatt" an der die Enthauptungen vollzogen wurden, musste 1778 verlegt werden, an ihrer Stelle entstanden zwei große Salzstadel in etwa an der Stelle des heutigen Starnberger Bahnhofs. Die Hinrichtungen wurden nach 1778 weiter außerhalb der Arnulfstraße verlegt: auf der gegenüberliegenden Straßenseite des heutigen Augustinerbiergartens.

Hochgericht um 1770

An der zweiten Richtstätte, dem Hochgericht am Galgenberg an der heutigen Bayerstraße wurden mindestens seit 1423 die schimpflicheren Todesarten vollzogen: das Hängen und das Rädern, eine besonders qualvolle Hinrichtungsart, die nur bei Männern angewandt wurde. Dies waren „schändlichere" Todesarten, die man vor allem bei Dieben vollzog. Auch die in den Hexenprozessen vor allem des 17. Jahrhunderts hier gefolterten und verurteilten Frauen wurden erdrosselt, enthauptet und verbrannt, als letzte die Hofstallknechtstochter Dellinger 1721. Die Hexenprozesse fanden v. a. unter den Herzögen Wilhelm V., dem Frommen (1579–1597) und Kurfürst Maximilian I. (1573–1651) statt, dem Anführer der Katholischen Liga. Der Galgenberg lag eigentlich außerhalb der Burgfriedensgrenze und war eine Art Exklave im Landgericht Dachau, das Gelände wurde erst 1864 eingemeindet.

Hinrichtungstage waren für das Volk wie Feiertage. Mit einer unglaublichen Mischung aus Sensationsgier und Gleichgültigkeit waren Massen von Zuschauern an den Richtstätten, von Frauen wurden Nudeln verkauft und an Ort und Stelle gegessen. Es gab Kupferstiche auf denen die Verbrechen der Verurteilten und die Folterungen und Tötungsarten drastisch dargestellt waren. Zur Abschreckung ließ man manche Gehenkte oft Monate und Jahre am Galgen hängen, in der Zeit des Kurfürsten Max III. Joseph sollen es gleichzeitig einmal 17 gewesen sein. 1791 wurde das Hochgericht noch mit Tuffsteinen neu errichtet und 1808 endgültig abgebrochen. Das Gelände wurde noch im gleichen Jahr von den Bierbrauern Pschorr und Ziegler erworben. Wenige Jahre später wuchs an dieser Stelle die „Bierfestung" Pschorrs in die Höhe.

1806 wurde in Bayern die Folter abgeschafft und ab 1813 nur noch mit dem Schwert hingerichtet. Als letzter soll ein sechzehnjähriger Dienstknecht, der einem Förster in Sendling 16 Gulden gestohlen hatte, 1804 auf dem Galgenberg an der Straße nach Landsberg gehängt worden sein, gerädert wurde zum letzten Mal 1805. Bis 1861 fanden Hinrichtungen an der Arnulfstraße statt, danach nur noch in der Fronfeste am Anger.

Richtplatz
1.2
Rennbahn
Rennbahn-Strasse
Schiessstätte
Theresien-Wi

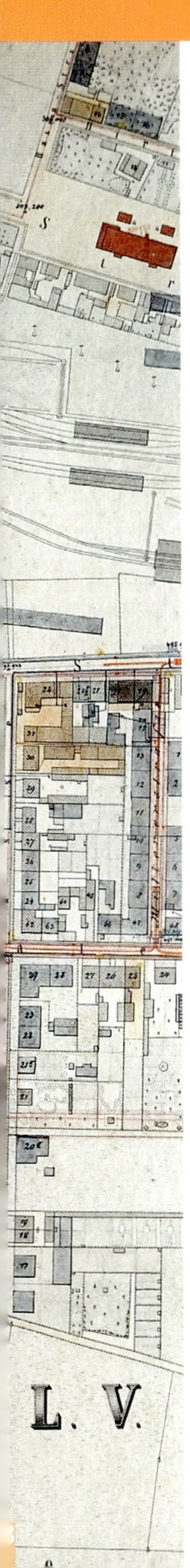

Die Stadt rückt gen Westen

Der Ausschnitt der Stadtkarte von 1866 zeigt in der linken Hälfte die heutige Theresien- und Schwanthalerhöhe bis zur Hangkante, die in etwa durch die Schießstätte im Süden, die Straße Theresienhöhe und über die Bayerstraße hinweg nach Norden parallel zur Herbststraße definiert ist. In den Hängen sind bereits mehrere Bierkeller der Innenstadt-Brauereien zu sehen, die hier – teils in ehemaligen Kiesgruben – direkt in den Hang gebaut worden sind. Als erster wohl ein Keller des Brauers Bernhardt Rüdt an der Landsberger Straße. Im Plan zu sehen sind – von Süden nach Norden – der Bavaria-Keller (Wagnerbräu) in der Verlängerung der Findlingstraße, darüber der Hacker-Keller und direkt auf der Südseite der Landsberger Straße der Spaten-Keller des Brauers Georg Sedlmayr.
Nördlich der Landsberger Straße unübersehbar der Doppel-Keller der Brauereien Hacker und Pschorr, die 1823 fertig gestellte „Bierfestung" von Josef Pschorr, der größte Bierkeller Deutschlands. Zwei weitere kleinere Keller östlich davon hatte Pschorr bereits übernommen: den Hirschbräukeller direkt an der Bahn und den Kreuzbräukeller an der Bayerstraße.

Ende der ländlichen Idylle

Unterhalb der Theresienhöhe entwickelt sich die Bebauung entlang der Bayerstraße und parallel dazu an der immer wieder verlängerten und seit 1850 so benannten Schwanthalerstraße, ab 1865 wird sie weiter geführt Richtung Westend ab der Hangkante als Obere Schwanthalerstraße. Auch die Querstraßen werden nur abschnittsweise angelegt und bebaut, Hemmnis für die Fortsetzung der Straßen nach Süden ist die Rennbahn, die in der Karte auch eingetragen ist. Die Benennung der Querstraßen weist noch auf den eher ländlichen Charakter des Gebiets hin: nach der Rennbahnstraße (ab 1910 Martin-Greif-Straße) folgt stadteinwärts die Kleestraße (ab 1906 Hermann-Lingg-Straße), der Aengerweg (ab 1887 St.-Paul-Straße), die Heustraße (ab 1905 Paul-Heyse-Straße), die Mittererstraße, die nur projektierte Goethestraße, die Senefelderstraße und schließlich die Singstraße, 1860 umbenannt in Schillerstraße. Von der ländlichen Idylle der Straßennamen ist heute nur die Theresienwiese geblieben. Spätestens mit der Umbenennung der Straßen in der Ludwigsvorstadt nach Künstlern und vor allem Dichtern ist die moderne Stadt hier angekommen.

Sommerkeller auf der Theresienhöhe, Friedrich Kaiser, um 1835

3
3.7
3.3
3.13
Empfangs-Güterhalle
Versandt-Güterhalle
Augustiner-Keller
Haupt Zollamt
Bauplatz
der
St. Pauls-Kirche
Panorama
Schule
Glasser-Str.
Rennbam-Str.
Bayer
Pauls Str.
Uhland-
Panorama
Strasse

Rund um St. Paul 1891 ③

Trambahn Bayerstraße

Michael Zechmeister, ein bürgerlicher Lohnkutscher, war der erste, der in München einen öffentlichen Nahverkehr anbot. Am 16. Juni 1861 eröffnete er eine fahrplanmäßige Verbindung vom Marienplatz in die Au mit Stellwagen, die von Pferden gezogen wurden. Mit dem „Stadtomnibus" wurde auch seit 1874 eine Strecke Richtung Westen bis zum damaligen Hauptzollamt an der Bayerstraße angeboten, aber kurz darauf wegen Unrentabilität wieder eingestellt, nur während der Oktoberfestzeiten gab es Sonderwägen. Erst im Oktober bzw. November 1877 wurde eine regelmäßige Pferdetrambahn auf Schienen bis zur Rennbahnstraße eingerichtet als südlicher Ast einer Gesamtstrecke von der Schwabinger Burgfriedensgrenze bis in die Ludwigsvorstadt: die Grüne Linie. Betrieben wurde das Netz der Pferdetrambahnen inzwischen vom belgischen Unternehmer Edouard Otlet, der im Juni 1876 einen Vertrag mit der Stadt über die Einrichtung und den Betrieb von mehreren Trambahnlinien unterzeichnet hatte. Pünktlich zum Beginn des Oktoberfestes am 6. Oktober 1877 konnte man vom Bahnhofplatz mit der Grünen Linie bis zur Rennbahnstraße fahren, Mindestfahrpreis für die kurze Strecke 10 Pfennig, Kinder unter drei Jahren auf dem Schoß und kleines Gepäck waren frei.

1899 gab es bereits 12 Trambahnlinien in der Stadt, ab 1886 hatte man erste Linien auch elektrifiziert, die Grüne Linie von Schwabing durch die Ludwigstraße zum Hauptbahnhof und weiter bis zur Landsbergerstraße (Barthstraße) jedoch noch nicht. Die Installierung von Stromkabeln war zum Politikum geworden, die Münchner Künstlerschaft hatte erbittert gegen eine „Verdrahtung des einmaligen Stadtbildes von München" protestiert, allen voran Franz von Lenbach, Friedrich v. Thiersch und die Gebrüder Gabriel und Emanuel Seidl.

Mit erheblichem Aufwand hatte man für Teilstrecken vom Schillerdenkmal am Maximiliansplatz bis zur Ludwigstraße/Galeriestraße teure Akkumulatoren-Lokomotiven angeschafft, die dann jeweils umgekoppelt werden mussten. Ab 19. Februar 1900 wurde die gesamte Strecke der Grünen Linie elektrisch betrieben. Erst im März 1906 führte man auch hier den normalen Oberleitungsbetrieb ein. Eine zusätzliche Verbindung von der Arnulfstraße her durch den „Hasenstraßentunnel", die heutige Paul-Heyse-Unterführung wurde 1908 zur Eröffnung der großen Ausstellung auf der Theresienhöhe angelegt, 1926 wurde die schon bestehende Umkehrschleife durch die Hermann-Lingg-Straße bis zum Bavariaring erweitert.

Das im Bild unten zu sehende Trambahn-Unglück der Linie 19 mit Blick in die Hermann-Lingg-Straße (ehemalige Kleestraße) geschah wohl an der Abbiegung von der Bayerstraße. Die „Wiesn-Schleife" blieb bis 1984 in Betrieb, Reste der Gleise in der Hermann-Lingg-Straße (die auf Google-Streetview heute – 30.03.22 – noch zu sehen sind) wurden erst Anfang 2020 beseitigt.

Unglück an der Kreuzung Bayerstraße/Kleestraße, um 1910

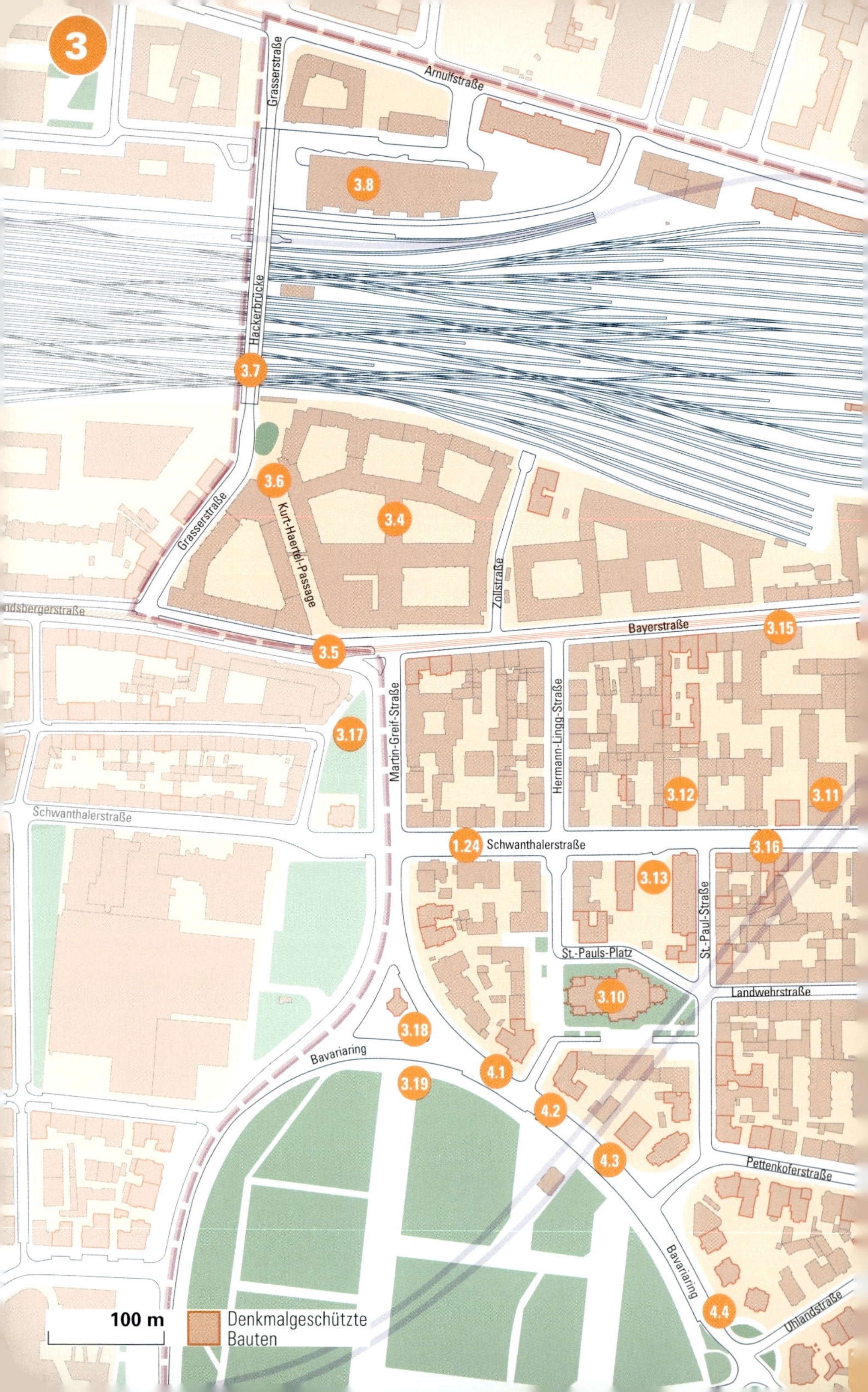
3
Arnulfstraße
Grasserstraße
3.8
Hackerbrücke
3.7
3.6
3.4
Grasserstraße
Kurt-Haertel-Passage
Zollstraße
ndsbergerstraße
Bayerstraße
3.15
3.5
Martin-Greif-Straße
Hermann-Lingg-Straße
3.17
3.12
3.11
Schwanthalerstraße
1.24
Schwanthalerstraße
3.16
3.13
St.-Paul-Straße
St.-Pauls-Platz
3.10
Landwehrstraße
3.18
Bavariaring
4.1
3.19
4.2
4.3
Pettenkoferstraße
Bavariaring
4.4
Uhlandstraße
100 m
Denkmalgeschützte Bauten

Rund um St. Paul 2022

3

Umwälzungen

Im nordwestlichen Teil der Ludwigsvorstadt kommen alle unterschiedlichen Elemente des Stadtviertels zusammen: Bauten und Einrichtungen, die auf die Nachbarschaft zur Bahn und dem flächenaufwändigen Betrieb des Hauptbahnhofs zurückgehen, Großbauten, die eigentlich auf den früheren Brauereigrundstücken und deren geschäftstüchtige Umsetzung nach der Aufgabe des Braubetriebs stehen wie der Geschäfts-, Büro- und Wohnkomplex auf der Schwanthalerhöhe und der Neubau des Europäischen Patentamts mit seinen Erweiterungen auf beiden Seiten der Landsberger Straße.

Südlich der Bayerstraße haben sich zwar nach den Zerstörungen im Zweiten Weltkrieg und dem Wiederaufbau noch die alten Strukturen erhalten, der Charakter des Bereichs hat sich aber grundlegend verändert. Der Anteil an Wohnungen ist deutlich zurückgegangen, es überwiegt Gewerbe. Einzelne Großbauten sind umgenutzt, wie die Bayerpost nördlich der Bayerstraße als Hotel oder werden gerade umgebaut wie das ehemalige Gebäude der Postbank südlich davon. Die Anzahl der offenen Baustellen im Viertel ist enorm, viele der Gebäude, die in den 1950er Jahren erstellt worden sind, werden nicht mehr umgebaut, sondern komplett abgerissen und neu gebaut.

Im Bereich des Wiesenviertels in Nachbarschaft des Bavariarings gab es im Weltkrieg deutlich weniger Zerstörungen, auch wenn noch in den 1960er Jahren erhaltene Gebäude abgerissen wurden. In den ehemaligen Stadtvillen sind heute fast nur noch Büros, Arztpraxen und Versicherungen zu finden. Nicht unwesentliche Details in der Aufwertung des Bereichs sind die Sanierung der Paul-Heyse-Unterführung und die neue Gestaltung des St.-Paul-Platzes.

Paul-Heyse-Unterführung, 2022

St.-Paul-Platz, 2022

Theresienwiese, 2008

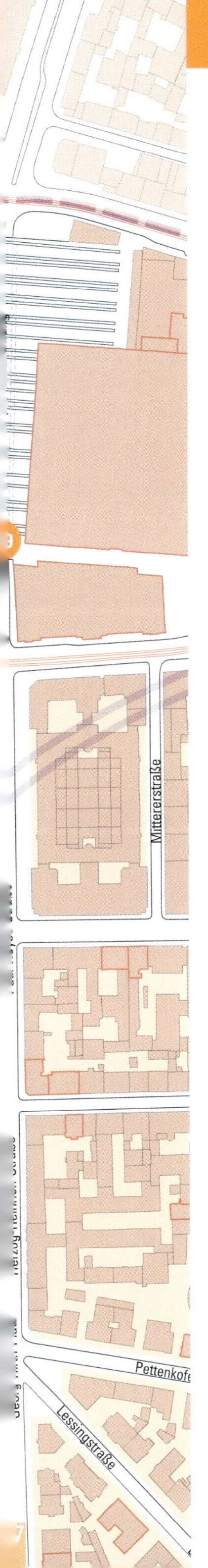

G. PSCHORR,
Pschorr-Bräu München.

Neues Sudhaus

In der Werbegraphik von 1900 ist vorne links der Anstieg der Bayerstraße zu sehen, der Blick geht nach Norden. Dass dort die Alpenkette und die Frauentürme eingetragen sind, hat eher werbetaktische Gründe.

Die Bierfestung von Pschorr, erbaut 1823

Hacker-Brauerei an der Landsberger Straße, um 1925

3.3 Pschorrbrauerei und Hackerbrauerei

Ein erster Bierkeller an der Herbststraße (heute Zollstraße) entstand zwischen 1808 und 1812, er gehörte zu einer Brauerei im Färbergraben, die bis 1871 bestand. Das Gelände des Bierkellers wurde 1865 vom Brauer Pschorr übernommen. Der Braumeister Joseph Pschorr (1770–1842), ein Bauernsohn aus Kleinhadern hatte 1793 die Tochter des Brauers Peter Paul Hacker geheiratet, dessen Braustätte in der Sendlinger Gasse 32 war. Vier Jahre später kaufte Pschorr die Brauerei des Schwiegervaters für 34.000 Gulden, bereits 1806 hatte die Hackerbrauerei den größten Bierausstoß in München.

Neben dem Hirschbräukeller erwarb Pschorr 1809 ein großes Grundstück an der Pasinger Landstraße, auf dem bis dahin eine der Hinrichtungsstätten der Stadt lag und ließ darauf für 400.000 Gulden den damals größten und modernsten Bierkeller Deutschlands bauen mit einer Tiefe von 12 m und einem Fassungsvermögen von 35.000 Hektolitern. 1834 übergab Joseph Pschorr sein Bier-Imperium an die beiden ältesten Söhne (von 20 Kindern).

Der Besitz wurde per Würfeln verteilt: Georg Pschorr sen. (1798–1867) erhielt die Pschorrbrauerei an der Neuhauser Gasse und die östliche Hälfte des Bierkellers an der Bayerstraße und Matthias (1800–1879) die westliche Hälfte des Kellers und die Hackerbrauerei, die bis 1865 von der Sendlinger Straße an die Bayerstraße verlegt wurde. Die Bierfestung wurde 1878 durch einen Brand zerstört.

Hacker und Pschorr

3

Blick von der Hackerbrücke auf den Hackerbräu

Verlegung der Brauereien aus der Innenstadt

1865 wurden auch die Braustätten der Pschorrbrauerei von Georg Pschorr jun. (1830–1894) an die Hackerbrücke verlegt. Das markante bis zu sechsgeschoßige Gebäude an der Bayerstraße entstand 1885/86 nach der Planung von Heilmann & Littmann. Das Brauwasser wurde in eigenen Tiefbrunnen aus 230 Metern gefördert. Über einen direkten Gleisanschluss konnten die Fässer und später Flaschen in eigenen Kühlwaggons per Eisenbahn exportiert werden. Beide Brauereien arbeiteten zwar unabhängig voneinander, aber auch in gegenseitiger Kooperation.

Die Luftangriffe der Alliierten im Zweiten Weltkrieg zerstörten einen Großteil der Anlagen, in der Pschorrbrauerei blieb nur noch ein 62 m hoher Kamin stehen, in der Hackerbrauerei blieb wenigstens die Sudanlage erhalten, die in den ersten Jahren danach von beiden Brauereien genutzt wurde. Beim ersten Oktoberfest nach dem Krieg, 1949 war das Hackerzelt wieder eines von drei Bierzelten.

Sudhaus der Hacker-Pschorr-Brauerei, um 1992

Im März 1972 wurden die beiden Brauereien unter der Aktienmehrheit der Bayerischen Vereinsbank wieder zusammengelegt zur Hacker-Pschorr-Brauerei. 1979 übernahm der Münchner Unternehmer Josef Schörghuber die Kapitalmehrheit und vereinigte sie 1985 mit der Paulanerbrauerei. Seit 2002 gehören die Brauereien mit dem niederländischen Konzern Heineken zur „Brau Holding International".

Der Braubetrieb von Hacker-Pschorr fand seit 1978 im neu gebauten Sudhaus an der Landsberger Straße, der Einfallstraße von Westen her, statt. Bis 1997 wurde hier gebraut, danach wurde die Produktion in die Hochau verlegt. Heute steht auf dem Gelände der Verwaltungsbau des Europäischen Patentamts.

Die Gründung des Europäischen Patentamts geht zurück auf eine Konferenz von 1973. Der Hauptsitz des Europäischen Patentamts befindet sich seit 1980 an der Erhardtstraße gegenüber dem Deutschen Museum in Nachbarschaft zum Deutschen Patentamt. Die Behörde ist zuständig für den internationalen Erfindungsschutz. Für bis zu 38 europäische Staaten können einzelne Erfinder bzw. Unternehmen Patente anmelden. Aufgabe des Patentamts ist die Prüfung der tatsächlichen Erfindung und ihrer gewerblichen Anwendbarkeit. Da die Patentanmeldungen inzwischen auf ca. 150.000 pro Jahr stetig ansteigen, wurden auch entsprechend mehr Büroräume notwendig.

„rhythmus im raum"

Max Bill, 1994

Das Werk gehört zu den „Pavillonbauten" des Künstlers Max Bill, die seit den 80er Jahren entstanden sind. Die Form ergibt sich aus gleichen Blöcken, deren Grundmaß die Sitzhöhe eines Menschen ist. Die Plastik soll den strengen Raum des Innenhofes gliedern und auch konkret „bewohnbar" machen. Max Bill (1908–1994) gehört zu den international bedeutenden Vertretern der konstruktiv-konkreten Kunst.

Plastik von Nikolaus Gerhart, 1992

Der „Stadtbalkon" des letzten Bauabschn

3.4 Europäisches Patentamt

Auf dem Gelände des Europäischen Patentamts an der Bayerstraße waren seit ca. 1800 mehrere Braukeller und Brauereien. 1997 wurde die traditionsreiche Hacker-Pschorrbrauerei in die Hochau ausgelagert, das wertvolle Areal konnte einer neuen Nutzung zugeführt werden. Bereits 1979 erteilte der Besitzer Josef Schörghuber, bzw. die Bayerische Hausbau, Planungsaufträge zur Ermittlung von möglichen Nachfolgenutzungen, u.a. war ein Hotel mit 300 Zimmern und Wohnungen geplant, später um ein Kongresszentrum für die Münchner Messe erweitert. Als die Münchner Stadtverwaltung 1999 die Entscheidung zur Verlegung der kompletten Messe nach Riem beschloss, wurde die Nutzung „Hotel mit Kongresszentrum" wieder verworfen und ein Bürokomplex mit kleineren Einheiten zur Vermietung und Eigentumswohnungen geplant. Noch während der erste Bauabschnitt an der Zollstraße ab 1988 erstellt wurde, entschloss sich das Europäische Patentamt, dessen Hauptsitz an der Erhardtstraße räumlich nicht mehr ausreichte, den gesamten Bürokomplex zu kaufen. Vor allem die Erdgeschoßbereiche wurden daraufhin umgeplant. Leider sind damit auch die freien Fußwegeverbindungen von der Hackerbrücke und der neu geschaffenen Fußgängerverbindung zur Bayerstraße entfallen.

Planung und Bau wurden in mehreren Abschnitten erstellt: ein erster Bauabschnitt umfasste den Bereich von der Zollstraße bis zu den begleitenden Bauten an der neu geschaffenen Kurt-Haertel-Passage und die Wohnungsbauten im nördlichen Bereich zur Bahn hin. Am 14. Mai 1993 wurde das neue Dienstgebäude eingeweiht. Nach der Entscheidung zum Abriss des bis dahin noch stehengebliebenen Sudhauses an der Ecke Bayerstraße/Grasserstraße im Jahr 1997 wurde das Bauvorhaben bis dahin erweitert. In den Jahren 2000 bis 2004 folgte schließlich ein weiterer Bürobau für die Behörde auf der gegenüberliegenden Straßenseite, hier stand bis 2002 das Hochhaus von „Möbel Krügel". Erst jetzt wurde auch die bereits in den ersten Planungen enthaltene Fußgängerverbindung von der Hackerbrücke zur Zirkuswiese und zur Theresienwiese mit einer Brücke über die Bayerstraße fertig gestellt. Der südliche Brückenkopf bildet eine etwas unförmig geratene Terrasse vor dem Haupteingang als „Stadtbalkon" und „Willkommensgeste" des Europäischen Patentamts.

Architektur

Der gesamte Baukomplex mit ca. 118.000 qm Geschoßfläche ordnet sich mit der Blockstruktur und den sieben Innenhöfen maßvoll der benachbarten Bebauung unter, nur die Baukörper im Innenbereich ragen mit zwei bis vier Geschoßen darüber hinaus. Die kleinteilig gestalteten Fassaden im Bürobereich zumindest der ersten Bauabschnitte zeigen den konstruktiven Raster und sind mit hell eloxierten Aluminiumblechen verkleidet, außenliegende Markisen bewirken eine weitere Anpassung an den Maßstab der umgebenden Bebauung.

Die Entwurfsplanung aller Bauabschnitte des Gebäudes stammt von den Architekten Kurt Ackermann und Partner, die Werkplanung der ersten Bauabschnitte vom Architekten Claus Bellmann.
Ein weiterer Bauabschnitt wurde am südlichen Ende der Hackerbrücke fertig gestellt. In den Gebäuden des Europäischen Patentamts an dieser Stelle arbeiten inzwischen ca. 3500 Personen.

Zwischen Sonnentor und Mondplatz

Installation von Hansjörg Voth
Über die gesamte Wegstrecke der neuen Passage zwischen Hackerbrücke und Bayerstraße hat der Bildhauer Hannsjörg Voth einen „Erlebnisraum" für Fußgänger geschaffen, der zum Verweilen und Flanieren einlädt. Der Weg beginnt am „Sonnentor", durch das zur „wahren Mittagszeit" die Sonne ihr Licht genau nach Norden auf einen 40 m langen Meridian aus schwarzem Granit wirft. Nach dem Tor beginnt ein Steingrat in Form von zwei Dreiecken, die bis zu einer Höhe von 2,40 m ansteigen und in ein flaches Wasserbecken ragen. Im Grat fließt Wasser über 76 Meter zum Becken, dem Mondplatz, in dem mit 28 runden schwarz/weißen Granitsteinen die Mondphasen dargestellt sind. Der Weg symbolisiert die menschliche Lebenszeit, eingespannt in den kosmischen Raum und beschrieben mit einer wissenschaftlichen Präzision. Ausgeführt wurde die Arbeit 1993 von der niederbayerischen Firma Kusser aus Aicha vorm Wald. Hannsjörg Voth (*1940) gehört zu den bedeutendsten Vertretern der LandArt in Deutschland und hat teils spektakuläre Installationen u. a. auch in Marokko realisiert.

3.5 Brücke Patentamt

Die Fußgängerbrücke überspannt seit März 2005 die Bayerstraße, verbindet die beiden Teilbereiche des Europäischen Patentamts und stellt v. a. während des Oktoberfests eine wichtige Verbindung zur S-Bahnstation Hackerbrücke und zum ZOB dar. Für die tragende Bogenkonstruktion mit einer Spannweite von 38 m kam weltweit zum ersten Mal hochfester Stahl S 690 bei einer Brücke zum Einsatz. Die fertige Bogenkonstruktion wurde mit Autokränen eingehoben.
Architekt: Ackermann und Partner,
Statik: Christoph Ackermann.

3.6 Kurt-Haertel-Passage

Die neu angelegte Fußgängerverbindung zwischen der Hackerbrücke und der Landsberger Straße sollte zunächst Pschorrgasse heißen nach dem Großbrauer Pschorr, der an dieser Stelle seinen ersten Bierkeller, die „Bierfestung" gründete. Nachdem das Europäische Patentamt die gesamte Gewerbenutzung übernahm, wurde die Gasse nach dem Juristen Kurt Haertel (1910–2000) benannt, dem Präsidenten des Deutschen Patentamts von 1963 bis 1975. Er gilt als „Vater des europäischen Patentrechts".

Eisenbahn

An der Bahn

Das Eisenbahnzeitalter im Königreich Bayern begann nicht in der Haupt- und Residenzstadt München sondern in Nürnberg. Am 7. Dezember 1835 fuhr die erste Dampflok – ein englisches Modell – die sieben Kilometer von Nürnberg nach Fürth. Einige Tage vorher wurde der München-Augsburger Eisenbahngesellschaft die Konzession zu einer deutlich längeren Strecke erteilt: die Strecke über Pasing, Lochhausen bis Augsburg betrug knapp 60 Kilometer. In beiden Fällen waren es Privatleute, die die Initiative ergriffen und den Bau finanzierten: in München u. a. der Industriepionier Joseph Anton von Maffei und der Bankier Simon von Eichthal.

Die technische Planung übernahm zunächst Paul von Denis, der auch die Nürnberger Strecke projektiert hatte und dann Johann Ulrich Himbsel als Baudirektor. Nach den mühsamen Verhandlungen über den Grunderwerb auf der Strecke begannen im Februar 1838 die Erdarbeiten, mehr als 6.000 Arbeiter waren auf der Großbaustelle beschäftigt, die teils auch in provisorischen Hütten entlang der Bahnstrecke unterkamen. Die heimische Industrie war zu diesem Zeitpunkt noch nicht in der Lage, die notwendige Ausstattung zu liefern, daher wurden sämtliche Schienen aus Tredegar in Wales importiert und die sechs Dampflokomotiven aus Newcastle, Manchester und Leeds in England. Auch die ersten Lokomotivführer stammten von dort.

Nicht allen war der rasante technische Fortschritt geheuer: der Münchner „Kasperl-Graf" Franz v. Pocci bemerkte 1852, dass seine Zeit den Kopf so „voller Dampfgeschichten, Eisenbahnen und Düngerhaufen hat, daß unser lieber Herrgott kaum mehr Platz findet".

Maffeis erste Lokomotive „Der Münchner"

Eisenbahnpionier Maffei

Der Unternehmer Joseph Anton von Maffei hatte ab 1837 den Vorsitz des Direktoriums der München-Augsburger Eisenbahngesellschaft und ließ ab 1837 in seinem Werk in der Hirschau im Englischen Garten Dampflokomotiven herstellen. 1841 fand die erste Probefahrt der gerade fertig gestellten Lokomotive „Der Münchner" vom Bahnhof bis nach Lochhausen statt. Angekauft wurden die Maffei'schen Lokomotiven erst ab 1845.

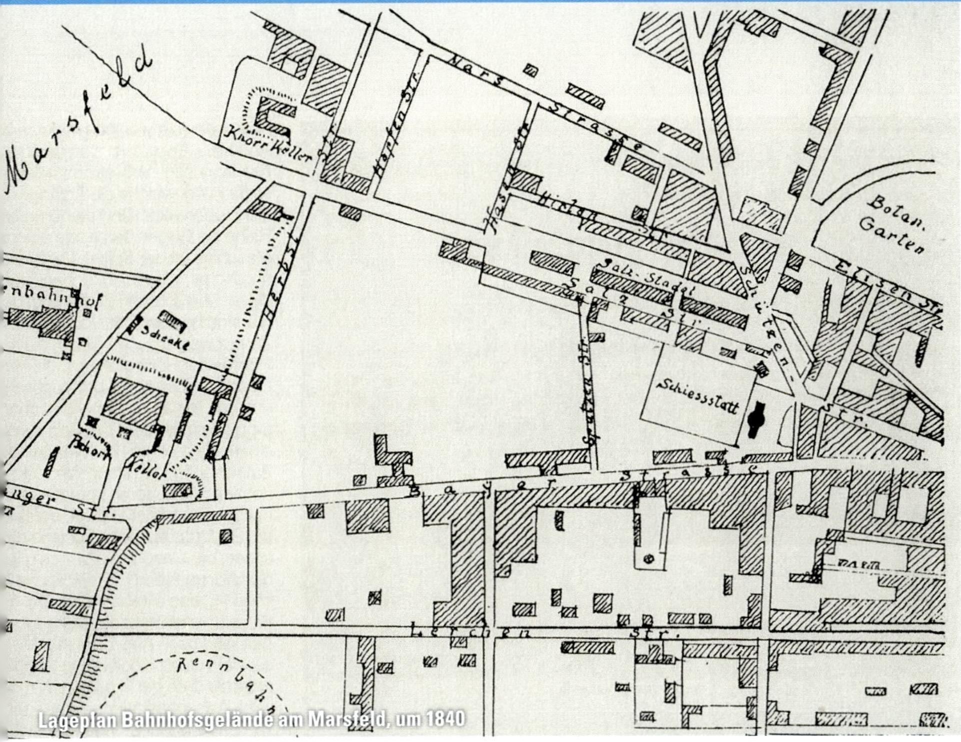

Lageplan Bahnhofsgelände am Marsfeld, um 1840

Münchens erster Bahnhof

Am 25. August 1839, eineinhalb Jahre nach Baubeginn startete die erste Bahnfahrt bis nach Lochhausen. Eine Woche später wurde die Strecke offiziell eröffnet und bis 4. Oktober 1840 war die Strecke bis Augsburg fertig. In beiden Städten hatten Gewerbe und Handel die größten Erwartungen in die neue Technik, auch die „Stationsgebäude" in München wurden zunächst als repräsentative Gebäude an zentrumsnahen Standorten geplant. Ausgeführt wurde dann aus Kostengründen ein simpler Holzbau außerhalb der damaligen Stadtgrenze in der Nähe der heutigen Hackerbrücke. Mit dem Standort konnte man eine aufwändige Aufschüttung von Dämmen östlich der Hangkante und teure Grundstückskäufe nahe der Innenstadt vermeiden.

Eine Bretterbude als Hauptbahnhof der Residenzstadt

Zur Eröffnung der Strecke war auch das Bahnhofsgebäude fertig. Im Plan oben ganz links- neben dem Bierkeller des Brauers Pschorr, zu erreichen über die Salzstraße im Norden und die Bayerstraße. Unmittelbar nach der Fertigstellung des neuen Bahnhofs setzte allerdings die Kritik an der Lage und Gestaltung des „Holzschuppens" ein, die Kaufleute spotteten, dass sie für die Fahrt bis zum Bahnhof „beinahe die Hälfte soviel zahlen mußten, als ihnen der Transport … bis nach Augsburg kostete", vor dem Bahnhof gab es chaotische Zustände bei den Omnibus- und Fiakerwägen. Und auch das Bahnhofsgebäude selbst empfand man als unwürdig für die Königliche Haupt- und Residenzstadt.

„Am Galgenberg beim Marsfeld draus
Da steht a großes Bretterhaus.
I hab die Hütten a net kennt.
Die Leut', die haben's Bahnhof g'nennt."

So beschrieb ein bayerischer Grenzaufseher das allererste „Stationsgebäude", den ersten Hauptbahnhof in München um 1840.

Bahnhofsprojekte

Es gab zwar auch mehrere Projekte für einen repräsentativeren Bahnhof, u.a. von Ulrich Himbsel und Joseph Pertsch, die den Bahnhof näher zur Sonnenstraße hin vorgesehen hatten. Verbunden damit war jedoch eine erhebliche Geländeaufschüttung, um die Höhendifferenz zwischen der höher gelegenen Fläche im Westend und der mehrere Meter tiefer gelegenen Sonnenstraße zu überwinden. Das Projekt von Pertsch sah sogar ein 260 m langes Viadukt quer über die Theresienwiese vor.

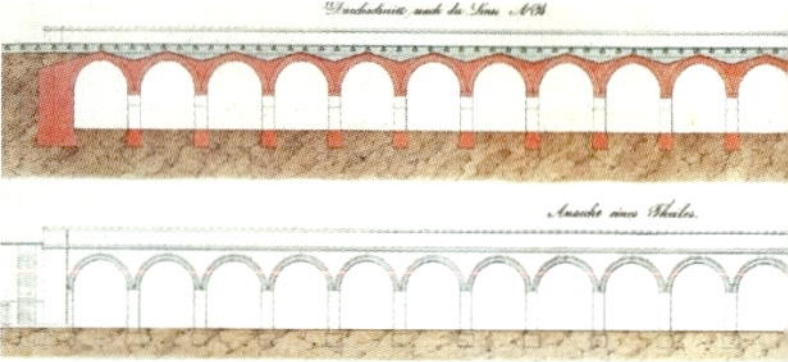

Der Bahnhof brennt ab

Aufgrund der allseitigen Kritik war es kein wirklicher Verlust, als das Provisorium am 4. April 1847 bei Schneegestöber und starkem Wind innerhalb einer Stunde aus unbekannten Gründen abbrannte. Auch ein großer Vorrat an Getreide verbrannte und für den nahegelegenen Pschorr-Sommerkeller bestand Gefahr, letztlich fing aber nur der Holzzaun des Kellers Feuer. Schon seit 1845 war man jedoch mit der Planung zu einem Neubau beschäftigt.

Herbststraßenbrücke

Die Anlage der Eisenbahnstrecken und die zahlreichen Großbetriebe entlag der Bahnlinien bedeuteten für die anliegenden Stadtviertel in Neuhausen und im Westend auch eine erhebliche Einschränkung. Ein Überqueren der Gleise wurde immer schwieriger. Als Verlängerung der Herbststraße stand nur ein schienengleicher Übergang zur Verfügung. Erst 1870 ließ man hier eine 145 m lange und 8,50 m breite Fachwerkbrücke aus Eisenprofilen errichten, die Herbststraßenbrücke. Schon 20 Jahre später war die Brücke dem gestiegenen Straßenverkehr nicht mehr angemesen und durch den Neubau der Hackerbrücke ersetzt.

Eröffnung der Herbststraßenbrücke, 1870

Hackerbrücke, 1892

3.7 Hackerbrücke

Mit dem stürmischen Ausbau der Eisenbahnverbindungen wurden auch die Gleisanlagen immer umfangreicher und damit ein niveaugleicher Bahnübergang für Fußgänger und den Wagenverkehr unmöglich. Als erste Überbrückung entstand die Herbststraßenbrücke, etwas westlich von der heutigen Hackerbrücke und 1890–94 schließlich die heute noch bestehende Eisenkonstruktion in der Fortführung der Grasserstraße, benannt nach der benachbarten Hackerbrauerei. Die Konstruktion ist ein frühes Beispiel einer Beton-Stahl-Mischbauweise. Die Querträger, auf denen die Fahrbahndecke ruht, sind von den sechs bogenförmigen Fachwerkträgern mit einer Stützweite von jeweils 29 m abgehängt. Ursprünglich war die Brückenfahrbahn zwischen den Querträgern mit Holz gepflastert. Ein im Zweiten Weltkrieg zerstörter Brückenbogen wurde 1953 vereinfacht wiederhergestellt. Die unter Denkmalschutz stehende Brücke wurde 1983/84 komplett saniert mit technisch spektakulären Details: die gesamte Brückenkonstruktion wurde angehoben und die an den Fachwerkbögen hängenden Fahrbahnplatten der Reihe nach herausgezogen und ausgetauscht.

Hot Spot Hackerbrücke

Ein bisschen Großstadt-Feeling zwischen Ludwigsvorstadt und Maxvorstadt, der weite Blick in die Ferne, Züge von irgendwoher und irgendwohin, vielleicht nur bis zum Ostbahnhof. An lauen Sommernächten ist der Querbalken der Brückenkonstruktion ein langes Austragsbankerl wahlweise mit Blick zur Stadt oder eher in den Sonnenuntergang Richtung Westen. Ungeahnte Aufenthaltsqualitäten.

3.8 ZOB Zentraler Omnibus-Bahnhof

Das Gelände gehörte lange zum großen Bereich der Güterabwicklung des Münchner Hauptbahnhofs, zuletzt war hier einer von mehreren Busbahnhöfen in München. Ein begrenzter Architekturwettbewerb ergab als ersten Preisträger für den Neubau eines zentralen Omnibus-Bahnhofs den Entwurf der Architekten Auer Weber. Untergebracht werden sollten auf dem Grundstück 20 Busterminals und 38 Busabstellplätze, Flächen für Büros und Gewerbe aber auch ca. 2.000 m² für eine Diskotehek, die schon vorher auf dem Gelände bestand. Die Architekten begründeten ihren Entwurf direkt an der Hackerbrücke und den Gleisen zum Hauptbahnhof mit dem Aspekt der Dynamik des Verkehrs. Ein „Promenadendeck" dient als Verteilerebene und Erschließung der ausgeführten 29 Busterminals und v.a. der Läden im Gebäude. Die äußere Form fasst die inneren einfachen Baukörper durch Alumniumrohre zu einer schnittigen Karosserie zusammen, die einem ICE-Triebkopf ähnelt und Einblicke in die inneren Gebäudeteile ermöglicht.

Nach der Eröffnung am 11. September 2009 wurden die zusätzlichen Nutzungen des ZOB nur mäßig angenommen, was zu Auseinandersetzungen der Pächter mit dem Projektentwickler der Fa. Hochtief führte, durch die Derugulierung des Fernbusmarktes in Deutschland ab dem Jahr 2013 haben sich die Zu- und Abfahrten im ZOB jedoch deutlich gesteigert auf über 135 pro Tag, im Wettbewerbsverfahren waren ca. 100 Abfahrten pro Tag anvisiert. Jährlich sollen ca. 50.000 Fernbusse das ZOB anfahren, die gesamte vermietbare Nutzfläche für Gewerbe beträgt 24.600 m². Damit ist der ZOB einer der wichtigsten Verkehrsknotenpunkte in Süddeutschland. Das Objekt gehört zu WealthCap Immobilien.

München Das neue Verkehrsministerium

3.9 Paul-Heyse-Unterführung

Hasenstraßen-Unterführung, 1908

Paul-Heyse-Unterführung, 2022

Die Anlage der Eisenbahntrassen von Westen her bis zum heutigen Standort des Hauptbahnhofs schuf eine schwer zu überwindende Grenze, die die Verkehrsverbindungen zwischen den sich entwickelnden Stadtteilen behinderte. Als erster Tunnelbau unter der Hauptstrecke der Eisenbahntrassen entstand bis 1903 eine 210 m lange Unterführung zwischen der damaligen Heustraße und der Hasenstraße, heute Paul-Heyse-Straße und Seidlstraße. Jede Fahrtrichtung erhielt zwei Fahrbahnen und einen Bürgersteig mit insgesamt 10 m Breite, getrennt durch die tragenden Stützen. Belichtet werden konnte die Unterführung durch mehrere Lichtschächte, deren Positionen auch heute noch zu sehen sind. Um das einfallende Tageslicht besser zu verteilen wurden die Seitenwände mit glasierten Ziegeln verkleidet. Finanziert wurde die Tunnelverbindung allein von der Stadt München. Konstruktion und Bau der Unterführung war direkter Anlass für die Gründung des Eisenwerks München, das bis 1908 in Obersendling bestand. Für 6,3 Mio Euro wird die lange verwahrloste Unterführung zurzeit auf Kosten der Stadt München und nach einer Planung der Architekten Lang Hugger Rampp saniert mit einer finanziellen Beteiligung der Bahn.

3 Pfarrkirche St. Paul

Baustelle St.-Pauls-Kirche, um 1900

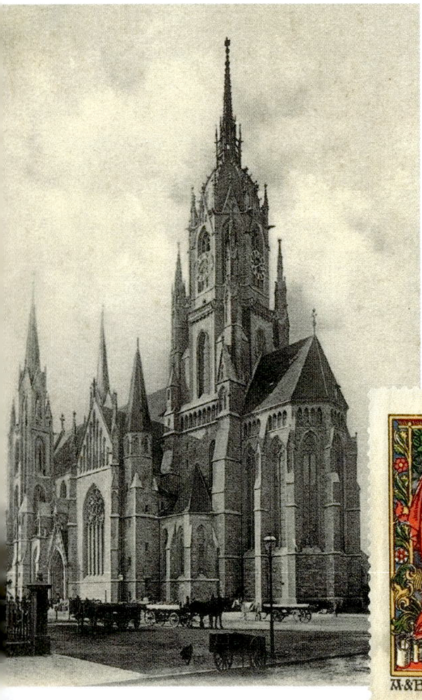

3.10 Geschichte

Der starke Anstieg der Bevölkerungszahlen und die rasche Verdichtung der Vorstädte erforderte auch den Bau mehrerer Pfarrkirchen. Zur Finanzierung der notwendigen drei Kirchen (St. Benno in der Maxvorstadt, St. Maximilian in der Isarvorstadt und St. Paul) wurde ein Zentralkirchenbauverein gegründet, für den Bau der Paulskirche ein weiterer lokaler Bauverein. Der Architekt Matthias Berger hatte schon 1877 eine Ideenskizze für den Bau einer Kirche in der Ludwigsvorstadt vorgelegt, mit dem Generalplan zur Anlage des Wiesenviertels setzte der Architekt des Münchner Rathauses, Georg Hauberrisser einen Standort in der Achse der Landwehrstraße fest, das Grundstück wurde von der Stadt München zur Verfügung gestellt.

Hauberrisser erhielt 1889 den Planungsauftrag, 1892 konnte der Grundstein gelegt werden. Eingeweiht wurde die Kirche am 24. Juni 1906 durch den Erzbischof Franz Joseph von Stein, anwesend war auch Prinzregent Luitpold und das wittelsbacher Königshaus.

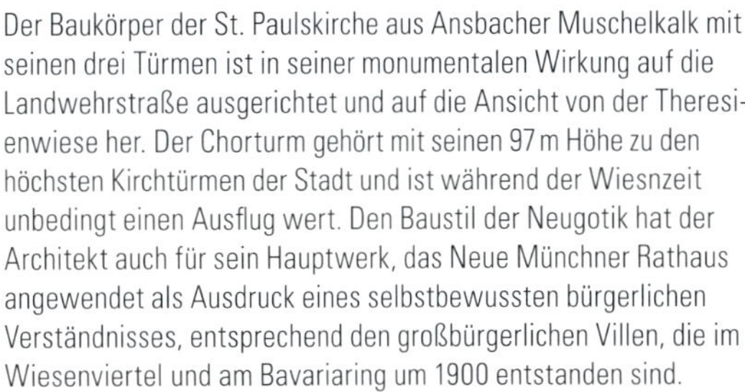

Der Baukörper der St. Paulskirche aus Ansbacher Muschelkalk mit seinen drei Türmen ist in seiner monumentalen Wirkung auf die Landwehrstraße ausgerichtet und auf die Ansicht von der Theresienwiese her. Der Chorturm gehört mit seinen 97 m Höhe zu den höchsten Kirchtürmen der Stadt und ist während der Wiesnzeit unbedingt einen Ausflug wert. Den Baustil der Neugotik hat der Architekt auch für sein Hauptwerk, das Neue Münchner Rathaus angewendet als Ausdruck eines selbstbewussten bürgerlichen Verständnisses, entsprechend den großbürgerlichen Villen, die im Wiesenviertel und am Bavariaring um 1900 entstanden sind.

Zerstörung und Wiederaufbau

Die Kirche erlitt im Zweiten Weltkrieg im Vergleich zu anderen Münchner Kirchen geringere Schäden. Zerstörungen gab es nur im Bereich der Vierung: Der südliche Querarm und mehrere Gewölbe des Mittelschiffs stürzten ein. Bis 1954 wurden die Schäden behoben. 1979–1989 wurden die Außenwände das erste Mal grundlegend saniert. 2011–2012 war eine Dachsanierung und eine erneute Reparatur und Reinigung der Natursteinfassade erforderlich.

Ausstattung

Von der originalen Ausstattung haben sich ein gemalter Marienaltar (Gabriel von Hackl), die plastischen Kreuzweggruppen von Georg Busch und plastische Arbeiten im Tympanon (Heinrich Waderè) erhalten, der neugotische Hochaltar ist verloren.

Georg von Hauberrisser

1841 Graz – 1922 München

Hauberrisser hatte in München, Berlin und Wien studiert, ließ sich aber 1866 in München nieder, wo er 1867 den Ideenwettbewerb zum Neuen Rathaus am Marienplatz gewann, ein Bau, der ihn bis 1911 beschäftigte. Für mehrere Städte entwarf er Rathäuser, sein eigenes Wohn- und Atelierhaus steht an der oberen Schwanthalerstraße. In der St. Paulskirche hat er sich am Aufgang zum Turm mit einem Portrait des Bildhauers Simon Korn verewigen lassen.

DGB-Haus, 2020

3.11 DGB-Haus

Schwanthalerstraße 64
Nach 1945 organisierten sich die meisten Gewerkschaften und auch der Gewerkschaftsbund neu als Einheitsgewerkschaften. Das alte Gewerkschaftshaus in der Pestalozzistraße war 1933 von den Nazis besetzt und 1944 durch Bomben zerstört worden. So befanden sich die Büros der neu gegründeten Gewerkschaften zuerst im Hochhaus an der Blumenstraße und ab 1947 in der Landwehrstraße 7–9.

Abbruch des DGB-Hauses, 2022

Die VTG (die Eigentümerin der Immobilien des DGB) ließ dann in der Schwanthalerstraße 64 für 3,5 Mio. DM ein neues, modernes Gewerkschaftshaus nach den Plänen des Architekten Ernst Hürlimann errichten. Prägend ist die grün-orange Fassade des Hauses. Haus A und B und der Pavillon wurden im Juni 1959 eingeweiht, später kam das Haus C hinzu.

Im Gewerkschaftshaus befanden sich die Büros und Besprechungsräume des DGB, Landesbezirk Bayern und Kreis München, ebenso wie die Räume der ursprünglich 16 und heute – infolge von Zusammenschlüssen – noch acht Einzelgewerkschaften.

Mehrmals wurde der Gebäudekomplex renoviert und zuletzt von 2004 bis 2009 grundsaniert. Bis Ende 2020 waren alle Mieter ausgezogen und der Abbruch der Gebäude begann. An ihrer Stelle wird bis voraussichtlich 2024 ein neues Gewerkschaftshaus entstehen. Mit dem Abriss verschwindet in München ein historisches Gebäude, das über 60 Jahre das Zentrum des gewerkschaftlichen Lebens in München und Bayern bildete und die Arbeitnehmermacht in München verkörperte. *(Text: Ludwig Eiber)*

3.12 EineWeltHaus

Im Juli 2001 fand das große Eröffnungsfest des Hauses in der Schwanthalerstraße statt. Das Vorläuferprojekt des *EineWeltHauses* war das bereits 1988 gegründete *Dritte Welt Café* in der Daiserstraße in München-Sendling.

Das *EineWeltHaus* ist ein lebendiger Ort, an dem Menschen aller Kulturen – jung und alt – miteinander arbeiten, Visionen für die Zukunft entwickeln, sich treffen, austauschen, Veranstaltungen organisieren, gemeinsam feiern und versuchen, ein friedliches und solidarisches Miteinander zu leben. Finanziert wird der Trägerverein EineWelt-Haus München e.V. v.a. von der Stadt München, das Haus ist in städtischem Besitz.

Das *EineWeltHaus* gibt Impulse für vielfältige Aktivitäten und vernetzt Projekte in den Bereichen Migration, internationale und interkulturelle Solidarität, entwicklungspolitische Bildung, Kultur, Politik, Ökologie und Soziales. Es ist ein internationales und interkulturelles Begegnungszentrum mit Informations- und Beratungsangeboten und eine Anlaufstelle für Geflüchtete in München. Etwa 280 Gruppen nutzen das Haus regelmäßig. Die Mitarbeiter*innen des Hauses arbeiten selbstverwaltet auf der Basis demokratischer Grundsätze wie Mitbestimmung und Gleichberechtigung. Das *EineWeltHaus* ist offen für alle, die sich politisch, kulturell oder sozial einbringen möchten.

Im Haus befinden sich eine kleine Bibliothek, eine Büchercorner zum Büchertauschen, eine Verteilerstelle für Lebensmittel des Vereins Foodsharing, ein *EineWeltLaden* und das Lokal *Weltwirtschaft* mit einem schönen ruhigen Biergarten. Regelmäßige Veranstaltungen sind das Frischluftkino in den Sommermonaten, der Kleidertauschmarkt, die Konzertreihe „tonfolgen: Konzerte im EineWeltHaus" und Ausstellungen im monatlichen Wechsel im Foyer des Hauses. *(Text: Anna Regina Mackowiak)*

Das Wandgemälde

Im Herbst 2002 entstand das Wandgemälde, das den Besucher*innen schon von der Schwanthalerstraße aus ins Auge fällt. Es spiegelt eindrucksvoll den Geist des EineWeltHauses wider. Die beiden Maler Charles Bhebe aus Zimbabwe und Manfred Zylla aus München mit Wohnsitz in Kapstadt (Südafrika) gaben der vorher grauen Wand in wochenlanger Arbeit auf schwindelerregend hohem Gerüst Ausdruck und Farbe.

Die Themen, die das Gemälde aufgreift sind leider nach wie vor brandaktuell. Zu sehen sind ein Boot, auf dem sich geflüchtete Menschen drängen, Waffen die in Kriegsgebieten eingesetzt werden, Menschen auf dem Weg in ein hoffentlich besseres Leben, klimatische Veränderungen und Wasser- und Nahrungsmittelknappheit.
Im Juli 2009 wurde das Gemälde von Manfred Zylla und dem südafrikanischen Künstler Garth Erasmus restauriert.
Weitere Informationen zum Haus unter www.eineweltHaus.de

3.13 Schwanthaler-Schule

Zur Versorgung der Vorstädte mit Volksschulen erstellte der Architekt August Voit d.J. ein einheitliches Baukonzept. Die Gebäude sollten nicht nur die Unterrichtsräume enthalten sondern auch soziale Einrichtungen für die Stadtviertel wie Suppenküchen, Kinderhorte, Räume für die Armenpflege, außerdem waren Turnsäle Teil des Bauprogramms. Die Schwanthalerschule ist das erste entsprechend ausgeführte Beispiel, es folgten ähnliche Schulbauten u.a. an der Türkenstraße und der Kirchenstraße in Haidhausen. 1909 wurde die Schule mit einem Bau von Adolf Schwiening und Robert Rehlen erweitert. Heute ist hier die Wirtschaftsaufbauschule untergebracht.

Die Radiogruppe des Horts an der Grundschule Schwanthalerstraße hat 2021 am Programm *audiostreifzüge* durchs Viertel teilgenommen. Hier im LORA-Studio. Foto: Martina Helbing

Radio LORA München 92.4

Schwanthalerstraße 81
LORA München 92.4 versteht sich als lokales, unabhängiges, demokratisches und nichtkommerzielles Radio sowie als Plattform für bürgerschaftliches Engagement. Seit 2015 hat der Sender seinen Sitz in der Schwanthalerstraße 81 gegenüber von EineWeltHaus und Gewerkschaftshaus. Das Themenspektrum reicht von Wirtschaft und Soziales über Ökologie und Kultur bis hin zu multikulturellem Miteinander. Ergänzt wird das Programm durch Musik jenseits des Mainstreams. Über 250 ehrenamtliche Mitarbeiter*innen sowie knapp 50 Vereine und Initiativen gestalten das Programm. LORA ist für sie nicht nur eine Möglichkeit, Themen und Meinungen einem größeren Publikum zu vermitteln, sondern auch ein gemeinsames basisdemokratisches Projekt zur Vermittlung von Medien- und Demokratiekompetenz und das schon seit 1993. Livestream kann man auf lora924.de hören. LORA sendet Montag bis Donnerstag von 16 bis 24 Uhr und Freitag von 16 bis 21 Uhr auf UKW 92.4: Auf DAB+ geht der Sender Montag bis Freitag von 1 bis 16 Uhr und von 18 bis 24 Uhr on Air.

Mitglieder des Münchner Forums bei Radio Lora

3.15 Graffito-Denkmal für Georg Elser

22 m hoch: eines der größten Graffiti der Stadt. Es stellt den mutigen Widerstandskämpfer Georg Elser dar, der mit einer selbstgebauten Bombe Adolf Hitler bei einer NS-Veranstaltung am 8. November 1939 im Bürgerbräukeller töten wollte. In Auftrag gegeben haben das Graffito an der Brandwand der Stadtsparkassenfiliale in der Bayerstraße 69 die Münchner *tz*, der *Münchner Merkur*, die *Stadtsparkasse München*, *Magic City* und die *Färberei*, eine Einrichtung des Kreisjugendrings, Initiator war der tz-Chefredakteur Rudolf Bögel. Die beiden Graffiti-Künstler Loomit (Mathias Köhler) und Markus Müller (WON ABC) hatten freie Wahl des Motivs und sich für Elser entschieden. Um das Portrait Elsers herum haben sie verschiedene historische und fiktionale Gestalten gruppiert, wie Julius Cäsar, Darth Vader, Daniel Düsentrieb, die Figur einer Justitia, Robin Hood und weitere Action-„Helden".
Georg Elser wurde im KZ Dachau inhaftiert und wenige Tage vor dessen Befreiung am 9. April 1945 hingerichtet. Bis in die 1990er Jahre wurde er als Widerstandskämpfer kaum gewürdigt. In München gibt es weitere Denkmäler am Ort des ehemaligen Bürgerbräukellers und seinem Wohnort in der Türkenstraße 94.

3.16 Schwanthalerstr. 79

Der Architekt August Zeh plante für den Apotheker Andreas Kammer einen prächtig dekorierten Jugendstilbau. Figürliche Reliefs mit dionysischen Szenen, volkstümliche Motive und Sinnsprüche, Brüstungsfelder mit einer Art Balkonmuster, dazwischen Strukturputz und oben noch ein paar Tiergestalten: das volle Jugendstilprogramm. 1905 wurde das Haus fertig und hatte damals schon in jeder Wohnung ein Bad.

3.17 Flugzeugabsturz Martin-Greif-Straße

Eines der schwersten Flugzeug-Unglücke in der deutschen Luftfahrtgeschichte geschah am 17. Dezember 1960 in der Martin-Greif-Straße. Eine amerikanische Militärmaschine hatte bereits unmittelbar nach dem Start in Riem einen Notruf gefunkt, der auf einen technischen Schaden hinwies. Kurz nach 14 Uhr streifte die Convair C 131 mit 20 Passagieren den Turm der St. Paulskirche und das Dach eines Hauses, wobei eine Tragfläche abbrach und stürzte dann an der Kreuzung zur Bayerstraße ab. Das vollbetankte Flugzeug setzte ein Haus, mehrere Personenwagen und vor allem den Anhänger einer mit 30 Personen besetzten Straßenbahn in Brand. Da das Flugzeug außerdem noch eine Gasleitung in der Martin-Greif-Straße aufriss, hatte sich sofort ein Brand über mehrere hundert Meter ausgebreitet. Aus den Trümmern wurden 49 verkohlte Leichen geborgen, es gab zahlreiche Schwerverletzte, von denen weitere vier im Krankenhaus verstarben. Vermutlich wollte der amerikanische Flugzeugkapitän auf der Theresienwiese notlanden.

Die Katastrophe war letztlich der Auslöser dafür, dass v. a. auf Betreiben des damaligen Oberbürgermeisters Hans-Jochen Vogel ernsthaftere Überlegungen zu einer Auflassung des Flughafens in Riem und zur Standortsuche für einen neuen Flughafen weiter außerhalb der Stadt betrieben wurden. Der neue Flughafen in Erding wurde allerdings erst im Mai 1992 eröffnet. Bis dahin blieb der Flughafen Riem in Betrieb.

(Quelle: Karl Stankiewitz, Schwarze Tage. Das Münchner Katastrophenbuch, München 2006)

Gedenktafel

Die Gedenktafel zur Erinnerung an den Flugzeugabsturz wurde von Oberbürgermeister Hans-Jochen Vogel am 29. April 1961 am Unfallort eingeweiht.

Zwei Jahre vorher, am 6. Februar 1958, hatte es auf dem Flughafen in Riem bereits ein schweres Flugzeugunglück gegeben: eine Maschine der britischen Fluggesellschaft BEA war beim Start verunglückt. Unter den Opfern waren mehrere Mitglieder der Fußballmannschaft von Manchester United.

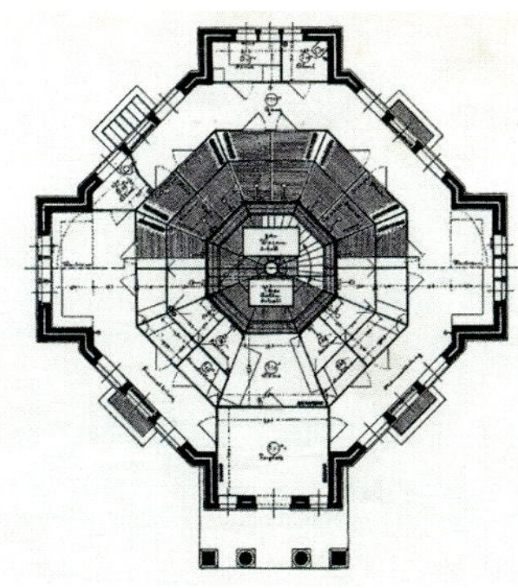

3.18 Tröpferlbad/Das Bad

Der schmucke Tempel wurde vom Architekten Hans Grässel als Volksbadehaus geplant – nicht für die vornehme Klientel am Bavariaring – die hatten in ihren großbürgerlichen Stadtvillen schon alle eigene Bäder, sondern für die Habenichtse aus dem benachbarten Westend, in denen es zur Erbauungszeit 1894 noch in den wenigsten Wohnungen Bäder gab. Damit es aber den vornehmen Bewohnern des Bavariarings nicht zu popelig erschien, gestaltete er das funktionale Bad mit 14 Brausen für Männer und 4 für die Frauen als klassizistischen Pavillon. Später diente es auch als Trambahnwärterhäuschen, Toilettenbau und heute nach mehreren anderen Gastro-Versuchen und einer Sanierung durch die Edith-Haberland-Stiftung als: *Das Bad*, nett gestalteter Gastraum mit einem besonderen Biergarten, Augustinerbier und der *Badwurst*.

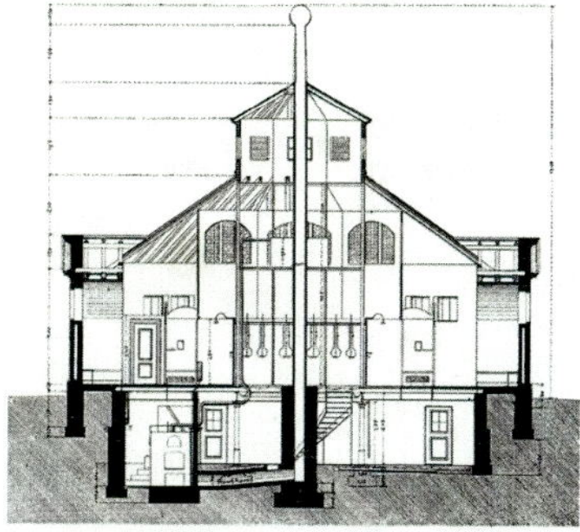

3.19 Oktoberfest-Attentat 1980

26. September 1980, Freitagabend um 22:19. Viele Festbesucher waren schon auf dem Heimweg, als am Haupteingang am Bavariaring eine Bombe in einem Papierkorb zündete. 13 Menschen starben, 211 wurden verletzt, viele von ihnen schwer. Ermittlungen der „Soko Theresienwiese" ergaben als alleinigen Attentäter den 21jährigen rechtsextremen Geologiestudenten Gundolf Köhler, der selbst auch beim Terroranschlag ums Leben kam und Kontakte zur Wehrsportgruppe Hoffmann hatte. Das Attentat fand neun Tage vor der Bundestagswahl 1980 statt, in der Franz-Joseph Strauß gegen den amtierenden SPD-Bundeskanzler Willy Brandt angetreten war und wurde zunächst auch für die heftigen Auseinandersetzungen der Wahl instrumentalisiert, jedenfalls bis sich der Zusammenhang zur Wehrsportgruppe Hoffmann nachweisen ließ. Die unprofessionellen Ermittlungen führten zu weiteren Recherchen des Journalisten und Autors Ulrich Chaussy und Versuchen zur Wiederaufnahme des Ermittlungsverfahrens, die jedoch abgelehnt wurden u.a. weil die entsprechenden Asservate bereits 1999 alle vernichtet wurden – aus Platzmangel wie es hieß. Der Betrieb auf der Wiesn wurde am Abend weitergeführt, am nächsten Tag aber für einen Tag unterbrochen.

Dokumentation Oktoberfest-Attentat, Monika Müller-Rieger, 2020

Denkmal für die Attentatsopfer von Friedrich Koller, 2008

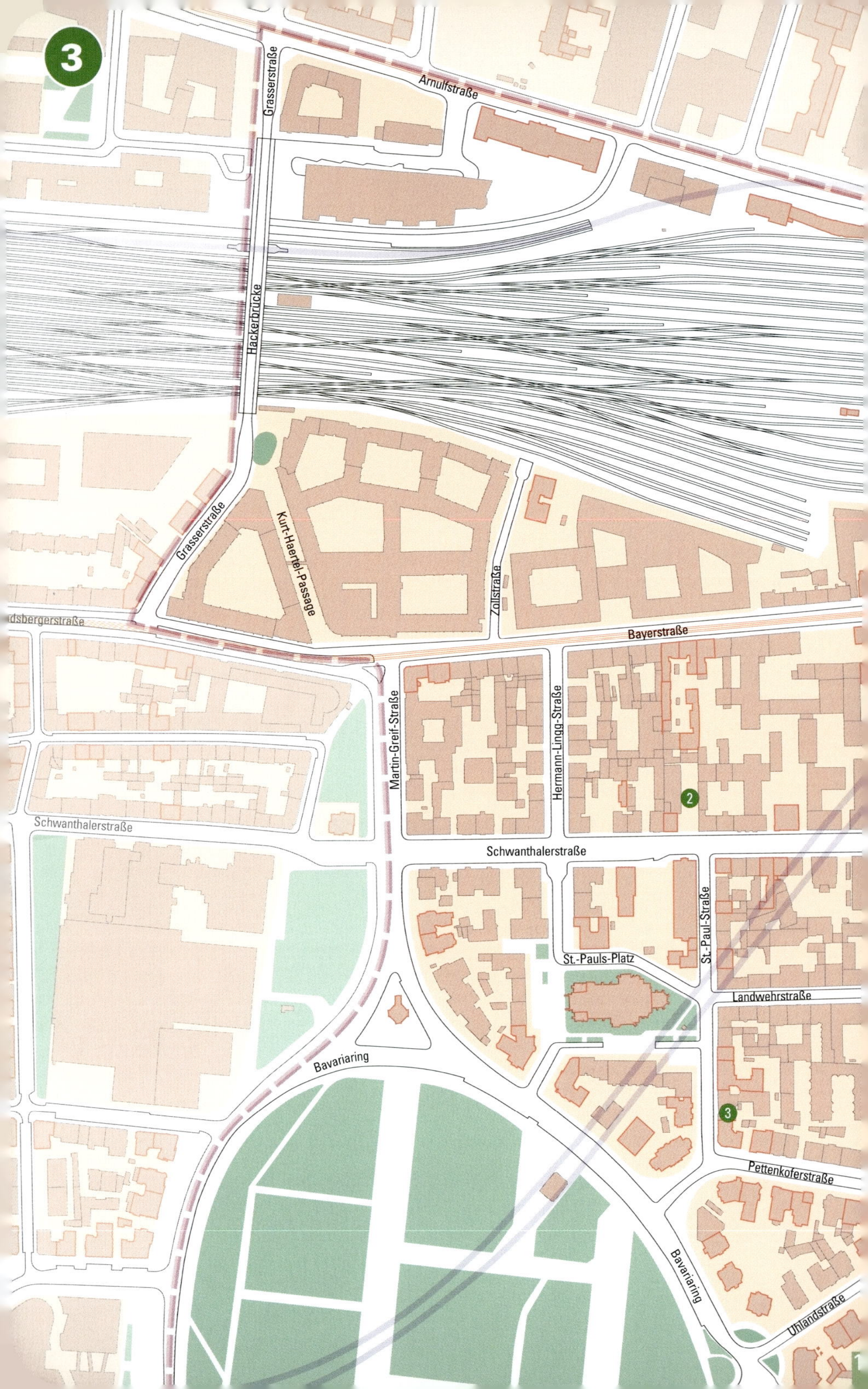

3
Arnulfstraße
Grasserstraße
Hackerbrücke
Grasserstraße
Kurt-Haertel-Passage
Zollstraße
Bayerstraße
dsbergerstraße
Martin-Greif-Straße
Hermann-Lingg-Straße
2
Schwanthalerstraße
Schwanthalerstraße
St.-Paul-Straße
St.-Pauls-Platz
Landwehrstraße
Bavariaring
3
Pettenkoferstraße
Bavariaring
Uhlandstraße

Rund um St. Paul • Service

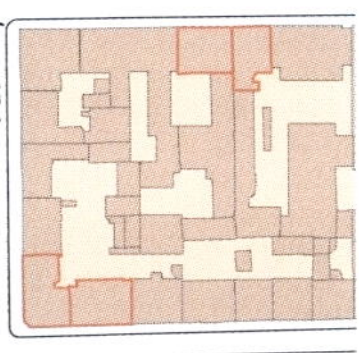

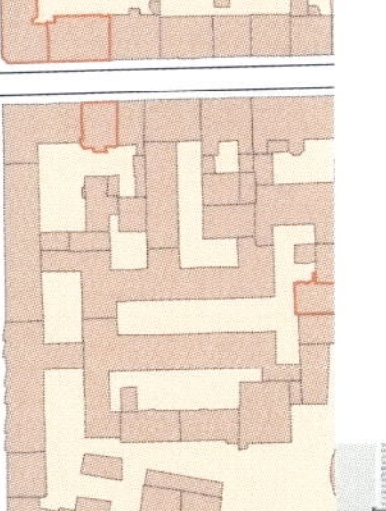

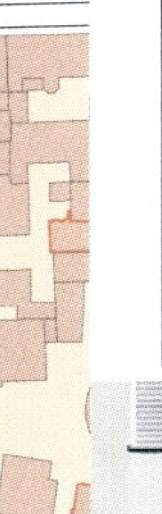

Cafés • Bars

1 Café Konditorei Herrmann
Alle Backwaren aus eigener Produktion
Paul-Heyse-Straße 14

Café Hajduk
Sportcafé/Augustinerbier
Landwehrstraße 81

Café 23
Hermann-Lingg-Straße 14

Back & flavour
Café
Bayerstraße 87

Bäckerei Ihle
mit Café-Ecke
ZOB, Hackerbrücke 4

Essen

2 Weltwirtschaft
Schwanthalerstraße 78
Im EineWeltHaus

Gasthaus zur Festwiese
Schwanthalerstraße 85

Bavaria
Bodenständige bayerische und kroatische Küche. Gaststätte mit griechischen Säulen und Golddekor.
Bayerstraße 81

Pizzeria San Paolo
St.-Paul-Straße 1a

Pizzeria Mille Stelle
Italienisches Restaurant
Bayerstraße 103

Binh Minh
Vietnamesisches Restaurant
Bayerstraße 101

Mango
Restaurant
Bayerstraße 34

Sultanahmet Koftecisi
Türkisches Restaurant
Bayerstraße 91

Marmaris
Türkisches Restaurant
Hermann-Lingg-Straße 12

Ottantanove vi vadi
Italienisches Restaurant
Steinofenpizza, Lavastein-grill, Bayerstraße 89

Da Vinci
Ristorante Pizzeria
Bayerstraße 49

Délice La Brasserie
Französisches Restaurant
Bayerstraße 12

Il Castagno
Italienisches Restaurant
Grasserstraße 10

Augustiner-Keller
Restaurant und Biergarten
Arnulfstraße 52

Funkstadl
Bayerisches Restaurant, Fassbier
Arnulfstraße 44

Eat Happy
Sushi-Restaurant
Arnulfstraße 32

Stub'n Restaurant
Arnulfstraße 24

Pasto München
Italienisches Restaurant
Arnulfstraße 16/18

Wirtshaus Rechthaler Hof
Arnulfstraße 10

Central Café
Restaurant
Arnulfstraße 4

Lebensmittel

Getränkemarkt Weiss-Blau
Landwehrstraße 87

Ne & Me Markt
Lebensmittelhändler
Schwanthalerstraße 90

Aldi Süd
Lebensmittel
Rundfunkplatz 4

Döner • Imbiss

Bei Toki
Griechisch
St.-Paul-Straße 3

Feinkost Imbiss
Warmer Leberkäs
Pettenkoferstraße 32

Cigköfte von Efsane
Türkisches Restaurant
Landwehrstraße 83

Oliva ZOB
Italienisches Restaurant
Hackerbrücke 4

McDonald's
Fast Food
ZOB, Hackerbrücke 4

Kunst • Kultur

Kroatisches Haus
Kroatische katholische Gemeinde München
Schwanthalerstraße 96/98

3 Rund um St. Paul

Shopping

Kaschmir Basar
Asiatische Haushaltwaren
Landwehrstraße 64

Behold Afroshop
Landwehrstraße 72

Götterfunken Feuerwerke
Fire&Wein
Fachhandel für Feuerwerksartikel
Landwehrstraße 79

Uhrenworld München Center
Gebrauchte Luxusuhren & Schmuck
Schwanthalerst raße 102

PRYM Lichtgestaltung
Leuchten
Landsberger Straße 1

Naša Trgovina
Haushaltswarengeschäft
Bayerstraße 34

U-Store
Gemischtwarenladen
ZOB, Hackerbrücke 4

Lidl
ZOB, Hackerbrücke 4

Stahl
Berufskleidung
Arnulfstraße 12

Specials

Schaumstoffe
Polsterwaren
Schwanthalerstraße 77

Nähwerk
Laden, Schneiderei, Café
Schwanthalerstraße 79

Frauenzimmerl
Ein Stück vom Glück
Pettenkoferstraße 32

Sinanovic
Maschinen, Werkzeuge & Arbeitskleidung
Bayerstraße 99

Colorwand e.K.
Digitaldruckerei,
Bayerstraße 95

3 **Posamenten-Müller**
Manufaktur
St.-Paul-Straße 10

AKM
Angel- und Ködermarkt
Angelbedarf
Hermann-Lingg-Straße 11

Modellzüge | Gleis 11
Modelleisenbahnen
Bayerstraße 16b

Soziales

Die Weltentdecker
Schwanthalerstraße 69

Schulen

Heimerer Schulen
Berufsfachschule für Altenpflege
Bayerstraße 73

Private Berufsfachschule für bildende Kunst
Hermann-Lingg-Straße 13

Caritas Berufsfachschule
für Altenpflege/-hilfe
Landwehrstraße 66

Sonstiges

Polizeiinspektion 16
Bayerstraße 14

ZOB München
Zentraler Omnibusbahnhof
Arnulfstraße 21

Briefkästen

Sonnenstraße 4
Sonnenstraße 24 (Postbank)
Hauptbahnhof Gleishalle
Goetheplatz 1
Landwehrstraße 11
Schillerstraße 25
Bahnhofplatz 1

Posamenten-Müller

St.-Paul-Straße 10

Wer braucht heute noch Fransen und Quasten? Textiler Schmuck wie Quasten, Borten, Bordüren, Schnüre, Fransen, Treppen- und Raffseile, Raffhalter, Kordeln zierten einst Wohnräume, Theater, Kirchen, Schlösser und herrschaftliche Räume und gelten als prunkvolle Posamenten. Der Betrieb wurde 1865 in der Kaufingerstraße von Josef Müller gegründet. 1980 übernahm Anton Buchele die Manufaktur und verlegte sie an den heutigen Sitz im Hinterhof der St.-Paul-Straße 10 in der Ludwigsvorstadt. 1994 übernahm sein Sohn Andreas den Betrieb.

In der eigenen Seilerei werden mit hunderten von Garnfäden bis zu 40 m lange Seile, Schnüre und Kordeln hergestellt. Daraus entstehen u.a. Speisekartenschnürchen, Abschlüsse an Teppichen und Tapeten, Handläufe an Treppen und Absperrungen. Die Liste der Kunden beim Posamenten-Müller ist lang. Beispielhaft seien erwähnt: Bayerische Staatsgemäldesammlungen, Alte Pinakothek, Neue Pinakothek, Neues Schloss Schleißheim, Prinz-Carl-Palais, Bundeskanzleramt Berlin, Bayerische Staatskanzlei, Residenz München, Schloss Schwerin, Herzogliches Schloss Tegernsee, Schloss Hof bei Wien, Residenz-Theater München, Cuvilliestheater und viele mehr.

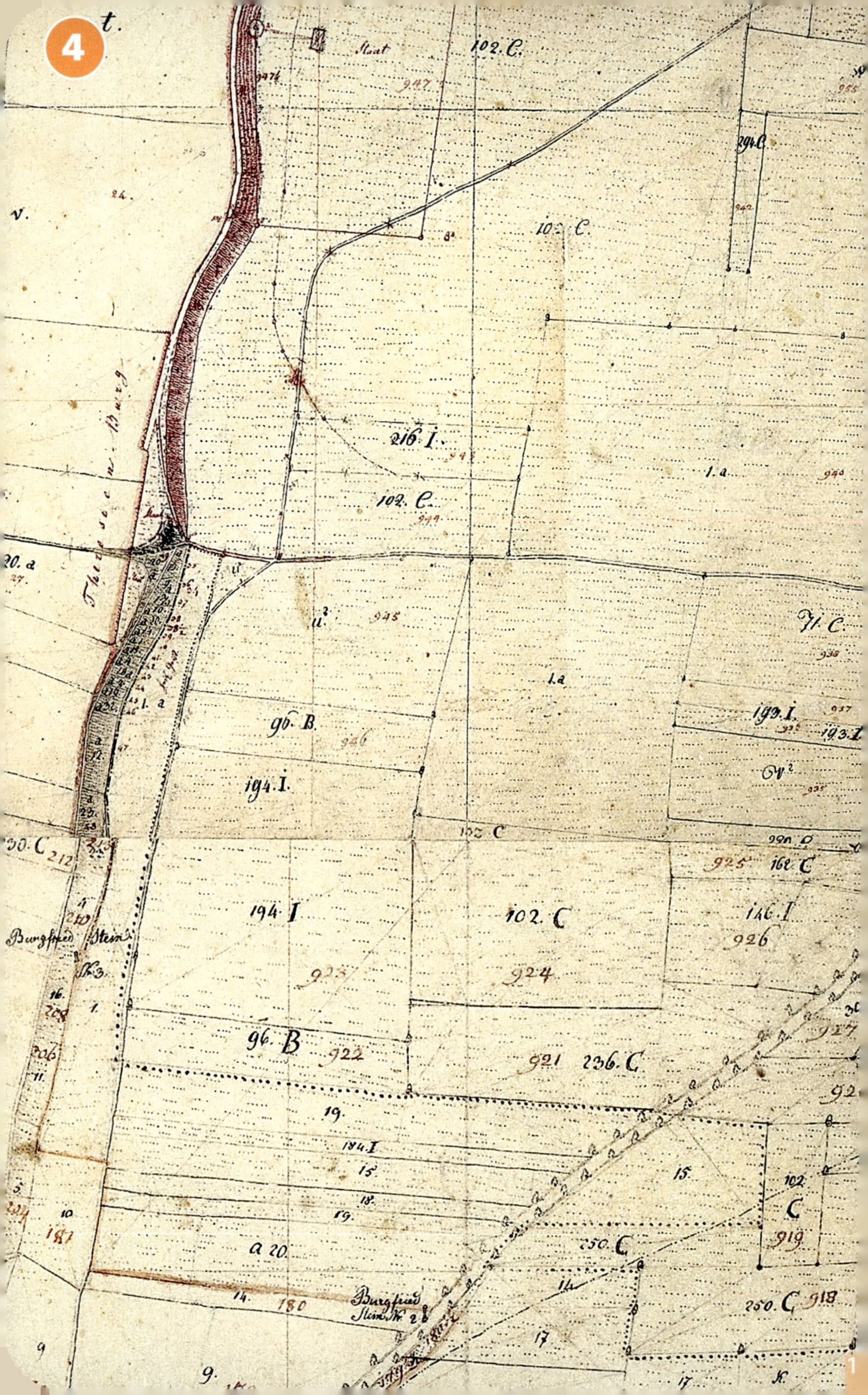

Rund um die Wiesn 1808/1812 4

Frühe Wege

Der Planausschnitt von 1808/12 zeigt keine Besiedlung. Immerhin kann man im unteren Bereich die diagonal verlaufende Sendlinger Landstraße, die spätere Lindwumrstraße, mit ihren Alleebäumen erkennen – noch unbegradigt. Die Straße schneidet die meisten Grundstücke im schrägen Winkel, daher vermutet Richard Bauer, der ehemalige Leiter des Stadtarchivs, dass die Strecke jüngeren Datums ist und erst mit der Stadtgründung angelegt wurde. Der ältere Weg Richtung Süden war wahrscheinlich die Thalkirchner Straße. In etwa an der Stelle des heutigen Lindwurmhofs steht die Burgfriedenssäule N°2 und markiert die eigentliche Stadtgrenze, außerhalb lag die Gemeinde Sendling, die erst 1877 eingemeindet wurde. Verfolgt man den Verlauf des Burgfriedens weiter nach Westen Richtung Isarhangkante, steht ein weiterer „Burgfriedens Stein N°3" an der unteren Hangkante, der Grenzverlauf verspringt aber dann beim Wechsel des Kartenblatts zur oberen Hangkante. Möglicherweise sind die einzelnen Kartenblätter nicht alle aus dem gleichen Jahr, sehr wahrscheinlich hat man den Verlauf der Burgfriedensgrenze auch in dieser Zeit im Zusammenhang mit den ersten Oktoberfesten seit 1810 geändert und den kompletten Hang zum städtischen Burgfrieden dazugeschlagen. Der rot gezeichnete Bereich des Isarhangs in der Fortsetzung nach Norden wäre auch dafür ein Beweis. In den Steuerkatasterblättern hat man jeweils in Rot Änderungen markiert, die dann von den Lithographen als Korrekturen auf die Lithographiesteine übertragen wurden. Der Bereich, in dem das Königszelt während des Oktoberfests stand ist mit dem Eigentümervermerk „Staat" beschrieben.
Die Bezeichnung „Theresenburg" oberhalb der Hangkante weist noch auf das Garten- und Bauprojekt von Kronprinz Ludwig, dem späteren König Ludwig I. hin, der auf der Theresienhöhe eine Villa für seine Gattin Therese errichten lassen wollte (die nicht ausgeführt wurde) und einen kleinen Park, den Theresenhain, aus dem später der Bavariapark wurde. Da die Grundstückskäufe zum Theresienhain erst 1823 erfolgten, sind die Eintragungen in Rot vermutlich erst aus dieser Zeit. Der rot angelegte Isarhang selbst beschreibt dann eine Herrichtung für die Zuschauer des Pferderennens, der Hang diente dann als Tribüne.
Der Weg, der in Ost-West-Richtung direkt auf den Hang zuführt mit den Hangaufstiegen gehört ebenfalls zu den ältesten Wegeverbindungen Richtung Westen.
In frühen Quellen des Stadtarchivs wird er benannt als Lochweg, Grießweg und Laimer Weg. Die Trasse entspricht heute ungefähr der Mozartstraße und der Matthias-Pschorr-Straße über die Theresienwiese.

Heuernte auf der Theresienwiese, August Seidel, um 1860

4

Schie stätte

528,9
522,4
521,2
521,5
529,2
522,3

Theresien - Wiese

Ruhmeshalle
Bavaria
4.10
4.9
523,3
522,8
531,5
523,0
523,6
Herman Schm
532,9
524,4
523,4
Stieler-Str
4.14
Gull-Str
524,3
533,8
vom Centralbahnhof
Poccistr
Viehhof

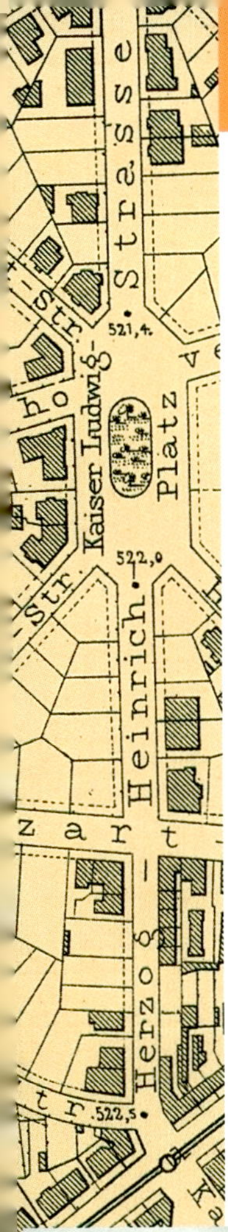

Rund um die Wiesn 1891

Planungen für die Theresienwiese

Der Ausschnitt des Stadtplans von 1891 zeigt den südlichen Bereich der Theresienwiese und die beginnenden Bebauungen östlich davon über die Herzog-Heinrich-Straße hinaus. Im Westen der Theresienwiese steht seit 1850 thronend die Statue der Bavaria, umgeben von der Ruhmeshalle, dahinter entwickelt sich der Bavariapark. Die Gestaltung und Nutzung der großen freien Fläche war durchaus umstritten, auch für einen Volkspark gab es Entwürfe, schließlich ließ man die Fläche unbebaut (mit Ausnahmen), um sie für die Abhaltung des Oktoberfests bereit zu halten. Der ausgeführte Entwurf geht auf ein Konzept des Architekten Georg von Hauberrisser zurück und auf eine Planung von 1883 durch den Baurat Voit.

Bevor damit auch Baulinien und Gebäudehöhen für eine Nutzung durch die Grundstücksbesitzer möglich wurden, gab es jahrelangen Streit mit den städtischen Behörden, die zum Einen für die Durchführung der Oktoberfeste notwendige Grundstücke erwerben mussten und zum Anderen einen Bebauungsplan für die anschließenden Bereiche bis zur Lindwurmstraße nicht erarbeiten konnten. Nach 1883 beginnt die Bebauung des Wiesenviertels, zunächst aber eher im nördlichen Bereich um die heutige St. Paulskirche.

Die Grundstücke, auf denen das Oktoberfest abgehalten wird, sind heute fast alle in städtischem Besitz. Bis zum Beginn des 19. Jahrhunderts war der bei weitem größte Teil jedoch im Besitz der Freisinger Bischöfe, die aber einzelne Grundstücke an Lehensträger, z.B. die Münchner Patrizierfamilien Ridler und Sentlinger verliehen hatten, die wiederum die Flächen von Pächtern nutzen ließen. Ein großer landwirtschaftlicher Ertrag war auf den Flächen unterhalb der Hangkante jedoch nie zu erwarten.

Die Lehensabhängigkeit von den Freisinger Bischöfen dauerte bis zur Säkularisierung 1802/03, als die Grundstücke in den Besitz des bayerischen Kurfürstentums gerieten. Erst in den 1820er Jahren wurden die Flächen allodifiziert, also den Lehensträgern gegen eine Ablöse übereignet. Wie der Historiker Richard Bauer beschreibt, gehörte dazu auch die Bankiersfamilie Dall'Armi. Danach hat also der Initiator des ersten Pferderennens auf der Theresienwiese, Michael Dall'Armi das Rennen zumindest auf einem Teil der Grundstücke seiner Familie abhalten können.

Das Bild unten zeigt das Oktoberfest von 1899 von Süden in einer Zeichnung von Christian Steinicken, im Vordergrund die Schießanlage mit dem Kugelfang auf der Hangkante.

Schießstände auf dem Oktoberfest, im Hintergrund die Baustelle der Paulskirche, 1899

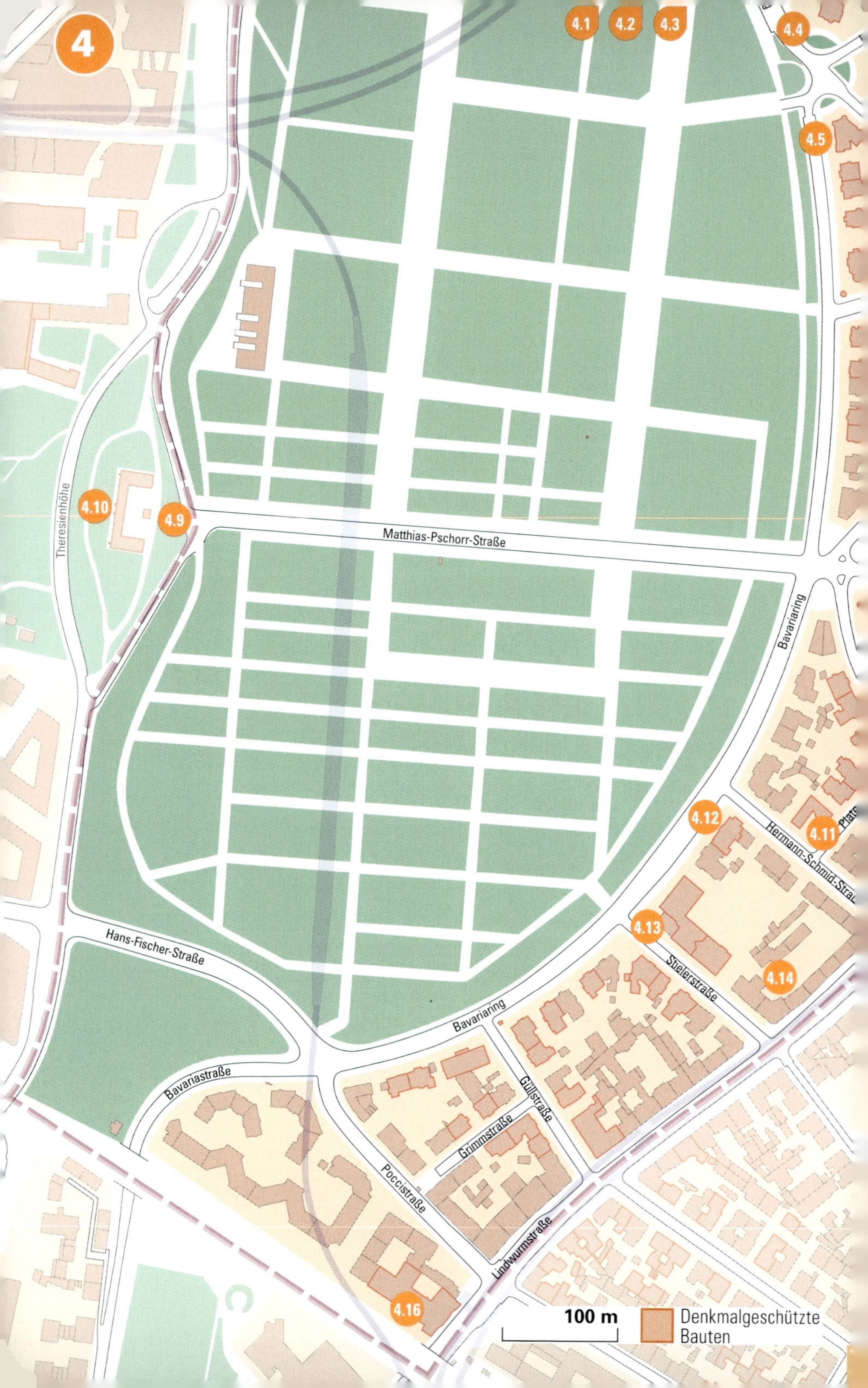
4
4.1
4.2
4.3
4.4
4.5
4.9
4.10
Theresienhöhe
Matthias-Pschorr-Straße
Bavariaring
4.11
4.12
Hermann-Schmid-Straße
4.13
4.14
Stielerstraße
Hans-Fischer-Straße
Bavariaring
Bavariastraße
Güllstraße
Grimmstraße
Poccistraße
Lindwurmstraße
4.16
100 m
Denkmalgeschützte Bauten

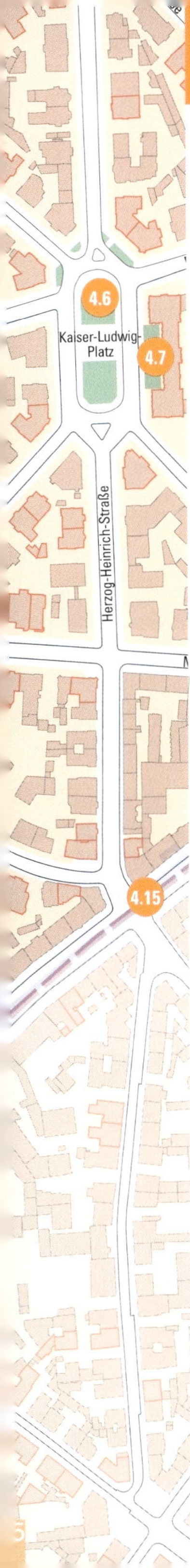

4.6
Kaiser-Ludwig-Platz
4.7
Herzog-Heinrich-Straße
4.15

Neue Chancen

Die Gestaltung der Theresienwiese und ihrer Umgebung nach der Planung von Zenetti war in erster Linie auf die Belange des Oktoberfestes ausgerichtet. Damals hat man ihre Lage eher am Rand der Stadt empfunden, heute liegt die große freie Fläche mitten in der Stadt, mehrfach erschlossen, selbst unter der Grasnarbe wird eine Überleitung der U-Bahn geführt. Einbauten hat man lange vermeiden können, 2004 wurde jedoch ein Servicezentrum für städtische Behörden, Feuerwehr, Polizeiwache und eine Sanitätsstation zum Zweck der Besucherbetreuung während des Oktoberfests unterhalb der Bavaria vor den Hang gestellt. Die Architekten Volker Staab aus Berlin haben sich bemüht, den Baukörper nicht als Gebäude, sondern eher als dienende Infrastruktur erscheinen zu lassen. Außer den Festzeiten ist die Kupferverkleidete glatte Fassade des Volumens geschlossen, im Betrieb vermitteln große Hubtore die Zugänglichkeit. Auf die von den Architekten vorgesehene kupfertypische grüne Patina müssen wir aber noch warten. Mit Ausnahme einer Skateranlage am Südende der Theresienwiese und einem kleinen Spielplatz im Norden bleibt die Wiese frei und wird inzwischen vermehrt auch für Freizeitaktivitäten genutzt. Der Ausfall der Oktoberfeste aufgrund Corona hat dem angesäten Magerrasen eine Chance zum Blühen gegeben, wie auch die Begrünungsmaßnahmen durch Mitglieder des Münchner Forums.

Behördenzentrum

Begrünung durch das Münchner Forum

Skater-Anlage

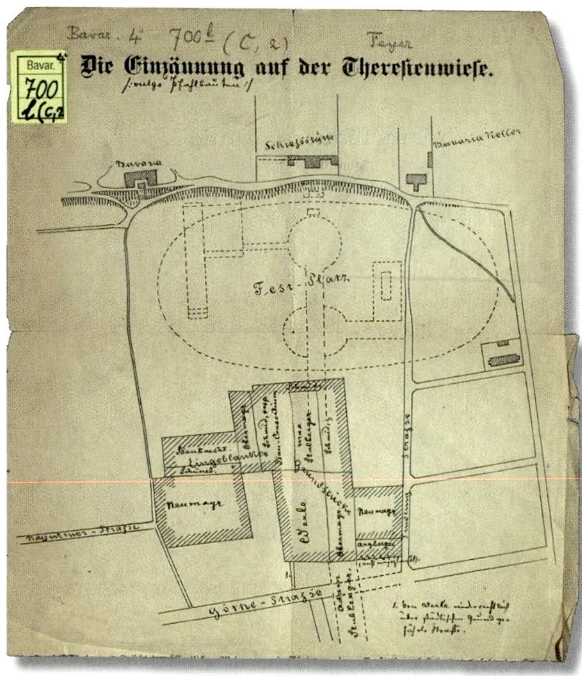

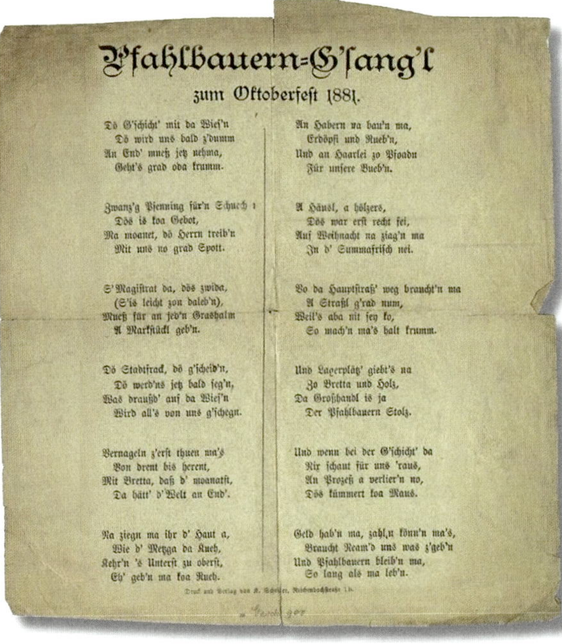

Pfahlbauern-G'sang'l

zum Oktoberfest 1881.

Dö G'schicht' mit da Wies'n
Dö wird uns bald z'dumm
An End' mueß jetz nehma,
Geht's grad oda krumm.

Zwanz'g Pfenning für'n Schuech
Dös is koa Gebot,
Ma moanet, dö Herrn treib'n
Mit uns no grad Spott.

S'Magistrat da, dös zwida,
(S'is leicht zon daleb'n),
Mueß für an jed'n Grashalm
A Markstückl geb'n.

Dö Stadtfrack, dö g'scheid'n,
Dö werd'ns jetz bald seg'n,
Was draußd' auf da Wies'n
Wird all's von uns g'schegn.

Vernageln z'erst thuen ma's
Von drent bis herent,
Mit Bretta, daß d' moanatst,
Da hätt' d'Welt an End'.

Na ziegn ma ihr d' Haut a,
Wie d' Metzga da Kueh,
Kehr'n 's Unterst zu oberst,
Eh' geb'n ma koa Rueh.

An Habern va bau'n ma,
Erdöpfi und Rueb'n,
Und an Haarlei zo Pfoadn
Für unsere Bueb'n.

A Häusl, a hölzers,
Dös war erst recht fei,
Auf Weihnacht na ziag'n ma
In d' Summafrisch nei.

Vo da Hauptstraß' weg braucht'n ma
A Straßl g'rad num,
Weil's aba nit sey ko,
So mach'n ma's halt krumm.

Und Lagerplätz' giebt's na
Zo Bretta und Holz,
Da Großhandl is ja
Der Pfahlbauern Stolz.

Und wenn bei der G'schicht' da
Nix schaut für uns 'raus,
An Prozeß a verlier'n no,
Dös kümmert koa Maus.

Geld hab'n ma, zahl'n könn'n ma's,
Braucht Neam'd uns was z'geb'n
Und Pfahlbauern bleib'n ma,
So lang als ma leb'n.

Druck und Verlag von K. Scheller, Reichenbachstraße 15.

Entstehung des Wiesenviertels

Seit 1810 auf der großen Wiese westlich der Stadt ein erstes Pferderennen anlässlich der Hochzeit des Kronprinzen Ludwig und seiner Therese stattgefunden hat, wurden diese Rennen mit Unterbrechungen jährlich ausgetragen – der Beginn des Oktoberfests. Die Theresienwiese blieb freies Gelände bis in die 1880er-Jahre. Aber schon um 1820 war die Stadt gezwungen, aufgrund drohender Bebauungen einzelne Flächen v.a. im Norden des Geländes den Grundbesitzern abzukaufen, um die Abhaltung des Festes sicher zu stellen.

Der Streit um die Grundstücke

Mit fortschreitendem Ausbau der Stadt forderten die Grundbesitzer der östlichen Wiesenteile die Festlegung von Baulinien, um die Grundstücke mit Mietshäusern zu bebauen. Mehrere Planungen für die Wiese wurden erstellt und wieder verworfen, auch die Einrichtung eines Stadtparks wurde diskutiert. Um ihre Forderungen durchzusetzen, errichteten 1881 mehrere Grundbesitzer Bretterzäune um ihren Besitz und behinderten damit die Nutzung bzw. den Zugang während des Oktoberfests.

Es kam zum Prozess vor dem kgl. Landgericht, den die Grundbesitzer gewannen. Erst bis 1886 konnte die Stadt sämtliche für die Abhaltung des Festes notwendigen Flächen westlich des Bavariarings durch schwierige Verhandlungen, Tauschgeschäfte und Bebauungszusagen in ihr Eigentum übertragen.

Der Plan oben links zeigt die eingezäunten Grundstücke, die damit nicht für das Oktoberfest genutzt werden konnten, handschriftlich eingetragen sind die Namen der Grundbesitzer.

Auf der Rückseite des Blattes ist ein Schmähgedicht abgedruckt, in dem die Grundbesitzer für den Verkauf der Grundstücke eine Goldmark fordern statt der angebotenen 20 Pfennig pro Quadratschuh.

Bebauungsplan

Baulinienplan, August Voit, 1882

Ein Villenviertel um die Theresienwiese

Versuche, ein Villenviertel im Westen der Stadt zu bauen hatte es schon viel früher gegeben. Westliche Vororte einer Stadt waren anderswo oft begehrte und vornehme Viertel, weil von Westen her die saubere Luft kam, in Frankfurt am Main oder London sind auf diese Weise vornehme – und für die Grundstücksbesitzer ertragsreiche Viertel – entstanden. Auch für die Theresienhöhe gab es Planungen zu einem Villenviertel, den etwas schäbig klingenden Hadererweg hatte man schon schlauerweise umbenennen lassen in die vornehme Bezeichnung Westendstraße.

Es half alles nichts. Jedenfalls nicht hier in München. Denn von Westen her kam nur Rauch und Gestank: durch eine Teer- und Dachpappenfabrik, eine Säurefabrik an der Landsberger Straße und schließlich durch die Gummifabrik Metzeler. Daher blieb für die Grundstücksbesitzer der Theresienhöhe nur noch der Bau von Arbeiterwohnungen. Die Idee einer Villenanlage ließ sich erst bei der Anlage des Wiesenviertels umsetzen, befördert durch die baulichen Auflagen der ersten umfassenden Bauordnung für dieses Gebiet. Die Idee, das Wiesenviertel durch radial auf die Bavaria und Ruhmeshalle zulaufende Straße zu gliedern, gleichzeitig mit dem Halbrund des Bavariarings auf die Bedürfnisse des Oktoberfests und die notwendige Pferderennbahn zu reagieren, geht auf Georg von Hauberrisser und das Jahr 1878 zurück. Den Bebauungsplan des Wiesenviertels erstellte der Architekt August Voit d. J. 1882. Entlang des Bavariarings und dessen einseitiger Bebauung und rund um den Kaiser-Ludwig-Platz waren Lindenalleen geplant. Gleichzeitig musste das Straßensystem in die bereits bestehenden Straßen der Ludwigsvorstadt eingebunden werden, die ohne einen übergeordneten Plan bis dahin angelegt worden waren. Im nordwestlichen Bereich des Wiesenviertels wurden die Baulinien später angepasst, um einen Bauplatz für die Pfarrkirche St. Paul in der Verlängerung der Landwehrstraße zu ermöglichen. Für das Gebiet der Theresienwiese wurde ein Bauverbot erlassen.

Dichter fürs Viertel

Festlegung der Straßennamen im Wiesenviertel, 1886

Dichter, Denker und Musiker als Namensgeber

Dichter statt Fürsten

Wie der Beschluss zu einem Bebauungsplan führt auch die Benennung der Straßen im Wiesenviertel zu langen Diskussionen im Münchner Bauausschuss und im Magistrat. Für 20 neue Straßen und Plätze des „Alignements", wie die Festlegung von Straßen genannt wird, sind neue Bezeichnungen notwendig. Stadtarchivar Ernst von Destouches schlägt zunächst als Namensgeber im Oktober 1885 vor allem wittelsbacher Fürsten, bedeutende Feldherren und verdiente Bürgermeister aus der „über 700 jährigen Geschichte Münchens" vor.

Die Münchner sollten „Stolz, Ehr und Freude" und „Bewunderung" im neuen Viertel empfinden. Auch Benennungen nach Mozart, Beethoven und Ringseis gehören zu den Vorschlägen von Destouches. In der Sitzung des Magistrats im März 1886 werden weitere „deutsche" Künstler vorgeschlagen: Wagner, Haydn, Gluck, Lessing und Uhland.

Wie in anderen Fällen auch, müssen die Vorschläge zur Benennung von Straßen in der Residenzstadt dem König, bzw. ab 1886 Prinzregent Luitpold zur Genehmigung vorgelegt werden. In der Stellungnahme des Prinzregenten im September 1886 werden die Dichter-Namen Rückert, Kobell, Schmid, Güll, Pocci und Karl Stieler ergänzt, aus der Benennung für Gluck wird die Benennung für Schubert. Der Magistrat entschied jedoch, in erster Linie die Namen deutscher Dichter zu verwenden, damit sollten das aufkeimende deutsche Nationalbewusstsein und bürgerliche Mitsprachebestrebungen unterstützt werden. Im Amtsblatt wurde das Protokoll der Magistratssitzung vom Oktober 1886 veröffentlicht, für den 1. Januar 1887 wurden die Straßenbenennungen gültig.

Goethestraße Goetheplatz

Straßenbenennung 1865
Johann Wolfgang von Goethe
* 1749 Frankfurt/Main
† 1832 Weimar)
Jurist, Hofbeamter, Wissenschaftler und Dichter

Besuch auf der Durchreise

Johann Wolfgang von Goethe war nur einen einzigen Tag in München, am 6. September 1786. Auf der Durchreise von Karlsbad nach Italien stieg er unter dem Decknamen „Möller, Kaufmann aus Leipzig" im Gasthof „Zum Schwarzen Adler" in der Kaufingergasse ab. Am nächsten Morgen um fünf Uhr früh fuhr er bereits Richtung Wolfratshausen und Mittenwald wieder aus München ab. Goethe hat in München u.a. die „Bildergalerie", also die Alte Pinakothek, besucht, das Antiquarium in der Residenz und das Naturalienkabinett.

„Werther" und seine Folgen

Außerdem stieg er auf den nördlichen Turm der Frauenkirche, *„von dem sich die Fräulein herabstürzte"*, wie er in seinem Reisetagebuch von 1786 schreibt. Am 14. Januar 1785 hatte sich die 17jährige Fanny von Ickstatt vom Nordturm gestürzt. Sie hatte sich in einen jungen Offizier verliebt, die Heirat wurde ihr jedoch von ihrer Mutter untersagt.

Goethe hatte 1774 seinen Briefroman *Die Leiden des jungen Werther* herausgegeben, dessen Protagonist sich aus Liebeskummer selbst tötete. Goethe wusste, dass Fanny von Ickstatt wie viele Zeitgenossen seinen Werther gelesen und auch bestimmte Stellen in ihrer Ausgabe angestrichen hatte.

Goethe und König Ludwig I.

Einen großen Bewunderer hatten Johann Wolfgang von Goethe wie auch Friedrich von Schiller in König Ludwig I. Goethe schätzte die Kunstsammlungen der bayerischen Herrscher und insbesondere die Sammlungstätigkeit von Ludwig I., aber auch die drucktechnischen Errungenschaften der Lithographie in Bayern und die Nachdrucke bedeutender Kunstwerke. Als Ludwig die antike Skulptur *Medusenhaupt* vom römischen Grafen Rondanini für seine Glyptothek erwarb, bat Goethe um einen Abguss, der ihm über Leo von Klenze im November 1825 nach Weimar gesandt wurde mit dem Wunsch, den *„Heros der teutschen Litteratur"* doch bald in München selbst sehen zu können.

Schillerstraße

Vorher Singstraße, umbenannt am 6.1.1860 (ein Jahr nach seinem 100. Geburtstag)
Friedrich von Schiller
* 1759 Marbach, † 1805 Weimar, Militärarzt, Dichter, Philosoph und Historiker

Schillerfeiern

Friedrich von Schiller war Militärarzt, Dichter, Philosoph und Historiker. Seine Dramen wie *Die Räuber, Kabale und Liebe, Die Jungfrau von Orleans* gehören noch heute zum Repertoire der deutschen Bühnen. Seine Balladen wie *Die Bürgschaft* oder *Das Lied von der Glocke* sowie philosophisch-ästhetische Schriften zählen zum Bildungsgut. Schiller repräsentierte wie kein anderer den Drang des Bürgertums nach Freiheit und Selbstbestimmung. 1859 wurden in Europa Schillerfeste gefeiert, in München im Odeon. 1863 wurde das Schillerdenkmal auf dem Maximiliansplatz aufgestellt.

Am 10. November 1859 fanden in mehr als 440 Städten Deutschlands und auch in 50 Städten im Ausland Feierlichkeiten zum 100. Todestag von Friedrich Schiller statt. Es war das größte Fest, das bis dahin zu Ehren eines Dichters in Deutschland veranstaltet wurde. Die Feierlichkeiten in München schilderte u.a. Josepha, die Tochter des Malers Wilhelm von Kaulbach: Ein Festakt im Nationaltheater, bei dem der Schauspieler Friedrich Dahn einen Prolog vortrug und schließlich Schiller selbst (in der Person eines Schauspielers) einen goldenen Becher mit Wein kredenzte, dabei war er *„von rotem Feuer beleuchtet, und ein Goldregen ist auf ihn heruntergefallen, und sein Haupt war bekränzt mit Blumen und Efeu"*. Nach dem Vortrag der Glocke durch Sophie Schröder wurde Wallensteins Lager gespielt. Anschließend gab es einen Fackelzug vor der Feldherrnhalle.

Dichter fürs Viertel

Straßennamen und nationale Begeisterung

Rund ein Drittel der Straßen und Plätze in der Ludwigsvorstadt-Isarvorstadt sind nach Dichtern bzw. Schriftstellern benannt. Was sind die Gründe für so viel „Poesie" bei der Straßenbenennung? Einige Namenspatrone wie Franz Xaver Baader, Johann Andreas Schmeller und Franz von Kobell waren verdiente Münchner andere bekannte Berühmtheiten aus früheren Zeiten wie Johannes Aventin oder der Dichter Frauenlob.
Die Straßennamen im Wiesenviertel rund um den Bavariaring wiederum sind als Tribut an die „Deutschen Dichter und Denker" zu verstehen. Quer durch Deutschland wurden Schiller, Goethe, Uhland, Lessing, Rückert, von Platen, Heyse, Grimm, Güll und andere verehrt und mit Denkmälern, Festen und Straßen bedacht.

Ihre Werke beflügelten den Humanismus und Individualismus aber auch den Nationalismus und den Patriotismus. So sollte Anfang des 19. Jahrhunderts das Joch der Fremdherrschaft Napoleons abgeschüttelt und später ein deutscher Nationalstaat ohne Monarchen geschaffen werden. Sie alle standen für die Befreiung des Menschen, der Nation und für die Neuerungen der Technik, die mit der beginnenden Industrialisierung den Aufstieg des Bürgertums unterstützte.

Die Benennung von Straßen war entweder seit alters her überliefert oder oblag den herrschenden Fürsten. Die Straßen der neuen Viertel wie in der Maxvorstadt sind nach Mitgliedern des Königshauses benannt bzw. nach bedeutenden Schlachten. Eine Benennung einer Straße nach einem Bürgerlichen geschah tatsächlich erst mit der „Rumforder Straße" um 1816, die Rumford alias Benjamin Thompson allerdings auch hatte anlegen lassen, also vielleicht nur eine technische Benennung. Im Jahr 1829 erhielt die Fraunhoferstraße ihren Namen, wie die Reichenbach-, Klenze- und Corneliusstraße nach einer Verfügung von König Ludwig I. Weitere Künstler, die mit einer Straßenbenennung geehrt wurden waren Ludwig von Schwanthaler (1850), Friedrich von Schiller (1860) und schließlich Johann Wolfgang von Goethe (1865).

Dass bei den ausgewählten Dichtern auch durchaus kritische Geister zu finden waren wie Ludwig Uhland, der sich explizit gegen eine Beteiligung der Fürsten bei einer nationalen Regierung ausgesprochen hatte und jedwede Orden ablehnte – auch den bayerische Maximiliansorden – schien nicht zu stören. So ist die Benennung der Straße mit bürgerlichen Dichtern, die v.a. durch den Magistrat ausgesucht worden waren auch eine Emanzipation des Bürgertums.

Paul-Heyse-Straße

Vorher Heustraße, umbenannt 1905
Paul Johann Ludwig von Heyse
* 1830 Berlin
† 1914 München
Dichter, Nobelpreisträger

Hermann-Lingg-Straße

Straßenbenennung 1906, vorher Kleestraße
Hermann Lingg
seit 1890 Ritter v. Lingg
* 1820 Lindau
† 1905 München
Militärarzt und Schriftsteller

Uhlandstraße

Straßenbenennung 1886
Johann Ludwig Uhland
* 1787 Tübingen
† 1862 Tübingen
Dichter, Literaturwissenschaftler, Jurist und Politiker

Lessingstraße

Straßenbenennung 1886
Gotthold Ephraim Lessing
* 1729 Kamenz/Oberlausitz
† 1781 Braunschweig
Dichter Militärarzt und Schriftsteller

Kobellstraße

Straßenbenennung 1886
Franz Ritter von Kobell
* 1803 München
† 1882 München
Mineraloge und Dichter

Platenstraße

Straßenbenennung 1890
August von Platen,
eigentlich: August Graf von Platen-Hallermünde
* 1796 Ansbach
† 1835 Syrakus/Italien
Dichter

Poccistraße

Straßenbenennung 1886
Franz Graf von Pocci
* 1807 München
† 1876 München
Hofbeamter, Dichter, Zeichner und Komponist

Grimmstraße

Straßenbenennung 1902
Jakob Grimm, * 1785 Hanau, † 1863 Berlin) und **Wilhelm Grimm,** * 1786 Hanau, † 1859 , Berlin, Sprachforscher, Volkskundler und Mitbegründer der Germanistik

Güllstraße

Straßenbenennung 1887
Friedrich Wilhelm Güll
* 1812 Ansbach
† 1879 Ansbach
Dichter

Schmellerstraße

Straßenbenennung vor 1881
Johann Andreas Schmeller
* 1785 Tirschenreuth
† 1852 München,
Germanist und bayerischer Sprachforscher

Rückertstraße

Straßenbenennung 1886
Friedrich Rückert
* 1788 Schweinfurt
† 1866 Coburg
Dichter und Sprachgelehrter, Begründer der Orientalistik in Deutschland

Martin-Greif-Straße

vorher Rennbahnstraße, umbenannt 1910
Martin Greif eigentlich Friedrich Hermann Frey,
* 1839 Speyer
† 1911 Kufstein
Schriftsteller

Georg-Hirth-Platz

Straßenbenennung 1917
Georg Hirth
* 1841 nahe Gotha
† 1916 Tegernsee
Statistiker, Journalist und Verleger

Hermann-Schmid-Straße

Straßenbenennung 1887
Hermann Theodor von Schmid
* 1815 Waizenkirchen
† 19. Oktober 1880
Jurist und Schriftsteller

Senefelderstraße

Straßenbenennung 1863
Alois Senefelder
* 1771 Prag, † 1834 München, Jurist, Theaterschriftsteller, Musiker und Komponist, Erfinder der Lithographie

Adlzreiterstraße

vorher Rengerweg, umbenannt 1886
Johann Adlzreiter von Tettenweis
* 1596 Rosenheim
† 1661 München
Jurist und Politiker

Frauenlobstraße

Straßenbenennung 1899
Heinrich von Meißen, genannt **Frauenlob**
* 1250 Meißen
† 1318 Mainz
Dichter und Minnesänger

Stielerstraße

Straßenbenennung 1886
Karl Stieler
* 1842 in München
† 1885 in München
bayerischer Mundartdichter

Dichter fürs Viertel

Fotographie von Franz Hanfstaengl, 1857

Franz von Pocci

* 7. März 1807 München
† 7. Mai 1876 München

Gedenktafel für Franz von Pocci vor dem Marionettentheater in der Blumenstraße. Der Kasperl begrüßt das Münchner Kindl – oder umgekehrt. Im Hintergrund: Graf Pocci. Und darüber lacht der Gründer des Marionettentheaters: Papa Schmid.

Pocci und die Münchner Gesellschaft

Franz Graf von Pocci war bereits mit 23 Jahren Zeremonienmeister von Ludwig I. von Bayern. Später wurde er Hofmusikintendant und königlich bayerischer Oberstkämmerer und damit war er in der Mitte des gesellschaftlichen Lebens in München. Mit viel Phantasie, Kreativität und Humor hat er hier gewirkt.

Spöttisch und hintersinnig sind vor allem seine Karikaturen, die ab 1844 in den Fliegenden Blättern erscheinen. Als einer der ersten Karikaturisten nimmt er auch den Staatshämorrhoidarius aufs Korn und verschafft uns einen Einblick in den Alltag und die Mentalität der Beamtenwelt des 19. Jahrhunderts – teilweise noch heute hochaktuell.

Dichten und Schriftstellern war hoch im Kurs im München des angehenden 19. Jahrhunderts. Die „Zwanglose Gesellschaft", gegründet 1837, sollte hierfür einen geselligen Rahmen ohne Zwang geben. Ohne Adelstitel und akademische Ränge, ohne Satzung und Zwang wollte man sich austauschen und sich gegenseitig die neuesten Werke vortragen. Pocci gibt mit seinem Aquarell Erstürmung der Improvisierleier durch die Zwanglosen einen Einblick in die Gesellschaft. In Berlin und in München gibt es sie noch heute: www.zwanglose-gesellschaft.de

Pocci und der Kasperl

Der Kasperl Larifari, den Pocci für das Marionettentheater von Papa Schmid geschaffen hat, darf all das sagen, was nicht opportun ist: der Kasperl macht was er will, ist aufsässig, stellt alles in Frage und nimmt statt der Erwachsenen die Kinder ernst.
Pocci hat über 40 Stücke geschrieben und die Figur des „Kasperl Larifari" zum Star des Münchner Marionettentheaters gemacht. Auch bei der Gründung 1858 half er tatkräftig mit. Eine Gedenktafel vor dem Theater in der Blumenstraße erinnert daran.

Auszug aus „Franz Graf von Pocci: Neues Kasperl-Theater", 1855
„Hochgeehrtes Publikum! Mein Freund, der Verfasser dieser Komödien, welche er privatim für mich gedichtet und in welchselben ich mit ganz besonderem Beifalle und zur Zufriedenheit vieler hoher Potentaten, eines hochlöblichen Adels und sonstigen respektirlichen und despektirlichen Publikums schon zu öfteren Malen auf- und abgetreten bin – mein Freund, welcher Ihnen schon durch mehrere seiner Schriften bekannt zu seyn sich schmeicheln dürfte – mein Freund, mit welchem ich schon manches Gläsl getrunken hab, weil er's bezahlt hat, – mein Freund – (jetzt hätt' ich bald nimmer gewußt was ich sagen soll!) – laßt sich Ihnen gehorsamst empfehlen! Dieses unser Werk soll ein Gemeingut des gesammtdeutschen Vaterlandes seyn und wer so gescheit ist und kauft sich das Büchl, dem gehört's von Haus aus. Und jetzt mach ich mein untertänigstes Kompliment; denn ich getrau mir nit Alles zu sagen, was mein Freund mir aufgetragen hat. Sie wissen schon warum! Aber so viel weiß ich, daß Sie gewiß befriedigt aus dem Schauspiel nach Haus gehen werden, entweder weil's Ihnen g'fallen hat oder weil's froh sind, daß's aus ist. So, und das sagt der Kasperl!"

Franz von Pocci: Der Staatshämorrhoidarius, 1857
Seit 1845 ff. in den Fliegenden Blättern als Fortsetzung erschienen. Verlag von Braun und Schneider, München

Der Actentisch — jener leblose Träger der die Menschheit beglückenden Fascikeln — des Tintenfaßes, aus dessen Tiefen die Staatsweisheit geschöpft wird — der Tabacksdose, die das geisteserfrischende, zweifelbefreiende, gehirnthätigkeitsstärkende und weckende Material enthält — der Actentisch ist das eigentliche Paradies, der Himmel des Staatshämorrhoidarius. Fascikel um Fascikel wird erledigt — allein der unermüdliche Amtsbote schleppt herbei, unabläßig das Faß der Danaiden zu füllen, aus welchem der Staatshämorrhoidarius mit gierigen Zügen schlürft, als enthalte es den kostbarsten Lebensnectar. Mit raschen Schritten eilt er, seine Amtsbrust „unverdrossen im Morgenroth badend“ in die Sitzung, die Rennbahn für seine Dialektik! Allein die Natur fordert ihr Opfer. Endlich erliegt er einer nimmerrastenden Thätigkeit und dem völkerbeglückenden Drange. Unterleibsbeschwerden, die sich zu bedenklichen Anschoppungen im kleinen Gedärm entwickeln und selbst das Sonnengeflecht alteriren, benöthigen, daß ein Arzt zu Rathe gezogen werde, welcher ohneweiters die Symptome

Nun beginnt die eigentliche Special-Untersuchung.

Schluß des Protokolls, wobei dem Inquisiten eröffnet wird, daß ihm die Appellation an den Kadaskier freistehe.

Der Kadi-Staatshämorrhoidarius leitet das summarische Prozeß-Verfahren ein.

Fortsetzung des summarischen Prozeßverfahrens.

Der Staatshämorrhoidarius wieder am Actentische. Ein Lakai überbringt ein Handbillet. „Wie — ich?! — zu Sr. Excellenz dem Herrn Staatsminister — ?!

Der Staatshämorrhoidarius kömmt decorirt von der Audienz zurück.

Vielgeliebter Leser und Beschauer! Lasse Dich nicht täuschen — diese türkische Episode ist nur eine Phantasmagorie — ein Nebelbild in dem Gehirne des Staatshämorrhoidarius. — O! er ist nicht ausgewandert — und wenn er es wäre — er würde unter den ehrenvollsten und vortheilhaftesten Bedingungen bald wieder in seine ursprüngliche Heimath zurückberufen. Die unzählbare Menge seiner Collegen — des nimmer endenden Geschlechtes — der „Riehl'schen Phalanx“, die wir in unserer Einleitung angeführt haben, würde ihn in festlichem Zuge empfangen um zur Feier seiner Wiederkehr

In Folge des dieser Anerkennung zu Ehren, von den Collegen des Gefeierten gegebenen Festdiners (das Couvert mit einer Flasche Gesellschaftswein zu 30 kr. R. W.) stellen sich neue Beschwerden und Anschoppungen im Unterleibe ein. Der Arzt wird abermals zu Rathe gezogen und verordnet Bewegung, wo möglich Reiten.

Die Anwesenheit der Gesellschaft Lejars et Cuzent veranlaßt den Staatshämorrhoidarius nach Baucher's Methode (vermöge deren das unbändigste Pferd und der ungeschickteste Reiter in zehn Tagen gänzlich dressirt werden) Unterricht zu nehmen. — Erste Lection bei Herrn Lejars. —

Wiesenviertel

Eine Villenbebauung am Bavariaring

Der Bauunternehmer Jakob Heilmann hatte schon 1877 eine Bebauung mit vornehmen Villen vorgeschlagen, die Nähe zu einem geplanten Park sollte finanzkräftige Unternehmer nach München ziehen. 1882 ließ die Stadt nach einer Idee von Georg Hauberrisser einen Bebauungsplan vom Baurat August Voit erstellen, der den westlichen Teil der Theresienwiese von Bebauung frei hielt und eine Bebauung auf 105 Tagwerk des östlichen Teils vorsah mit einer einseitig bebauten Ringstraße und radial auf die Bavaria zuführenden Stichstraßen.

Geschlossenes und offenes Bausystem

Für die Bebauung des Wiesenviertels wurden zum ersten Mal detaillierte Regularien und eine Gestaltungssatzung festgelegt, in denen die Höhen und Abstände der Gebäude und Nebengebäude definiert wurden, Vorgärten mit festgelegten Tiefen zur Straße hin, Details der Einfriedungen und „geschmackvolle" Ausführungen der Gebäude. Gewerbenutzungen waren verboten, daher entstanden auch keine Nebengebäude mit Ausnahme von Remisen.

Geplant waren zunächst frei stehende Mietshäuser oder auch Doppelhäuser mit Souterrain, Hochparterre, zwei Obergeschoßen und Mansarddächern.

Wesentlich bestimmt war diese erste Bauordnung der Stadt von hygienischen Forderungen, die u.a. den Abstand der Häuser zueinander regelten, damit frische, gesunde Luft in die Wohngebiete strömen kann. Bis dahin waren die Neubaugebiete in der Regel nach dem „geschlossenen System" angelegt worden, also geschlossene Blockzeilen mit wenigen Durchlässen. Die grundlegend veränderte Einstellung folgerte aus den Erkenntnissen zu einem gesunden Stadtleben, die geprägt waren von den Erfahrungen der vergangenen Cholera- und Typhus-Seuchen und v.a. den Forderungen des Hygienikers Max von Pettenkofer. Konsequent wurde das „offene System" mit Abständen der Gebäude untereinander und Vorgärten v.a. auch für die Baugebiete rund um die Krankenhäuser und Friedhöfe angewendet.

Beginn der Bebauung

Trotz der erheblichen Anstrengungen der Grundstücksbesitzer, einen Bebauungsplan von der Stadt zu erzwingen, blieben die Grundstücke nach der Baulinienfestsetzung lange leer, vermutlich auch wegen der gewünschten Erträge der Grundstückseigner. Erst 1888 entstanden drei Villen für befreundete Künstler des Architekten Emanuel von Seidl (Bavariaring 18, 19 und Uhlandstraße 8). Als erstes Gebäude wurde 1886 das Doppelhaus des Architekten und Bauherrn Heinrich Neumann am Bavariaring 27/28 fertig gestellt, wie auch auf dem Bild auf Seite 132 im Blick vom Goetheplatz her zu sehen ist.

Der überwiegende Teil der Bebauung des Bavariarings stammt aus den Jahren 1895 bis 1900. Zwei Schulen gehören ebenfalls zu den frühen Bauten des Wiesenviertels: 1895/97 entstand das staatliche Theresiengymnasium am Kaiser-Ludwig-Platz und 1897/99 die städtische Stielerschule als Grundschule direkt am Bavariaring.

Abriss der Gebäude der ehem. Concordia-Versicherung, 2016

Zu den neuen Bewohnern des Villenviertels in unmittelbarer Nachbarschaft zum ausgewiesenen Künstlerviertel Ludwigsvorstadt gehörten auch hier bildende Künstler, wenn auch eher von der großbürgerlichen Sorte wie die Maler Thure von Cederström, Julius Theuer und Cuno von Bodenhausen.
Dazu passend entstanden Galeriebauten, u.a. die Bauten von Emanuel von Seidl für den Galeristen Franz Josef Brakl an der Goethestraße 64 und Lessingstraße 2.

Emanuel von Seidl

Emanuel von Seidl (1856–1919) gehörte zu den meistbeschäftigsten und geschäftstüchtigsten Architekten seiner Zeit in München. Sohn der wohlhabenden und einflussreichen Groß-Bäcker-Familie Seidl und jüngerer Bruder des erfolgreichen und angesehenen Münchner Architekten Gabriel von Seidl kam er durch deren gesellschaftliche Kontakte und Einflussnahme rasch zu großen Bauaufgaben und zu zahlreichen vermögenden Bauherren. Weit weniger bekannt als sein Bruder Gabriel hat er aber deutlich mehr Bauten geplant und unternehmerisch verwirklicht. Er starb mit einem Vermögen von mehreren Millionen Reichsmark.

Bavariaring 10, 1897

Bavariaring 10, Innenraum der Wohnung Seidl, 1897

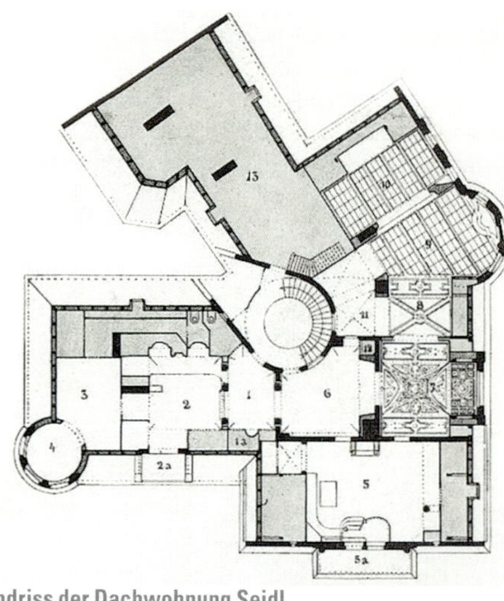

Grundriss der Dachwohnung Seidl

Bauaufgaben und Bauherren

Eine der ersten großen Bauaufgaben (vermittelt durch seinen Bruder und dessen Kompagnon Rudolf Seitz) bestand in der Planung der Kunstgewerbe-Ausstellung 1882, die auf dem Gelände der ehemaligen Unteren Floßlände an der Isar errichtet wurde. Es folgten Planungen von Mietshäusern am Isarkai nach dem Ende der Ausstellung. Gerade die Planung und Organisation von Ausstellungen in München und vielen anderen Orten (u.a. in London, Chicago, Barcelona, Paris, St. Louis, Brüssel und Nürnberg) verschafften ihm Aufmerksamkeit und Möglichkeiten, eigene exemplarische Bauten umzusetzen. Im Wiesenviertel plante er eine Villengruppe für befreundete Künstler und v.a. eigene Bauten am Bavariaring 10, 11 und 12. Geschickt erwarb er Grundstücke, die er mit von ihm geplanten und von einer eigenen Baufirma (Seidl & Steinbeis) ausgeführten Projekten wieder verkaufte.

München in der Prinzregentenzeit bot ihm enorme Möglichkeiten. Das allgemeine Selbstverständnis der Stadt als Kunststadt mit Ausstellungen zu Kunst und Inneneinrichtungen, Feiern, Festumzügen und einer blühenden Künstlerszene war der Rahmen, in dem sich Seidl genial bewegte. Legendär sind seine eigenen Feste, die er in seiner zweiten Heimat Murnau und im eigenen Haus am Bavariaring 10 feierte. Leider ging sein kompletter Nachlass im Krieg verloren, aber die erhaltenen Gästebücher aus Murnau sind ein buntes Zeugnis seiner schillernden Lebensumstände.

Seidlvilla am Nikolaiplatz in Schwabing

4.1 Bavariaring 10, 11 und 12

In den Jahren 1897 bis 1903 ließ Emanuel von Seidl drei große Stadthäuser am nördlichen Ende des Bavariarings errichten, von denen sich Haus Nr. 12 nicht erhalten hat. Haus Nr. 11 ist ein großes Mietshaus am St.-Pauls-Platz und gegenüber baute Seidl ein drittes Haus, das im Hochparterre sein Architekturbüro für ca. 20 Mitarbeiter aufnahm und im Dachgeschoß seine private Wohnung. Bis dahin wohnte er am Stammsitz der Familie Seidl an der heutigen Seidlstraße.

Der Neubau am Bavariaring war spektakulär, v.a. seine Dachgeschoß-Wohnung hat die zahlreichen Besucher beeindruckt. Mit einem Aufzug konnte man vom repräsentativen Büro direkt ins oberste Geschoß gelangen, das nach dem durchaus eigenwilligen Geschmack von Seidl opulent ausgestattet war und natürlich auch als Präsentationsraum für Bauherren diente. Alles war auf die Nutzung großer Festivitäten ausgerichtet, selbst das Schlafzimmer des Junggesellen konnte in eine kleine Bühne umgewandelt werden, Wirtschaftsräume und Küche gab es im Kellergeschoß des Hauses.

Die Innendekoration bestand aus wertvollen Materialien, dekorativen Malereien und Versatzstücken verschiedenster Stilrichtungen, beispielhaft auch für die Dekoration anderer Seidlbauten. Den auch ansonsten in dieser Zeit vorherrschenden Stilpluralismus hat Emanuel Seidl mehr als jeder andere eingesetzt. Von den verm. mehr als 80 Villen, 40 übrigen Gebäuden und ca. 13 Schlossbauten sind in München neben den erwähnten erhalten, u.a die Seidlvilla in Schwabing, der Umbau des Gärtnerplatzthaters und das Elefantenhaus im Tierpark Hellabrunn. Den Bau des Deutschen Museums hat er zu Ende geführt.

4.2 Bavariaring 11

Gleichzeitig mit dem Haus Bavariaring 10 ließ Emanuel von Seidl gegenüber der Hermann-Lingg-Straße einen ebenso stattlichen Bau als Mietshaus errichten, beide bilden den Rahmen für den Zugang zur Paulskirche und nehmen auch Bezug darauf durch Rücksprünge von der Baulinie und die Ausformung der Dachentwicklung. Das Gebäude enthielt ursprünglich nur eine riesige Wohnung pro Stockwerk. Das Archiv der Seidl-Brüder ist leider verloren, daher ist die Gestaltung des Hauses und die Dekoration der Fassaden nicht einfach zu deuten. Offensichtlich hat Seidl Elemente aus Sagen, Märchen und überlieferten Sprüchen eingesetzt, wie den Esel, der mit der Leier spielt, einen Froschkönig, Seeungeheuer, Fabelwesen. Man kann aber auch Semmeln, Brezn und Hörnle finden, die vielleicht auf die Tradition der Bäckerfamilie Seidl verweisen. Nach Kriegsschäden ist der Dachaufbau stark vereinfacht wiederaufgebaut.

4.3 Bavariaring 14

Zu den Spekulationsobjekten von Emanuel von Seidl gehörten mehrere Grundstücke am Bavariaring, die er erworben hatte und fertig bebaut an Bauherren wieder verkaufte. Hermann von Tappeiner, für den die Villa geplant wurde, war seit 1882 mit der Tochter des Krankenhausdirektors Ziemssen verheiratet und seit 1893 Leiter der Pharmakologie am Allgemeinen Krankenhaus. Aufgrund seiner Verdienste wurde er 1899 in den erblichen Adelsstand erhoben. Die Villa war 1895 bezugsfertig. Sie wurde zwar im Weltkrieg beschädigt, aber erst 1963 abgebrochen. In den Jahren bis 1967 entstand auf dem Grundstück ein Verwaltungsbau für die Mannheimer Lebensversicherung vom Architekten Egon Eiermann. Heute wird das Gebäude von mehreren Firmen genutzt u.a. von den Architekten und Stadtplanern *Maier Neuberger.*

Ateliergebäude und Villa am Bavariaring (nicht erhalten)

4.4 Bavariaring 18/19, Uhlandstr. 8

Die drei Häuser plante Emanuel von Seidl als Ensemble, sie gehören zu den ersten Bauten am Bavariaring, die 1887 bis 1888 entstanden sind und zum Teil noch den ursprünglich vorgeschriebenen Stockwerkshöhen entsprechen. Bauherren waren für Hausnr. 18 der schwedische Kunstmaler Thure von Cederström, der v.a. historistische Szenen aus dem Klosterleben schuf. 1913 hatte er das Haus verkauft, für den neuen Besitzer wurde das Haus umgebaut. Haus Nr. 19 erwarb der Kunstmaler Julius Theuer. Im Haus ist heute das Dekanat der medizinischen Fukaltät untergebracht, es ist eines der wenigen Häuser am Bavariaring, das zumindest äußerlich weitgehend den originalen Zustand zeigt. Das Haus Uhlandstr. 8 für den Maler Cuno von Bodenhausen wurde 1969 abgerissen und durch einen eher zurückhaltenden Neubau des Architekten Carl F. Raue ersetzt, der auch an der Planung des Gasteig beteiligt war.

Bavariaring 18

Bavariaring 19

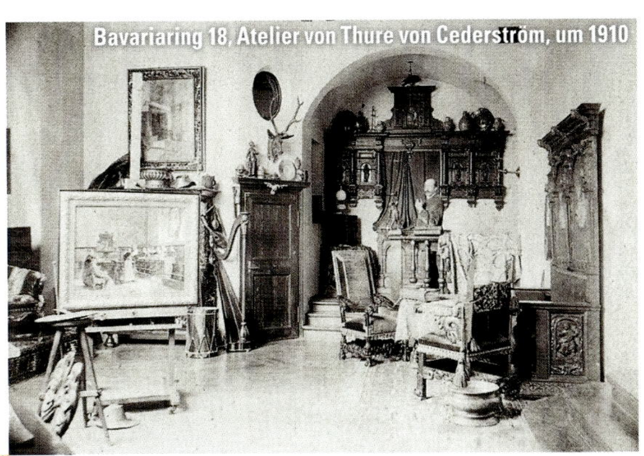
Bavariaring 18, Atelier von Thure von Cederström, um 1910

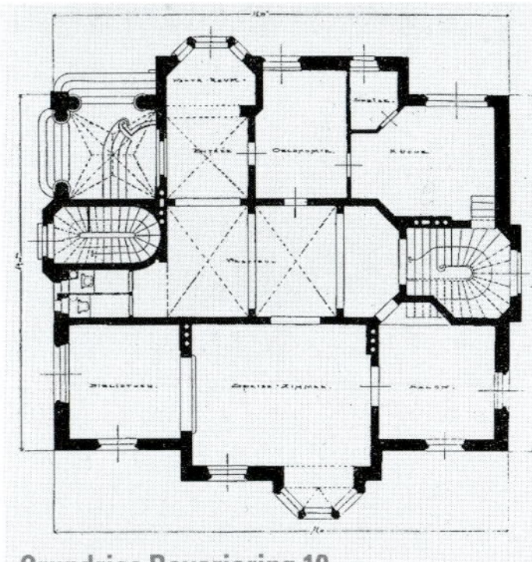
Grundriss Bavariaring 19

Bavariaring 20 mit Blick in die Rückertstraße, um 1903

4.5 Bavariaring 20

Das oben abgebildete Gebäude an der Ecke zur Rückertstraße stammt von 1896, es wurde vom Architekten Alois Barbist entworfen. Vorbild für den Baukörper war wohl das nahezu vollständig erhaltene Gebäude Rückertstr. 1 des Architekten Johann Baptist Graser. Bauherr des Hauses Bavariaring 20 war – wie bei den Nachbarhäusern der Baumeister Anton Schwarzmayer. Um 1925 wurden die Fassaden stark vereinfacht, nach dem Zweiten Weltkrieg wurden die ursprünglichen Kuppelhauben durch einfache Pyramidendächer ersetzt und der rückwärtige Eingang nach vorne zum Bavariaring verlegt.

4.6 Kaiser-Ludwig-Platz

Als einer der wenigen Plätze im Wiesenviertel (wie ursprünglich geplant) nach einem der bedeutendsten wittelsbacher Herrscher benannt: Kaiser Ludwig der Bayer (um 1282–1347). Das Reiterdenkmal auf dem Platz finanzierte der Bierbrauer Matthias Pschorr, entworfen hat es der 1902 früh verstorbene Bildhauer Emil Dittler, ausgeführt (bis 1903) der Bildhauer August Drumm und gegossen wurde es 1905 von Ferdinand von Miller in der kgl. Erzgießerei in der Sandstraße. Auf dem Sockel sind Szenen der Schlacht von Mühldorf 1322 dargestellt, die als die letzte große „Ritterschlacht" ohne Feuerwaffen gilt. Beendet wurde damit vorläufig der jahrelange Streit der Nachfolge des deutschen Kaisers Heinrich VII. in dessen weiterem Verlauf Ludwig der Bayer auch vom Papst mit dem Kirchenbann belegt wurde.

Bavariaring 20, 2017

4.7 Theresiengymnasium

Als fünftes Münchner Gymnasium entstand ab 1895 bis 1897 der schloßartige Bau des Theresiengymnasiums, der die Ostseite des Kaiser-Ludwigs-Platzes beherrscht. Als Architekt gilt der Bauassessor im Landbauamt Benno Grünewald, für die Gestaltung der Hauptfassaden zog man Emanuel von Seidl heran. Neben einer Hausmeisterwohnung enthielt das Gebäude ursprünglich 22 Klassenzimmer. Der nördliche Seitenflügel an der Beethovenstraße mit einer Turnhalle wurde 1964 abgebrochen und durch einen Neubau mit Sondernutzungen ersetzt, ein neuer Turnhallentrakt entstand als südlicher Seitenflügel mit zwei Hallen. Benannt ist das Gymnasium wie die naheliegende Wiese nach Königin Therese. Zu den berühmteren Schülern des Gymnasiums gehört auch Rainer Werner Fassbinder, der es allerdings nur ein Jahr hier ausgehalten hat.

Theresien-Gymnasium, 2011

4.8 Galeriegebäude Goethestraße 64

Emanuel von Seidl hat für Franz Joseph Brakl ein Eckgebäude am Beethovenplatz entworfen (1895 fertig gestellt). Brakl trat am Gärtnerplatztheater als Tenor auf und war 1898/99 auch dessen Direktor. Seine eigentliche Leidenschaft war aber das Sammeln von Bildern. Ab 1905 eröffnete Brakl im Gebäude eine „Moderne Kunsthandlung", die großzügigen Fensterformate waren dafür vorgesehen. Brakl arbeitete mit dem Galeristen Heinrich Thannhauser zusammen und verwirklichte am Beethovenplatz ein stimmiges räumliches Konzept, die Bilder wurden in einer modernen großbürgerlichen Wohnung ausgestellt – für München damals revolutionär. Ausgestellt waren v.a. Bilder der Münchner Künstlervereinigung „Die Scholle" und der französischen Avantgarde, z.B. auch Bilder von Van Gogh. Einige Jahre später ließ sich Brakl eine neue Galerie am Beethovenplatz bauen.

Galeriegebäude, Goethestraße 64, 2020

Oktoberfest

1810 Hochzeitsfeier

Erst seit vier Jahren war das wittelsbacher Herrschergeschlecht – dank Napoleon – zu Königen erhoben worden, da kam die Verheiratung des Kronprinzen Ludwig mit Therese von Sachsen-Hildburghausen gerade recht um ein groß angelegtes Nationalfest in der Stadt zu veranstalten: Umzüge der Nationalgarde und der Schützengesellschaften, Festschießen, Häuserschmuck und Festbeleuchtungen in der ganzen Stadt, Glockenläuten. Am besten kam bei den Bürgern an die öffentliche Ausspeisung in der Innenstadt mit Semmeln, Käse, Schaffleisch, Würstl und 230 hl Bier plus 4 hl Wein: Ein Volksfest zur Hebung eines nationalen bayerischen Bewusstseins für die Untertanen aus den verschiedenen Landesteilen und ehemaligen Reichsstädten.

Ein Pferderennen um „Theresens Wiese"

Das Fest verlief über mehrere Tage und als einer der Höhepunkte stellte sich ein Pferderennen auf der Wiese heraus „vor dem Sendlinger Thore, seitwärts der Straße, die nach Italien führt." Angefragt hatte der Bankier und Major der Nationalgarde Andreas von Dall`Armi, der König hatte bereitwillig genehmigt und am 17. Oktober 1810 fand das Rennen statt, ausgerichtet und finanziert von der Nationalgarde – die Stadt hatte in dieser Zeit gar keine Mittel. Das Wetter war prächtig, tausende von Münchnern standen auf dem natürlichen Hang westlich der Rennbahn und hatten einen tollen Blick auf die Wiese und die Bergkette der Alpen in der Ferne.
Vor dem Rennen konnte man den allerhöchsten Besuchern, dem Königspaar und den fürstlichen Hochzeitern, sowie dem gesamten Hofstaat noch Erfrischungen und ein spätes Frühstück anbieten, aber es gab auch Verpflegung für die begeisterten Untertanen durch sogen. Traiteurs. Noch am gleichen Tag bat die Nationalgarde den König, die Wiese nach der Braut Therese benennen zu dürfen, was der König – natürlich – huldvollst genehmigte.

Oktoberfest, Albrecht Adam, 1820

Oktoberfestzug, Gustav Wilhelm Kraus, 1835

Der Plan unten zeigt die Rennbahn auf „Theresens Wiese" unterhalb des „Sendlinger Bergs", rechts im Plan die Landsberger Landstraße und links die Landstraße nach Sendling.

Links ein Portrait des Initiators Andreas von Dall'Armi, ein Bild des ersten Gewinners hat sich leider nicht erhalten: Franz Baumgartner, ein Lohnkutscher, der wohl auch überhaupt die Idee zum Rennen hatte.

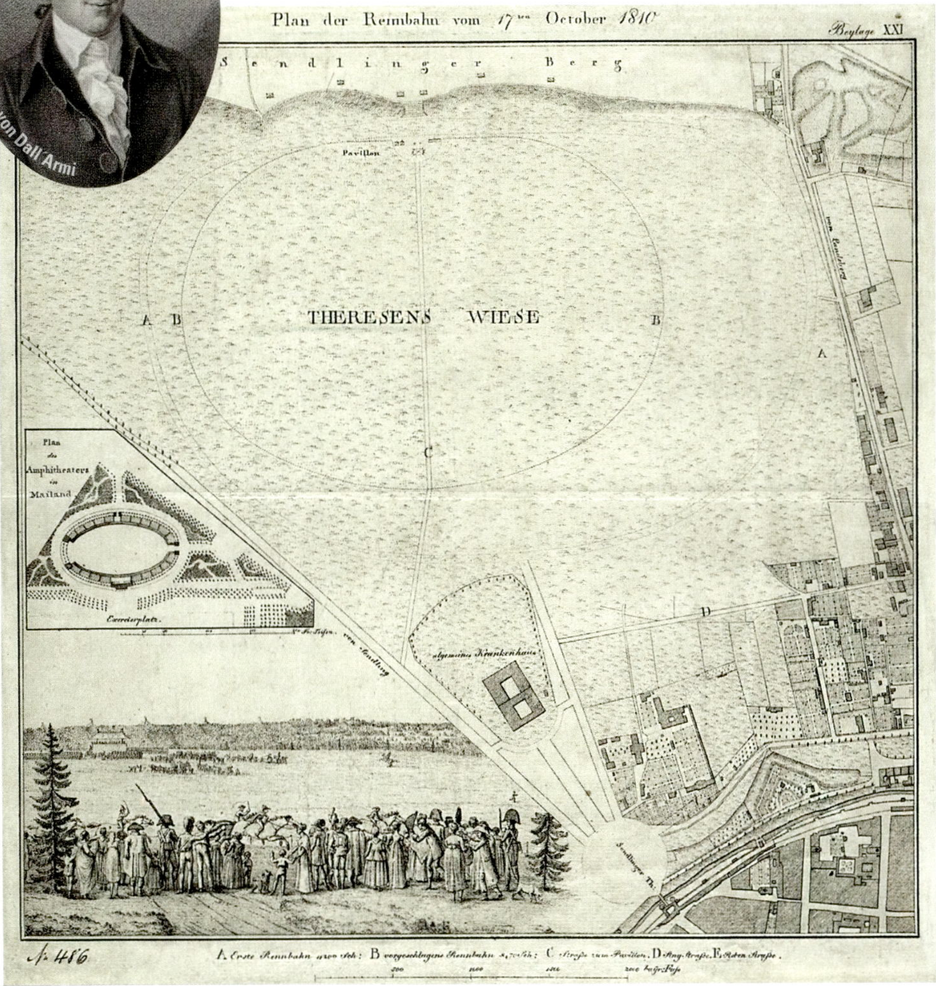

…dreas von Dall'Armi

Plan der Reimbahn vom 17ten October 1810

Beylage XXI

Sendlinger Berg

Pavillon

THERESENS WIESE

Plan des Amphitheaters in Mailand

N. 486

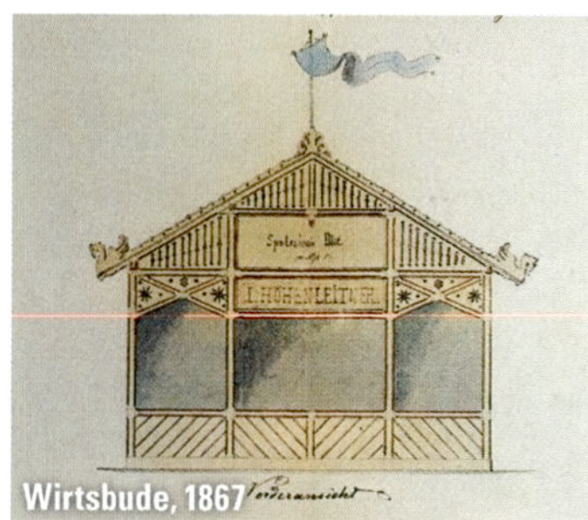

Wirtsbude, 1867

Wirtsbudenring

Landwirtschaftsfest

Der überwältigende Erfolg des Festes von 1810 führte ganz allgemein zum Wunsch, das Rennen und die Prämierung durch das Königshaus zu wiederholen. Wie schon 1810 konnte man auch Speisen und Getränke erwerben, die Hauptsache war aber schon das Rennen. 60 Pferde waren angemeldet, sie mussten die 9.469 Schuh (über 2.700 m) lange Bahn dreimal umrunden. Für das folgende Jahr 1811 schlug der Landwirtschaftliche Verein in Bayern eine Viehausstellung und Prämierung von Zuchttieren vor. Damit konnte die heimische Landwirtschaft ins rechte Licht gerückt werden und die Monarchen konnten ebenfalls ihre Heimatverbundenheit populär präsentieren, der Landwirtschaftliche Verein übernahm auch die Kosten für das zweitägige Fest. Zugelassen waren für die Viehausstellung nur bayerische Ökonomen. Sie brachten 23 Hengste, 29 Zuchtstuten, 22 Stiere, 31 Kühe, 27 Schafköpfe und 3 Schweine auf die Theresienwiese. Nach dem Fest fand noch ein Viehmarkt statt, auf dem 1.206 Tiere angeboten wurden.
Obwohl das Fest auf der Theresienwiese innerhalb weniger Jahre eine allgemeine Zustimmung erfahren hat, blieben erste Rückschläge für die folgenden Jahre nicht aus: Schon 1813 musste das Fest abgesagt werden. Von den 35.000 bayerischen Soldaten, die 1812 mit Napoleon nach Russland marschiert waren, kamen nur an die 3.000 wieder im Lauf des Jahres 1813 zurück und Bayern war nach der Auflösung des Bündnisses mit Napoleon beteiligt an den Freiheitskriegen.

Frühe Bierzelte

Neben den kleinen Bretterbuden der Münchner Wirte standen immer mehr auch Schaukeln, Treibräder und Karussels und ein Glückshafen, der handwerkliche Lehrlingsarbeiten als Preise anbot und damit auch die Leistungsfähigkeit des heimischen Gewerbes zeigte.

Wirtsbude 1867

Franziskanerbräu 1913

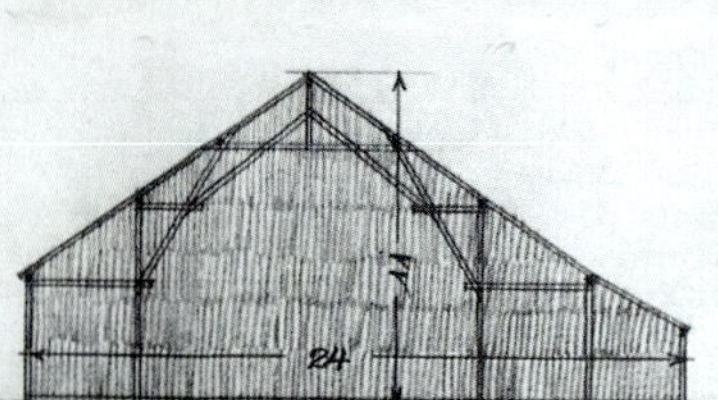

Augustinerbräu 1913

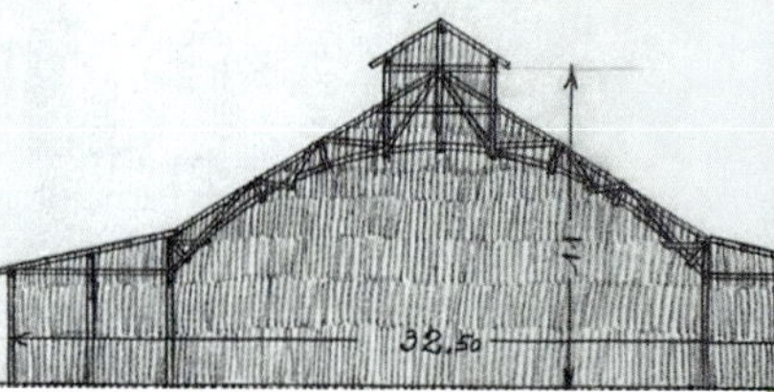

Oktoberfestzug, Gustav Wilhelm Kraus, 1835

Oktoberfest, Zeno Diemer, 1933

Wirtsbuden und Riesenhallen

Die Entwicklung der Bierzelte wäre einer eigenen Betrachtung wert. Im Bild unten links eine der frühen Wirtsbuden von 1867. Einen ersten Coup landete der Nürnberger Wirt Georg Lang, dem es gelang, fünf Wirtsbudenplätze zu erhalten, auf deren Fläche er eine Riesenhalle mit über 2.000 m^2 aufstellen ließ. Ab da gab es kein Halten mehr. Höhepunkt: die neue Pschorrbräuhalle mit 4.400m^2 für 12.000 Sitzplätze von 1913. Die großen Festzelte von heute bieten ca. 5.000 bis 8.500 Sitzplätze ohne die Außenbereiche.

Wiesn-Barone

Zu den berühmtesten Vertretern der Oktoberfestwirte gehören sicher der Steyrer Hans (Bayerischer Herkules), Michael Schottenhamel, der schon 1867 eine Bierbude betrieb, Xaver Kugler, Georg Heide, die Familien Hagn und Reinbold und der Wirte-Napoleon Richard Süßmeier samt seinem legendären Schankkellner Biwi und seinen drei halben Hendln.

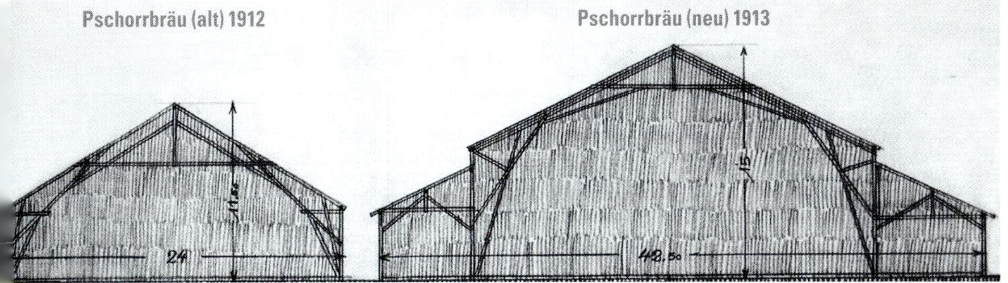

Toboggan, 2008

Oktoberfest mit Russenschaukel, um 1900

Russenschaukel, 2008

Schausteller

Es gab zwar auch einige frühe Schausteller auf dem Oktoberfest – Schaukeln, eine „Bolzschießstätte", ein Dachauer Bauer stellte sein Kalb aus, das mit drei Beinen zur Welt kam – aber erst Mitte des 19. Jahrhunderts nahm die Zahl der Schausteller auf der Wiesn zu, v.a. nach der Einführung der Gewerbefreiheit 1869 und der deutschen Einigung 1871, die es auch auswärtigen Schaustellern erleichterte, eine Lizenz zu erhalten. Bis 1880 war es auch nicht notwendig, einzelne Unternehmer abzuweisen, danach traf der Magistrat Entscheidungen, wer und mit welchen Geschäften zugelassen wurde. Zum Oktoberfest 1899 konnten Standplätze angeboten werden für 12 Photographenbuden, 15 Schießstände, 5 Schiffschaukeln und 6 Karussels.
Eine Vergabe nach Versteigerung hatte sich aber nicht bewährt.

In den folgenden Jahren nahmen die Kinematographenstände erheblich zu, die bis dahin gezeigten Panoramen wurden dabei durch die Filmvorstellungen ebenso abgelöst, wie die aufwändigen Völkerschauen. Auch der gesellschaftliche Wandel wirkte sich auf die Art der Schaustellungen aus, so wurden die Darbietungen von Riesen, Zwergwüchsigen, Siamesischen Zwillingen und Menschen mit allen möglichen körperlichen Abnormitäten im 20. Jahrhundert immer seltener, wenn sie wohl auch noch in Einzelfällen bis in die 1950er Jahre vorkamen.

Oktoberfestzug, Gustav Wilhelm Kraus, 1835

Auswahl der Schausteller

Nach 1900 wurden die Vergaberichtlinien neu gefasst und entsprechen im Prinzip dem heutigen Verfahren, bei denen der Veranstalter, also das Wirtschaftsreferat der Landeshauptstadt eine Auswahl trifft. 2019 hatten sich z.B. ca. 1.100 Schausteller beworben, von denen gut die Hälfte angenommen wurde. Dabei spielen verschiedene Aspekte eine Rolle, eine erwünschte Vielfalt, wieweit sich Betriebe bewährt hatten, lokale Unternehmer werden bevorzugt.

Fahrgeschäfte

Einige Traditionsbetriebe versucht man zu erhalten wie den „Schichtl", die Russenschaukel, den Toboggan, die Krinoline, während die Fahrgeschäfte mit immer noch waghalsigeren Neuheiten auftrumpfen müssen. Der voreilige Kommentar der Presse im Jahr 1961 zu weiteren Entwicklungen der Fahrgeschäfte: „Die technischen Möglichkeiten sind langsam erschöpft" wurde schon im nächsten Jahr wiederlegt, als die „Caravelle" und die „Sprungschanze" zu den Highlights gehörten. 1976 folgte ein neues Riesenrad mit 46 m Höhe, 1984 der Dreifach-Looping der Fa. Barth. Immer schneller und höher lautet die Devise, Top-Spin in 90 m Höhe, mit 80 km/h im Karussel drehen, da ist die „Wilde Maus" fast schon harmlos. Mit der Einführung der „Oiden Wiesn", im Grunde genommen eine bis dahin verhinderte Erweiterung des Oktoberfests können noch weit mehr alte, in der Regel gemächlichere Fahrgeschäfte eingesetzt werden.

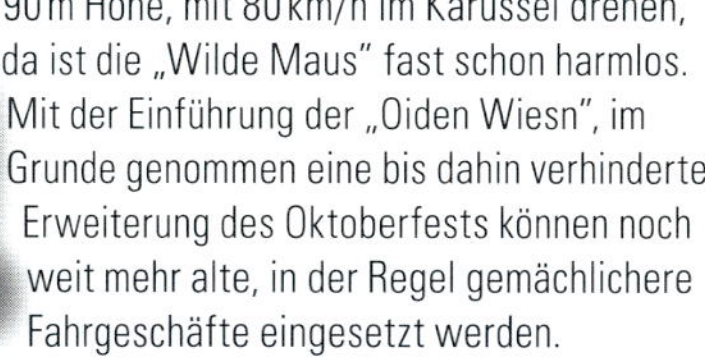

Himalaya-Bahn

Carl Gabriel – „Großschausteller"

Gabriel war eigentlich Mechaniker, aber – wie er selber sagte: *„im Löwenkäfig geboren"*. Sein Vater war als Schausteller unterwegs und betrieb u.a. ein Wachsfigurenkabinett, mit dem der Sohn 1892 zum ersten Mal auf dem Münchner Oktoberfest auftrat und hier in der Stadt blieb. Als er von den ersten Filmvorführungen der Gebrüder Lumiere erfuhr, reiste er sofort nach Paris bzw. weiter nach Wien, wohin die Lumiers inzwischen gefahren waren. Gabriel engagierte den französischen „Operateur" Francis Dublier und konnte 1896 die erste Filmvorführung in der Neuhauser Straße anbieten.

Carl Gabriel (1857–1931)

Es entstanden wohl auch die ersten Filme in München, 1902 z.B. in einem Garten der Schillerstraße Aufnahmen der Schlangenbänderin Clio und dem Kettensprenger Mr. Tomson. In den folgenden Jahren eröffnete Gabriel reihenweise Kinos, u.a. in der Dachauer Straße, das Sendlinger-Tor-Kino und die Museums-Lichtspiele in München.

Aber Gabriel gehörte auch zu den eindrucksvollsten Schaustellern auf dem Oktoberfest. Berühmt wurde er mit seinen Völkerschauen. Meistens wurden sie von auswärtigen Unternehmen, z.B. von John Hagenbeck aus Hamburg zusammengestellt und waren auch in anderen Städten zu sehen. 1901 gab es in München ein Beduinendorf mit Tanzveranstaltungen, 1903 ein komplettes Aschanti-Dorf und 1904 „Die Tunesen" mit arabischen Tänzerinnen, einem Schlangenbeschwörer und Medizinmännern. Noch Ende der 1920er Jahre zeigte Gabriel eine „Riesenvölkerschau" mit 200 Personen: „Afrikaner, Chinesen, Japaner, Tscherkessen" und Orang-Utan-Affen eines Transports von der Insel Sumatra, dessen wenige Überlebende in einem „heizbaren Zentral-Käfig dem Publikum" gezeigt wurden. Zwei Jahre später wurde noch für die „Aussterbenden Lippen-Negerinnen vom Stamme der Sara-Kaba" geworben. Nach dem Tod von Carl Gabriel 1931 kamen die Völkerschauen zum Erliegen. Aus heutiger Sicht natürlich rassistische und diskriminierende Veranstaltungen, damals gehörten die Völkerschauen für die Oktoberfestbesucher zu den High-lights.

Carl Gabriel

Carl Gabriel betrieb daneben auch bis zu fünf weitere Schaugeschäfte. Mit eigenen „Illustrierten Gabriel-Nachrichten", einer Zeitschrift in 100.000er Auflagen warb er für seine Betriebe. Er selber schreibt: *„Ich war stets bestrebt, zu jedem Oktoberfest epochemachende Neuheiten zu bringen, und jeder ältere Münchner wird sich wohl mit Vergnügen an die längst entschwundenen Zeiten erinnern, wo ich es unternahm, ganze Völkerkarawanen nach München zu bringen, wie die Aschantis und Futa-Neger, Kabylen und Sudanesen, Marokkaner und Beduinen, Indianer mit Oberst Cody und seinen Cowboys. Die Schlagworte „Tunis und Tripolis in München" leben wohl noch in Erinnerung vieler Münchner ebenso die „Märchenstadt Liliput" die das größte Entzücken der Bevölkerung bildete. Ferner die erste Achterbahn, die 70 Eisbären, die Hexenschaukel, die 2 Elefanten mit der Wasserrutschbahn, die Todesfahrt über dem Löwenkäfig, das Teufelsrad, das Hippodrom und vieles andere mehr."*
(Aus: Illustrierte Münchener Oktoberfest-Nachrichten, 1925)

An Härn Gorbinian Bechler,
Bosdhalder in Mingharting, Bosd dasselb
... Näben disser Mänascheri ist ein Zält mit wielde Fölgerschaften, die auch nichd fiel anhaben aber doch ieber die Haubtsache durch die bohlizei mit greßerne hantiecher geschiezt sind und ich mus es dir schreim, das disse Mäntschen nichd fiel wüschter sind wie kadollische Kristen sontern die Weisbielder sind schehner als wie die meunige und als wie die Deunige, hobwol ich disses ja nichd weis sontern plos errahde, haber disse schwartzen Weisbielder sind gut geschtellt mein liber Schpezi indem sie schtarke Härzen hahben wie die Krahmer Zentzl und iere hinterkwatire sind mir noch liber und sind ehnlich als wie der bfahrerkechin der ierige und mechte mahn sie gärne schtreicheln, haber disse Gegenschtende dierfen nichd beriert werden, mein liber Schpezi und must die Brazen weglahsen. Bloß anschauhgen derf man sie...
Ludwig Thoma: Jozef Filsers Briefwexel. 1912

Oktoberfest

Oktoberfest, Augustinerzelt, 2008

Bier

Seit 1952 schenken nur noch sechs Bierhersteller auf dem größten Volksfest der Welt aus: Augustiner, Paulaner und Hacker-Pschorr (beide Teil der Paulaner Brauerei Gruppe GmbH & Co.KGaA.), der staatliche Hofbräu, Spaten und Löwenbräu (seit 1997 gemeinsam Teil der Spaten-Löwenbräu-Gruppe, die wiederum zur Anheuser-Busch-InBev-Gruppe gehört). Die zugelassenen Brauereien waren bisher höchst erfolgreich, weitere Aspiranten abzuhalten, selbst Nachfahren der wittelsbacher Festgründer haben das trotz einigem Erfindungsreichtum nicht geschafft. Allerdings droht doch noch Konkurrenz, wenn es z.B. der Giesinger Brauerei gelingt, alle Voraussetzungen zu erfüllen: es muss auf Münchner Stadtgebiet gebraut werden (was die Grundstückssuche für manchen Brauerei-Neubau extrem erschwert hat) und es muss neben dem guten Trinkwasser aus dem Mangfallgebiet auch eigenes brauchbares Grundwasser zur Verfügung stehen. Viel Glück.

Die Einnahmen pro Festwirt gehören zu den großen Geheimnissen der Stadt, nur beim Prozess gegen den Wirt des Hippodroms war von 3,3 Millionen Euro Einnahmen pro Fest die Rede in einem nicht allzu großen Zelt und immerhin 1,5 Millionen Euro Gewinn.

Die getrunkenen Maßen pro Oktoberfest schwanken natürlich, in den Jahren vor der Pandemie waren es ca. 7,3 Millionen Liter Bier.

Größte Bedeutung haben die Zeremonien rund um die Wiesn: der Anstich durch den Oberbürgermeister wird weltweit live übertragen und es ist jedem Kandidaten zu wünschen dass er weniger als die sieben Mal braucht wie Oberbürgermeister Ude nach seinem Amtsantritt, der dafür (nach eifrigem Training) aber die Bestmarke von zwei Schlägen vorlegen konnte: Maßstab für alle Folgenden.

Essen und Geld

Die genauen Verzehrzahlen werden jährlich vom Statistischen Amt der Landeshauptstadt bekannt gegeben und sind der Gradmesser dafür, ob es eine „gute Wiesn" war oder nicht. Beim Oktoberfest 2014 wurden 509.420 Wiesn-Hendl verzehrt und 122.658 Schweinswürstl, 80.259 Schweinshaxn, 112 ganze Ochsen und 48 Kälber. Auf der Wiesn arbeiten an die 13.000 Personen, die Stadt selbst benennt den Umsatz auf einer normalen Wiesn mit ca. 442 Millionen Euro und ergänzt aber auch die Einnahmen aus Übernachtungen mit 505 Millionen, insgesamt soll der Umsatz der Münchner Wirtschaft während, bzw. aufgrund des Oktoberfests 1,2 Milliarden Euro betragen.

Oktoberfest

Gruss vom Oktoberfest München

Beim Schützenzug

15

Oktoberfest 1912

Carl Gabriel's Tripolis in München

Carl Gabriel's Pracht-Reitbahn Hypodrom Oktoberfest 1912

Gruß vom Oktoberfest!

Gruss vom Oktoberfest. Blick auf das Königszelt und den Glückshafen.

Gruß vom Oktoberfest

Theresienwiese

General-Stadtplan von München, Franz X. Eichheim, 1858

Die Luftschifferin Wilhelmine Reichard (1788 – 1848)

Wilhelmine (Minna) Reichard war von der Luftschifffahrt genauso fasziniert wie ihr Mann Gottfried, der Professor für Physik in Braunschweig war. Sie trainierte alle Handgriffe, lernte alle technischen Details und unternahm allein erfolgreich 17 Ballonfahrten als erste deutsche Luftschifferin. Ihr Mut und ihre Geschicklichkeit wurden vielfach bewundert. Trotz mehrerer Bruchlandungen unternahm sie Ballonfahrten von allen größeren Städten aus.

Auf dem Münchner Oktoberfest 1820 startete Wilhelmine Reichard zu ihrer spektakulärsten und letzten Ballonfahrt. Tausende Besucher und das bayerische Königspaar sahen, wie sie um kurz vor 16 Uhr in den Himmel stieg. Eine dreiviertel Stunde später landete sie glücklich bei Zorneding. Der Wachstuchfabrikant Seltenhorn, der zufällig an der Landungsstelle vorbeikam, nahm sie in seiner Kutsche mit zurück in die Stadt. Seine Fabrik war ja ganz in der Nähe – ungefähr an der heutigen Ecke Goethestraße/Schwanthalerstraße.

Mit dem durch die Luftschifffahrt verdienten Geld konnten sie und ihr Mann eine chemische Fabrik im sächsischen Döhlen aufbauen. Nach dem Tod von Gottfried führte sie die Geschäfte bis zu ihrem Tod weiter, danach übernahm das älteste der acht Kinder den Betrieb.

Planungen für die Theresienwiese

Seit dem Beginn der Oktoberfeste 1810 und der begleitenden Landwirtschaftsfeste blieb die große Fläche vor der Stadt für die Abhaltung der Pferderennen und die Festbauten frei. Die Stadt suchte zwar weitere Grundstücke in ihren Besitz zu bekommen, ein erheblicher Teil der Flächen blieb jedoch in privaten Händen. Erst als von Norden her die sich entwickelnde Ludwigsvorstadt und von Süden das Schlachthofviertel immer näher kamen, wurde eine Verbindung durch Straßen gefordert. V.a. aber forderten die privaten Grundstücksbesitzer rechtliche Voraussetzungen für die bauliche Nutzung ihrer Grundstücke, während die Stadt eher zögerte und weiterhin einen Grünbereich zur Schwanthalerhöhe hin verfolgte.

Zu den frühen Planungen für das Gebiet gehört der Umgebungsplan, der 1858 nach Vorschlägen von Peter Joseph Lenné erstellt wurde und die Theresienwiese in einen großen Grüngürtel um die ganze Stadt einbezog, aber auch mehrere Planungen zu einem Volkspark mit verschiedenen Randbauten. Erst nach dem Prozess, den die Grundstücksbesitzer geführt hatten, war die Stadt gezwungen, einen Bebauungsplan aufzustellen, den letztlich August Voit d.J. 1882 ausarbeitete (siehe S. 176/177). Er enthielt keinen Volkspark mehr, sondern eine große freie Fläche, die auch den sich mehr und mehr ausdehnenden Flächen der jährlichen Oktoberfeste entsprach.

Projekt zu einem Stadtpark mit Villengürtel, Carl Effner, 1874

Die Wiese – und das war sie wahrscheinlich auch noch bis ins 20. Jahrhundert – war für viele Veranstaltungen geeignet. Um nur einige Beispiele zu nennen. Am 25. August 1888 fand die große „Centenarfeier" zu Ehren des 100. Geburtstages von König Ludwig I. statt mit vielen Veranstaltungen in der Stadt und dem Feuerwerk eines Pyrotechnikers aus Rom vor der Ruhmeshalle und der Bavaria. Und als – nach wochenlangem Regen – endlich der Himmel aufriss und *„die beiden stolzesten Bauwerke König Ludwig I: die Walhalla bei Regensburg und die Befreiungshalle bei Kelheim, in feuriger Zeichnung erstrahlten … da durchbrauste der Jubel über dieses gelungene Schauspiel wie ein Orkan die hunderttausendköpfige Menge, welche die Festwiese bis gegen Mitternacht besetzt hielt"*. Turnfeste mit Tausenden von Teilnehmern aus ganz Deutschland fanden auf der Wiese statt, wie 1889 und 1923, aber auch Schlittenrennen und militärische Übungen: die Fahrrad-Abteilung der kgl. bayerischen Armee trainierte am Hang Bergabfahrten.

Deutsches Turnfest, 1889

Centenarfeier, 1888

Schlittenrennen, 1899

Theresienwiese

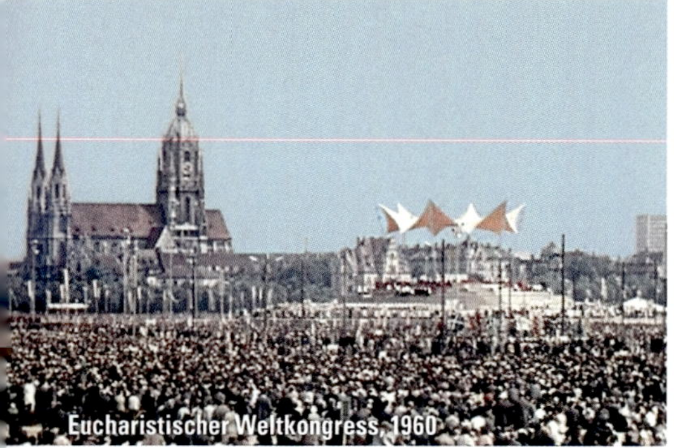
Eucharistischer Weltkongress, 1960

Freiraum für die Stadt

Auch wenn aus der Theresienwiese kein wirklicher Grünraum geworden ist – von heldenhaften Begrünungsversuchen abgesehen – ihr Wert ist heute – mitten in der Stadt – nicht zu beziffern. Die 42 Hektar zwischen der Schwanthalerhöhe und der Ludwigsvorstadt waren und sind für so viele Veranstaltungen ein außerordentlicher Ort, der Geschichte geschrieben hat und viele Geschichten erzählen kann.

Auch in politischer Hinsicht: Vom Ersten Weltkrieg bis zum Machtwechsel an die Nationalsozialisten fanden hier sozialistische Kundgebungen und Friedensdemonstrationen statt, von hier aus begann die Revolution am 7. November 1918, die zum Sturz der Monarchie führte, die Maifeiern der Arbeiterschaft wurden hier abgehalten und in der NS-Zeit zum „Nationalen Feiertag" usurpiert.

Als erstes internationales Großereignis im Nachkriegsdeutschland feierten mehrere Hunderttausend Gläubige auf der Theresienwiese den 37. Eucharistischen Weltkongress.

Gerade in den vergangenen Jahren der Pandemie haben aber viele Müncherinnen und Münchner die freie Fläche auch ohne Veranstaltungen zu schätzen gelernt und wenigstens konnten bisher Kamel- und Autorennen vermieden werden.

Baumaschinen-Messe

Verkehrs-Ausstellung, 1953

Ökumenischer Kirchentag, 2010

Tollwood, 2021

Demonstration gegen die IAA, 2021

Flohmarkt, 2016

Theresienwiese, 2021

Revolutions-Ausstellung, 2020

Kunst im Quadrat, 2020

Theresienwiese, August 2020

Palmenstrand, August 2020

Bavaria und Ruhmeshalle

Bei der Fertigstellung der Bavaria war die Ruhmeshalle immer noch hinter Gerüsten und Baustellenwänden verborgen, sie wurde erst 1853 fertig.

4.9 Bavaria

Die Monumentalfigur der Bavaria vor der Ruhmeshalle ist heute das bekannteste Denkmal Münchens. Sie geht zurück auf König Ludwig I. zu dessen Hochzeit mit Therese von Sachsen-Hildburghausen 1810 ein Pferderennen veranstaltet wurde – der Beginn der Oktoberfeste. Als König von Bayern ließ Ludwig auf eigene Kosten mehrere „vaterländische" Monumente errichten: die Konstitutionssäule in Gaibach, die Walhalla bei Donaustauf als Ruhmestempel für bedeutende Deutsche, die Befreiungshalle in Kelheim zur Erinnerung an die Befreiungskriege und eine Ruhmeshalle für bedeutende bayerische Persönlichkeiten in seiner Residenzstadt. Schon als Kronprinz hatte Ludwig die Idee eines Ehrentempels für berühmte Bayern verfolgt und ließ sich von Wissenschaftlern wie Lorenz Westenrieder Verzeichnisse bedeutender Personen zusammenstellen, auch der Standort auf der Theresienhöhe stand seit 1824 fest.

1833 forderte Ludwig vier Architekten auf, Entwürfe für eine Ruhmeshalle zu fertigen: Georg Friedrich Ziebland, Friedrich von Gärtner, Joseph Daniel Ohlmüller und seinen damaligen Lieblingsarchitekten Leo von Klenze, der als einziger auch alle Konkurrenzentwürfe einsehen konnte. Klenze legte dem König schließlich u. a. den Entwurf einer dreiflügeligen dorischen Säulenhalle vor, in deren Mitte eine gigantische Statue auf einem hohen Sockel als Personifizierung des bayerischen Vaterlandes auf die Theresienwiese herunterblickte. Die Säulenhalle bildete den architektonischen Rahmen. Klenze erhielt den Auftrag und schloss am 28. Mai 1837 einen Vertrag zur Herstellung der Monumentalfigur mit Ludwig

Michael Schwanthaler, dem damals bedeutendsten und erfolgreichsten Bildhauer der Stadt und mit den beiden Erzgießern Johann Baptist Stiglmaier und Ferdinand von Miller. In den Entwürfen des Bildhauers wird aus einer eher klassizistischen antiken Amazone schließlich eine germanisierte Bavaria mit einem einfachen hemdartigen Kleid, dem übergeworfenen Bärenfell und einem Eichenkranz in der erhobenen Linken anstatt eines Lorbeerkranzes. In der Rechten hält die Bavaria ein Schwert und weiteres Eichenlaub. Der Löwe zur Rechten ist Symbol für Kraft und Stärke, das Wappentier Bayerns. Die Figur wurde zuerst in kleineren Modellen und seit 1840 auch als Gipsmodell in Originalgröße direkt neben der Erzgießerei in der hölzernen „Bavariahütte" erstellt. 1843 war die Gips-Bavaria fertig und wurde in Einzelteile als Vorlage für den Guss zersägt. Seit der Antike war keine Kolossalfigur in dieser Größe mehr aus Bronze gegossen worden, es gab lediglich Kolossalfiguren aus getriebenem Kupfer. Nur dank der genialen Fähigkeiten des Erzgießers Stiglmaier (gest. 1844) und seines Neffen Ferdinand von Miller war es möglich, die ca. 19 m hohe Figur aus Bronze zu fertigen, das Material soll von erbeuteten türkischen Kanonen aus der Schlacht bei Lepanto und 30 eingeschmolzenen lebensgroßen Figuren aus der Barockzeit stammen. Gegossen wurden einzelne Abschnitte: das Bruststück im Oktober 1845, die Hüfte der Bavaria 1846, die untere Hälfte der Figur und der Löwe 1849.

Seit Nero nicht mehr

Das aufregendste Ereignis der Herstellung war jedoch der Guss des Kopfes, bzw. das Ausheben des Bronzekopfes aus der Gussgrube, das in Anwesenheit des Königs, seiner Gattin Therese und weiterer Fürsten im Spätherbst 1844 in der Werkhalle an der heutigen Erzgießereistraße stattfand. Der Erzgießer Ferdinand Miller ließ den Kopf der Bavaria aus der dunklen Grube ziehen, bis er frei über dem Boden der Werkstatt schwebte. Aus dem Kopf war ein *Hoch auf Seine Majestät, den König* zu hören und Ludwig I. fragte „Ja sind denn da Menschen drin?" Worauf dann 30 Arbeiter der Erzgießerei und die beiden Söhne Millers aus dem hohlen Kopf herauskamen– zur größten Freude des Königs und aller Anwesenden.

Im Kopf der Bavaria

Die Bronzefigur der Bavaria ist innen hohl und kann besichtigt werden. Über 60 Stufen gelangt man bis in den Kopf, in dem zwei bronzene Sitzbänke angelegt sind. Aus einer Öffnung im Eichenkranz der Bavaria hat man einen schönen Blick über die Theresienwiese und die Stadt.

4.10 Ruhmeshalle

Inzwischen war der Bau der Ruhmeshalle weit fortgeschritten, die einzelnen Teile der Statue wurden mit großen Transportschwierigkeiten an die Theresienhöhe geliefert, am 7. August 1850 als letzter Teil der Kopf in einem feierlichen Akt, von 12 Pferden gezogen, zusammen mit einer Büste des inzwischen verstorbenen Bildhauers Schwanthaler. Am 9. Oktober 1850 zur Zeit des Oktoberfests wurde die Figur feierlich enthüllt mit Huldigungen an den seit 1848 abgedankten König Ludwig I. Zusätzliche Aufforstungen hinter der Ruhmeshalle zum Bavariapark hin bildeten den Naturrahmen und Hintergrund als Ehrenhain. Die Ruhmeshalle auf einem mehr als 4 m hohen Sockelgeschoß bildet den Rahmen für die zentrale Figur der Bavaria, beide Teile sind aber nur in einer Einheit zu verstehen als nationales Symbol. Die großartige Wirkung wird noch gesteigert durch eine monumentale Treppe von der Theresienwiese zum offenen Ehrenhof des Tempelbezirks.

Maße Ruhmeshalle

68 m breit, 32 m tief, 16 m hoch, 48 dorische Säulen und eine geschlossene Rückwand, Kalkstein vom Untersberg bei Salzburg.
Im umlaufenden Fries sind auf 94 Feldern (Metopen) Szenen aus Handel, Gewerbe, Kunst und Wissenschaft dargestellt, die Nutzen und Wohlergehen für den Staat zeigen.

Seitenwand links

Martin Schongauer, Maler, und Kupferstecher, um 1430 – 1491

Martin Behaim, Gelehrter, 1459 – 1506

Adam Krafft, Bildhauer, um 1455 – 1508

Conrad Celtes, Dichter und Gelehrter, 1459 – 1508

Johannes Tritheim, Abt und Historiker, 1462 – 1516

Michael Wolgemut, Maler, 1434 – 1519

Hans Holbein d. Ä., Maler, um 1465 – 1524

Willibald Pirkheimer, Humanist, 1470 – 1530

Veit Stoss, Bildhauer, Maler, um 1447 – 1533

Albrecht Altdorfer, Maler, um 1480 – 1538

Hans Burgkmair, Maler, 1473 – 1531

Johann Eck, Theologe, 1486 – 1543

Konrad Peutinger, Gelehrter, 1465 – 1547

Leonhard von Eck, Staatsmann, um 1480 – 1550

Peter Appian, Gelehrter, 1495 – 1552

Lukas Müller, gen. Cranach, Maler, 1472 – 1553

Christoph Amberger, Maler, um 1500 – 1562

Hans Jakob Fugger, Kunstsammler und Gelehrter, 1516 – 1572

Hans Sachs, Dichter, 1494 – 1576

Christoph Schwarz, Maler, um 1548 – 1597
Peter Canisius, Theologe, 1521 – 1597
Peter de Witte, gen Candid, Maler, um 1548 – 1628
Johann Terklas Graf von Tilly, Feldherr, 1559 – 1632
Gottfried Graf zu Pappenheim, General, 1594 – 1632
Elias Holl, Baumeister, 1573 – 1646
Franz Freiherr von Mercy, Feldherr, um 1590 – 1645
Christoph Scheiner, Theologe und Astronom, 1579 – 1650
Bartholomäus Holzhausen, Theologe, 1613 – 1658
Johann von Mandl, Staatsmann, 1588 – 1666
Jakob Balde, Dichter, 1604 – 1668
Joachim Sandrart, Maler, 1606 – 1688
Caspar Freiherr von Schmitt, Staatsmann, 1622 – 1693
Andreas Wolf, Maler, 1652 – 1716
Hadrian van der Werff, Maler, 1659 – 1722
Franz Beich, Maler, 1665 – 1748
Richard Willstätter, Chemiker, 1872 – 1942
König Ludwig I., 1786 – 1868

4.10 Ruhmeshalle

Schon bei den ersten Überlegungen ging Ludwig als Kronprinz von einer Anzahl von ca. 200 Büsten großer Bayern aus, die aus allen Ständen und Berufen stammen sollten, „Fürsten aber kommen keine herein. Ein für Bayern merkwürdiger Boden, der mit dem treuen Blut der Landleute getränkt ist, die sich für ihre Fürsten todt schlagen ließen" schreibt er an seinen Kunstagenten Wagner in Rom. Schon früh ließ er auch einzelne Büsten anfertigen, die älteste erhaltene stammt aus dem Jahr 1809 (der Maler Christoph Schwarz). In der fertigen Ruhmeshalle wurden zunächst 74 Büsten aufgestellt, nach dem Tod Ludwigs I. weitere zehn. Die Auswahl hatte Ludwig zusammen mit seinen Beratern getroffen und war in erster Linie von einem nationalen und patriotischen Anspruch geprägt, der das neue Bayern mit den hinzugewonnenen Landesteilen Schwaben, Franken, den freien Reichsstädten und Fürstbistümern als Einheit darstellen sollte. Zum anderen illustrieren die ersten Büsten die Weltanschauungen und Lehren, die Ludwig in pädagogischer Hinsicht seinem Volk vermitteln wollte. Einen Bezug zum Westend haben nur der Historiker Sigmund von Riezler (1843–1927), der im Hauberrisser-Haus an der Schwanthalerstraße wohnte und der Großbrauer Josef Pschorr (1770 – 1841), dessen Bierkeller an der Bayerstraße stand.
Zum 100. Geburtstag von König Ludwig I., 1888, ließ die Stadt München eine Büste des Königs an der Mittelwand anbringen.

Bavaria und Ruhmeshalle

Mittelwand rechts

- König Ludwig I., 1786 – 1868
- Wiguläus v. Kreitttmayr, Staatsmann und Jurist, 1705 – 1790
- Sigmund Graf v. Haimhausen, Akademie-Präsident, 1708 – 1793
- Michael Ignatz Schmidt, Historiker, 1736 – 1794
- Joseph Vogler, Tonsetzer, 1749 – 1814
- Benjamin Thompson, Graf v. Rumford, Staatsmann, 1753 –1814
- Johann Paul Friedrich Richter, Dichter, 1763 – 1825
- Georg von Reichenbach, Mechaniker, 1772 – 1826
- Joseph von Fraunhofer, Optiker, 1787 – 1826
- Lorenz von Westenrieder, Historiker, 1748 –1 829
- Johann Michael von Sailer, Bischof, 1751 – 1832
- Alois Senefelder, Erfinder der Lithographie, 1771 – 1834
- August Graf von Platen, Dichter, 1796 –1835
- Franz Paula von Schrank, Naturforscher, 1747 – 1835
- Carl Orff, Komponist, 1895 – 1982
- Karl Fürst von Wrede, Feldmarschall, 1767 – 1838
- Werner Heisenberg, Physiker und Nobelpreisträger, 1901 – 1976
- Daniel von Ohlmüller, Baumeister, 1791 –1839
- Bertolt Brecht, Dichter, 1898 – 1956
- Franz von Baader, Weltweiser, 1776 – 1841
- Emmy Noether, Mathematikerin, 1882 – 1935
- Eduard von Schenk, Dichter und Staatsmann, 1788 – 1841
- Therese Prinzessin von Bayern, Forscherin, 1850 – 1925
- Joseph Pschorr, Großbrauer, 1770 – 1841

Gedenktafel im linken Seitentrakt für die Büsten, die 1944 zerstört oder beschädigt und zunächst nicht restauriert oder nachgebildet wurden:

Wolfgang Miller, Baumeister, 1537–1590

Alexander von Haslang, Feldherr, + 1620

Johann Georg v. Herwarth, Staatsmann und Gelehrter, 1553–1622

Johann Christoph Freiherr von Preysing, Staatsmann, 1576–1632

Hans Carl Graf von Thüngen, Generalfeldmarschall, 1648–1709 (aufgestellt)

Johann Baptist Homann, Kupferstecher und Verleger, 1663–1724

Nicolaus Hieronymus Gundling, Gelehrter, 1671–1729

Johann Christoph Gatterer, Historiker, 1727–1799

Simon Schmid, Geistl. Rat, 1760–1840

Gedenktafel im rechten Seitentrakt mit den Namen der Personen, deren Büsten in der Walhalla bei Regensburg aufgestellt sind und nach den Zerstörungen des 2. Weltkriegs nicht wieder in die Ruhmeshalle aufgenommen wurden:

Johann Reuchlin, Gelehrter, 1455–1522

Franz von Sickingen, Reichsritter, 1481–1523

Albrecht Dürer, Maler, 1471–1528

Georg von Frundsberg, Landsknechtsführer, 1473–1528

Peter Vischer, Bildhauer, 1455–1529

Johann Turmair, gen. Aventin, Geschichtsschreiber, 1477–1534

Hans Holbein d. J., Maler, 1498–1543

Johann Christoph (Willibald) von Gluck, Tondichter, 1714–1787

Friedrich Wilhelm von Schelling, Weltweiser, 1775–1854

Die Mozartbüste wurde vom Kronprinzen Ludwig in Auftrag gegeben und durch den Bildhauer Heinrich Keller gefertigt, verm. um 1811. Sie war vorgesehen für eine Ruhmeshalle. Zur Aufstellung kam es nicht, u. a. weil Mozarts Witwe Constanze bei einem Besuch in München 1835 den Dargestellten nicht als ihren Gatten erkannte. Die Büste steht heute in der Münchner Residenz.

Seitenwand rechts

Ludwig Michael von Schwanthaler, Bildhauer, 1802 – 1848
Karl Amadeus Hartmann, Komponist, 1905 – 1963
Franz X. Gabelsberger, Erfinder d. Stenographie, 1789 – 1849
Heinrich Wieland, Chemiker, 1877 – 1957
Carl Rottmann, Maler, 1789 – 1850
Claus Graf Schenk v. Stauffenberg, Widerstandskämpfer, 1907 – 1944
Johann Andreas Schmeller, Sprachforscher, 1785 – 1852
Lena Christ, 1881 – 1920
Georg Simon Ohm, Physiker, 1789 –1854
Heinrich von Hess, Maler, 1798 – 1863
Clara Ziegler, Schauspielerin, 1844 – 1909
Leo von Klenze, Baumeister, 1784 – 1864
Johann Michael Fischer, Baumeister, 1692 – 1766
Peter von Cornelius, Maler, 1783 – 1867
Hans Carl Graf von Thüngen, Generalfeldmarschall, 1648 – 1709
Ferdinand von Miller, Erzgießer, 1813 – 1887
Arnold Sommerfeld, Physiker, 1868 – 1951
Christoph Dientzenhofer, Baumeister, 1655 – 1722
Richard Willstätter, Chemiker, 1872 – 1942
Wilhelm Leibl, Maler, 1844 – 1900
Adolf von Hildebrand, Bildhauer, 1847 – 1921
Rudolf Diesel, Erfinder, 1858 – 1913
Carl Spitzweg, Maler, 1808 – 1885
Ludwig Thoma, Schriftsteller, 1867 – 1921
Hans Freiherr von Aufsess, Museumsgründer, 1801 – 1872
Sigmund von Riezler, Historiker, 1843 – 1927
Wilhelm Josef Behr, Staatsrechtler, 1775 – 1851
Oskar von Miller, Elektro-Ingenieur, 1855 – 1934
Franz Erwein Graf von Schönborn, Standesherr, 1776 – 1840
Ignaz Günther, Bildhauer, 1725 – 1777
Franz Marc, Maler, 1880 – 1916
Friedrich Koenig, Erfinder, 1774 – 1833
Sebastian Kneipp, Pfarrer, 1821 – 1897
Maximilian Graf von Montgelas, Staatsmann, 1759 – 1838

Bis zum Zweiten Weltkrieg waren insges. 86 Büsten auf den Wandflächen untergebracht, bei einem Luftangriff am 17.12.1944 wurden mehrere Büsten wie auch das Gebäude durch Spreng- und Brandbomben beschädigt, der Ehrentempel brannte aus, die Dächer waren zerstört. Der offene Dachstuhl des Klenzebaus wurde aus konstruktiven Gründen nicht wieder hergestellt, heute schließt eine horizontale Kassettendecke die offene Halle nach oben ab. Nach einem Beschluss des bayerischen Ministerrats von 1966 wird die Ruhmeshalle nicht nur museal erhalten sondern mit weiteren Büsten verdienter Persönlichkeiten ergänzt.

Der Wiederaufbau und die Restaurierung der zerstörten Büsten war bis 1972 abgeschlossen, seitdem wurden insgesamt 17 neue Büsten aufgestellt, auch für bedeutende Frauen wie die Schriftstellerin Lena Christ (2000), die Schauspielerin Klara Ziegler (2000) und für Prinzessin Therese von Bayern (2009), eine der bedeutendsten Forscherpersönlichkeiten Bayerns.

Heute befinden sich insgesamt 103 Büsten auf den Wänden. Eine Mozartbüste hat sich erhalten, wurde aber nicht aufgestellt, weil sie den Anforderungen nach einem möglichst authentischen Portrait nicht angemessen war.

Ihre eigene Gips-Büste hatte die Künstlerin Aneta Steck 2007 auch als feministischen Protest gegen die einseitige Würdigung von verdienten Männern eingestellt. Die Büste wurde von der Staatlichen Verwaltung der Schlösser, Gärten und Seen wieder entfernt, nachdem sie immerhin knapp sieben Monate unentdeckt geblieben war.

4.11 Istituto Italiano di Cultura Monaco di Baviera

Hermann-Schmid-Straße 8
Das Italienische Kulturinstitut ist eine Einrichtung des Italienischen Staates und soll die italienische Sprache und Kultur in Deutschland fördern. Es wurde 1955 in einem Neubau des Architekten Wilhelm von Gumberz-Rhonthal (1905–1982) gegründet und bietet neben Sprach- und Kulturkursen eine Bibliothek mit italienischen Büchern und Zeitschriften. Außerdem werden hier Stipendien für Sprachkurse in Italien vermittelt und Veranstaltungen wie die Italienischen Kulturwochen und Ausstellungen organisiert.
Auf dem Grundstück befand sich bis zur ihrer Zerstörung im Luftkrieg die „Casa degl'Italiani", ein 1931 eröffnetes Haus für italienische Arbeiter und Geschäftsleute, u.a. die italienischen Obst- und Gemüseimporteure, die am Großmarkt tätig waren.
https://iicmonaco.esteri.it

Hans-Fischer-Spielplatz

Wer eine ruhige Ecke im umtriebigen Viertel sucht, kann auch mal an den kleinen Spielplatz an der Hans-Fischer-Straße ausweichen. Bevor es den Abhang runter geht zur Bahnlinie lädt eine Wiese mit Sandkasten, Rutsche und Häuschen zum Verweilen. Am Hang kann zudem die natürliche Vegetation einer der wenigen Hochgraswiesen des Viertels studiert werden.

4.12 BLLV

Bavariaring 37
Das Gebäude des Bayerischen Lehrer- und Lehrerinnen-Verbands (BLLV) wurde von den Architekten und Projektentwicklern Jakob Heilmann und Max Littmann für den berühmten Gynäkologen Ernst Bumm geplant. Ernst Bumm war ein bedeutender Professor für Gynäkologie und Leiter der Frauenklinik der Charite in Berlin, er verstarb 1925 in München. Ein Vorentwurf stammte vom Berliner Architekten Carl Gause (1851–1907), einem der Architekten des Berliner Hotels Adlon. Die repräsentative Villa in einem neoklassizistischen Stil mit einer großen Treppenhalle war 1913 fertig. 1930 erwarb der Bayerische Lehrerverein als Vorgängerinstitution die Villa für die Unterbringung der Süddeutschen Lehrerbücherei.

4.13 Stielerschule

Die Stielerstraße wie auch die Schule sind nicht nach dem berühmten bayerischen Hofmaler Joseph Karl Stieler benannt, sondern nach seinem Sohn, dem Dichter Karl Stieler (1842–1885, s. S. 181). Das Schulgebäude entstand in den Jahren 1897/99 nach einem Entwurf von Carl Hocheder und ist heute das früheste erhaltene Beispiel seiner Schulhaus-Reform. Die Gebäude wurden nicht mehr als großer Baublock konzipiert wie z.B. die Schwanthalerschule, sondern als malerische Baugruppe, was hier am Bavariaring auch zu einer verträglicheren Lösung in der Nachbarschaft zu den damals nur zweigeschoßig zugelassenen Villenbauten geführt hat, sondern auch für den Schulbetrieb große Vorteile brachte: eine Trennung nach Buben und Mädchen und v.a. die funktionale Anordnung der zwei Turnhallen an der Straßenecke. Dieser Bautypus wurde bestimmend für viele Münchner Schulbauten dieser Zeit. Weitere Sanitärräume, wie ein Brausebad und eine Küche mit Speiseraum waren im Keller untergebracht. Das Gebäude erhielt im Zweiten Weltkrieg schwerste Schäden, der Bauteil am Bavariaring wurde bis 1954 neu erstellt, erst 2007 folgte der Neubau der Turnhalle.
In der Schule war am Ende des Zweiten Weltkriegs ein Bombensuchkommando mit Häftlingen aus dem KZ Dachau untergebracht (s.S. 29).

Die nicht mehr erhaltenen Uhrengiebel stammten vom Dekorationsmaler Julius Mössel, das Mosaik mit den ABC-Schülern aus farbigen Tonstiften schuf der Künstler Waldemar Kolmsperger.

4.14 Baugenossenschaft München von 1871 eG

Die Genossenschaft ist die älteste noch bestehende Baugenossenschaft in Deutschland. An der Stieler-/Lindwurmstraße entstand 1873 eines der ersten einfachen Häuser, das aber schon 1900 durch einen Neubau ersetzt wurde, der auch architektonisch dem Baustil der Stielerschule angepasst werden musste.

4.15 Lindwurmstüberl

Eine der letzten Kriegslücken in der Stadt. Vor dem Krieg stand hier das Haus mit der Gastwirtschaft „Blaue Taube", das 1945 komplett zerstört war. An der Lindwurmstraße standen zuerst ein Zeitungskiosk und eine Würstlbude und daraus wurde schließlich in den 1950er Jahren der eingeschoßige Bau des Lindwurmstüberls, ergänzt durch das „Aquarium", den Anbau mit dem Panoramablick zur Lindwurmstraße. Die eingeschossigen Behelfsbauten prägten über Jahre die Innenstadt, inzwischen gehören sie zu den seltenen Ausnahmen.

Der Ruf des Lindwurmstüberls mit seinen knusprigen Brathendln ging weit über das Stadtviertel hinaus, der Duft der Hendl auch manchmal. Geführt wurde die Münchner Institution von der Wirtefamilie Ensle über 38 Jahre. Ralf Ensle, der letzte Pächter hat dann, sehr zum Bedauern seiner Fans, das Handtuch geschmissen. Es soll auch Auseinandersetzungen gegeben haben über die Öffnungszeiten.

Als die Augustiner-Brauerei das Lokal renovieren wollte (bzw. schon hatte) und einen Bauantrag dafür eingab, bestand die Lokalbaukommission 2007 zunächst darauf, den Behelfsbau abzureissen und die Baulücke aus städtebaulichen Gründen zu schließen. Dagegen gab es bei den Stammkunden, beim Bezirksausschuss und in den Medien erhebliche Einwände. Inzwischen ist das Lokal an die Oktoberfest-Wirtefamilie Stadtmüller (Fischer-Vroni) verpachtet, renoviert und einen Dachgarten gibt es auch noch. Und die Qualität der Hendl?

4.16 Lindwurmhof

Das Gebäude geht auf eine Zusammenarbeit der Baufirma Gebrüder Rank mit der Firma Gebr. Röchling, einem Kohle- und Stahlkonzern aus dem Saarland zurück, beide firmierten schon 1910 zur „Lindwurmhof AG" mit dem Ziel, einen Gewerbebau an der Lindwurmstraße zu errichten. Bis dahin wurde das Grundstück neben der seit 1871 betriebenen Bahnlinie nach Braunau als Lagerplatz für die Holz- und Kohlenhändler Müller und Landauer genutzt.

Die Baustelle wurde nach den modernsten technischen Möglichkeiten betrieben. U.a. kamen elektrisch betriebene Baumaschinen zur Anwendung: Quetschwerke für die direkt vor Ort gewonnenen Baumaterialien, Mischmaschinen und elektrische Aufzüge für die Förderung von Beton, Mörtel und Ziegeln. Am 11. Dezember 1911 konnte das Gebäude bezogen werden. Das Gebäude ist als Eisenbetonskelettbau konzipiert mit freien Grundrissen und gemauerten Wandausfachungen für eine variable Nutzung. Die Raumhöhen variieren von 5 m im Erdgeschoß bis 3,5 m in den obersten Geschoßen. Da zumindest in den unteren Ebenen auch brennbare Materialien gelagert werden sollten musste das Gebäude auch brandschutztechnisch hohe Anforderungen erfüllen. Mehrere Aufzüge konnten die Ebenen des Kontor- und Lagerhauses versorgen, eine Liftmaschine aus dem Jahr 1912 ist bis heute in Betrieb. Auch die Versorgung mit Licht, Wärme und Warmwasser entsprach den modernsten Möglichkeiten der Zeit. Der Entwurf geht auf den Architekten Franz Rank zurück. Nach außen hin zeigt sich das Gebäude eher konventionell aber auch eigenwillig im sogen. Münchner Heimatstil. Eine Vermietung war in den ersten Jahren schwierig, daher verlegten die Gebrüder Rank ihr Architekturbüro ebenfalls in den ersten Stock des Lindwurmhofs. In den 1920er Jahren übernahm schließlich Theodor Schuchardt, Inhaber der Spedition Wetsch, die ebenfalls hier ansässig war, die Lindwurmhof AG. Heute gehört das Gebäude der Herbert Schuchardt-Stiftung, die den Lindwurmhof 2011/12 grundlegend sanieren ließ. Berühmt wurde der Bau durch Nutzungen wie die Lindwurmhof-Lichtspiele, seit April 1912 im Erdgeschoß, in dem in den 1950er und 60er Jahren Actionfilme gezeigt wurden. 1968/69 zog die Diskothek „Crash" in die Räume des ehemaligen Kinos – eine Münchner Institution.

Crash-Club, 1968

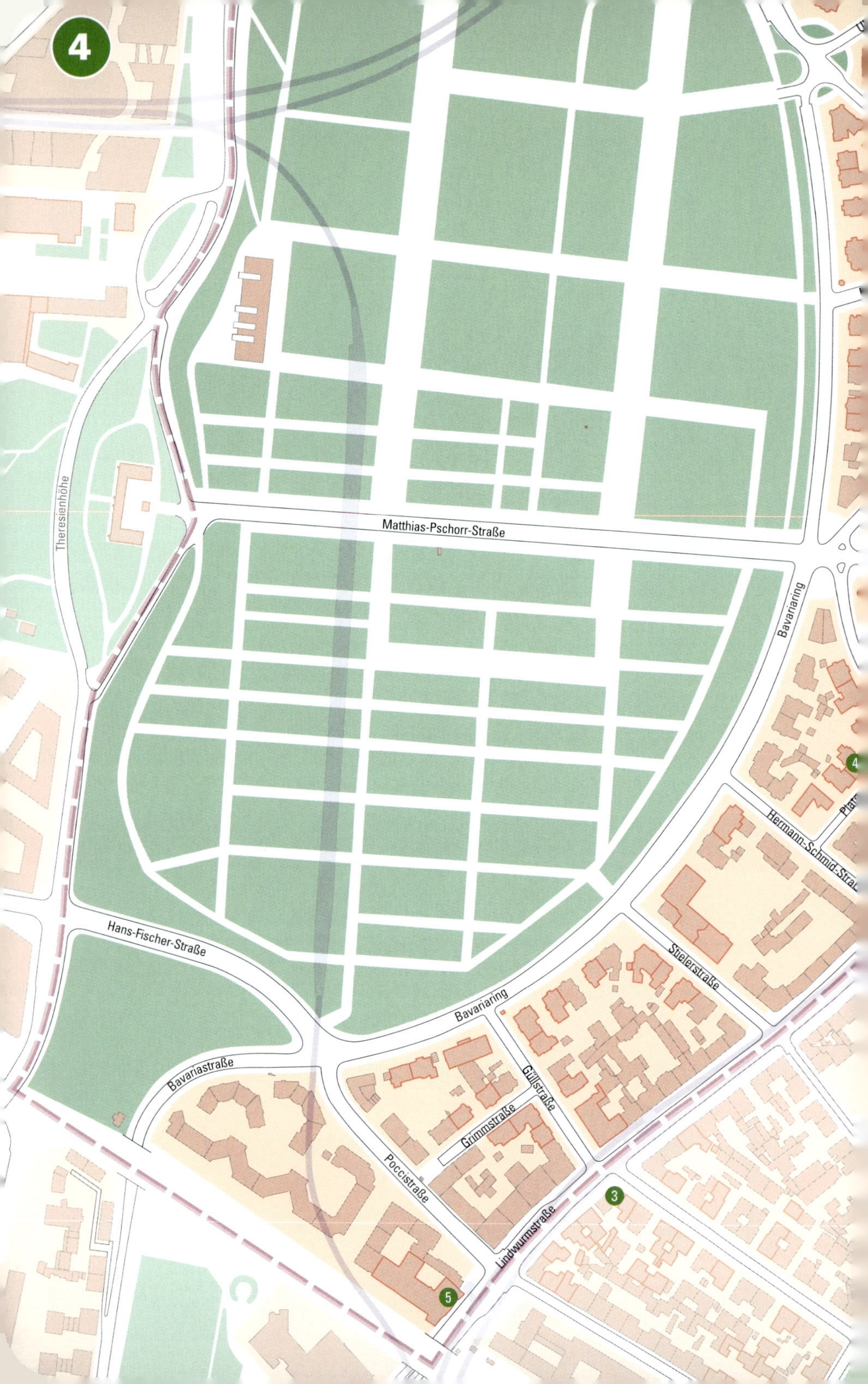
4
Theresienhöhe
Matthias-Pschorr-Straße
Bavariaring
Hermann-Schmid-Straße
Stielerstraße
Hans-Fischer-Straße
Bavariaring
Bavariastraße
Güllstraße
Grimmstraße
Poccistraße
Lindwurmstraße
3
4
5

Kaiser-Ludwig-Platz

Herzog-Heinrich-Straße

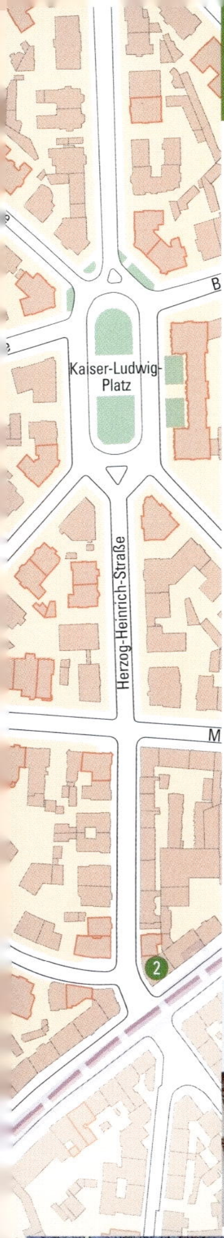

Cafés • Bars

coffeemamas
Kaffeerösterei
Lindwurmstraße 46

Kustermann
Café Konditorei
Vom Feinsten
Lindwurmstraße 36

Diba Café Bar
Kaffespezialitäten
Mittwochs Jamsessions
Lindwurmstraße 159

La „Dolce Vita"
Gelateria, selbstgemachte Dolci
Lindwurmstraße 145

Strom
Indie-Musicclub, Tanzbar
Im Lindwurmhof.
Lindwurmstraße 88

Kneipen • Boazn

Gaststätte Schoppenstüberl
Lindwurmstraße 42

Essen

1 Restaurant Ederer
Eigentlich ein Sterne-Lokal
Lindwurmstraße 48

Le bon Goût
Bistro & Vinothek
Lindwurmstraße 38

2 Lindwurmstüberl
Bayerisches Restaurant
Augustinerbier, Hendl
Lindwurmstraße 32

Iveria
Georgisches Restaurant
Lindwurmstraße 159a

Edo Sushi
Sushi-Restaurant
Herzog-Heinrich-Straße 37

Lebensmittel

Asia Markt Thang Long
Asiatische Lebensmittel
Poccistraße 2a/Lindwurmstraße

VollCorner Biomarkt
Ludwigsvorstadt
Lindwurmstraße 80

Alnatura
Super Natur Markt
Lindwurmstraße 117

Riverland Supermarkt
Schwerpunkt Asien
und Indien
Lindwurmstraße 123

REWE
Lindwurmstraße 129

Wine on the Rocks
Tasting Room
Lindwurmstraße 135

Penny
Zenettistraße 48

Döner • Imbiss

Crispy & More
Einfacher syrischer Schnellimbiss für Schawarma,
Falafel u.a.
Herzog-Heinrich-Straße 38

Käppchen Burgergrill
Burger & Cocktails
Lindwurmstraße

Antalya Imbiss
Döner & Dürüm Kebab
Lindwurmstraße 147

Kunst • Kultur

Istituto Italiano di Cultura
di Monaco di Baviera
Italienisches Kulturinstitut
Hermann-Schmid-Straße 8

Shopping

Flohmarkt Bric - à - Brac
Flohmarkt-Glück
am Laufenden Meter
Lindwurmstraße 56/58

Betten Bähren
Matratzen, Betten, Kissen
Lindwurmstraße 125

4 Rund um die Wiesn

Styleplanet München
Lindwurmstraße 54/56

coffeemamas
Kaffeerösterei
Lindwurmstraße 46

Le bon Goût
Bistro & Vinothek
Lindwurmstraße 38

Klideman
Schuster & Schlüsseldienst
Herzog-Heinrich-Straße 31

Naturelle Floristik
Blumengeschäft
Lindwurmstraße 137

ReSales
Geschäft für Second-Hand-Kleidung
Lindwurmstraße 82

③ **Wadlkrampf**
Fahrradladen
Schlauchautomat
Lindwurmstraße 155

Specials

Die gute Schuhreparatur
Orthopädische Schuhe
Lindwurmstraße 151

Print and Copy Factory
Hutmann
Lindwurmstraße 155

Apotheke

St.-Nepomuk-Apotheke
Lindwurmstraße 141

Sonstiges

④ **ADFC München**
Allgemeiner Deutscher Fahrradclub
Platenstraße 4

⑤ **Green City e.V.**
Lindwurmstraße 88
Innenhof, 2. Aufg., 5. Stock

Polizeiinspektion 14
Beethovenstraße 5

Rein & Sauber

Qualitätsreinigung
Herzog-Heinrich-Straße 32

Waschland MB
Wäscheservice und SB-Waschsalon
Lindwurmstraße 139a

Schulen

Grundschule
an der Stielerstraße
Stielerstraße 6

VHS
Volkshochschule München Mitte
Lindwurmstraße 127

Medizinische Akademie
Ausbildung zu Gesundheit und Soziales
Lindwurmstraße 129

Briefkästen

St.-Paul-Straße 11
Bavariaring 25
Lindwurmstraße 149
Lindwurmstraße 88

4

A. D.
1896

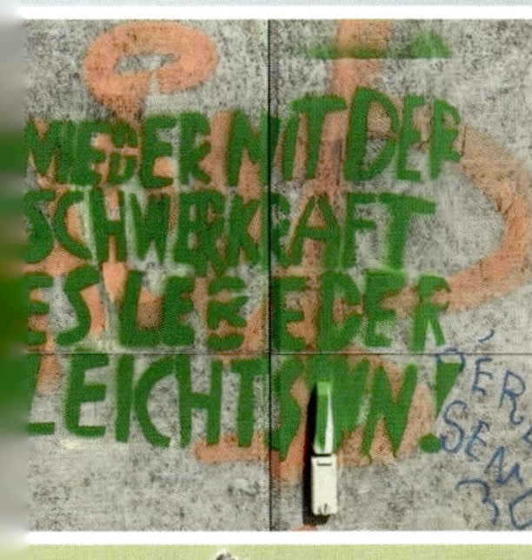
NIEDER MIT DER
SCHWERKRAFT
ES LEBE DER
LEICHTSINN!

* Jahr der Benennung durch den Beschluss des Bauausschusses des Stadtrats

Adolf-Kolping-Straße, *1946, Adolph Kolping (1813–1865), Gründer der katholischen Gesellenvereine, einer der Begründer der katholischen Soziallehre

Arnulfstraße, Maxvorstadt, Neuhausen *1890, Arnulf von Bayern (1852–1907), dritter Sohn des bayerischen Prinzregenten Luitpold, Regimentskommandeur des Infanterie-Leibregiments in der sogenannten Türkenkaserne zu München

Augsburgerstraße, *vor 1823, Benennung vermutlich nach dem Augsburger Boten Josef Palmberger, der „Augsburger" genannt wurde und hier wohnte

Bahnhofplatz, *1867, an der Ostseite des Hauptbahnhofes zwischen der Bayer-, Schützen- und Dachauer Straße

Bavariaring/Bavariastraße, *um 1887, Benennung nach der Kolossalstatue der Bavaria auf der Theresienhöhe

Bayerstraße, *vor 1823, Herkunft des Namens unklar, möglicherweise auf Ludwig den Bayer oder auf den Stamm der Bayern zurückzuführen

Beethovenplatz, *1912, **Beethovenstraße**, *1887, Ludwig van Beethoven (1770–1827), Komponist der Wiener Klassik

Bluntschlistraße, *1936, Johann Caspar Bluntschli (1808–1881), Schweizer Rechtswissenschaftler, lehrte an der Universität München; verband die Prielmayer- mit der Schützenstraße hinter dem Hotel Königshof

Esperantoplatz, *1951, Esperanto, die bedeutendste Plansprache, 1887 von dem polnischen Arzt Ludwik Lejzer Zamenhof entwickelt

Fleischerstraße, *1877, Nähe zum 1876 dort erbauten Münchner Schlacht- und Viehhof

Fliegenstraße, *um 1820, nach der früher dort gelegenen Wirtschaft „Fliegengarten"

Georg-Hirth-Platz, *1917, Georg Hirth (1841–1916), Statistiker, volkswirtschaftlicher Schriftsteller, Journalist und Verleger, siehe S. 181

Goetheplatz/Goethestraße, *1865, Johann Wolfgang von Goethe (1749–1832), Dichter und Naturforscher, siehe S. 179

Grasserstraße, Schwanthalerhöhe *1878, Erasmus Grasser (ca. 1450–1518), Bildhauer, die „Moriskentänzer" im Alten Rathaus sollen die Kopien von ihm geschaffener Figuren sein

Grimmstraße, *1902, Jacob Grimm (1785–1863), Sprach- und Literaturwissenschaftler, Verfasser eines Deutschen Wörterbuchs, Teilnehmer an der Frankfurter Nationalversammlung 1848, siehe S. 181

Kobellstraße, 1903

Güllstraße, *1887, Friedrich Güll (1812–1879), in Ansbach gebürtiger Dichter und Verfasser von Kinderliedern, siehe S. 181

Hackerbrücke, *um 1870, nach der benachbarten Brauerei

Häberlstraße, *1876, Franz Xaver Häberl (1759–1846), Begründer und Leiter des Allgemeinen Krankenhauses, siehe S. 120

Hans-Fischer-Straße, (1949) Hans Fischer (1881–1945), Chemiker und Mediziner, 1930 Nobelpreis für Chemie

Haydnstraße, *1887, Joseph Haydn (1732–1809), österreichischer Komponist der Wiener Klassik

Herbststraße, Herbstbrücke, *1810, nach der Jahreszeit

Hermann-Lingg-Straße, *1906, Hermann Lingg (1820–1905), Mediziner, Dichter, Ehrenbürger von München, siehe S. 180

Hermann-Schmid-Straße, *1887, Hermann von Schmid (1815–1880), Schriftsteller, Autor in der Zeitschrift „Die Gartenlaube", 1876 geadelt, siehe S. 181

Herzog-Heinrich-Straße, *1887, Heinrich der Löwe (um 1129/30–1195), aus dem Adelsgeschlecht der Welfen, Herzog von Sachsen, von 1156 bis 1180 auch Herzog von Bayern

Kaiser-Ludwig-Platz, *1886, Ludwig IV. der Bayer (1282–1347), Herzog von Bayern, deutscher König (ab 1314), und römischer Kaiser (seit 1328), Schreibweise vor dem Zweiten Weltkrieg: Kaiser-Ludwigs-Platz

Karlsplatz/Stachus, *1797, nach Kurfürst Karl Theodor (1724–1799), der die Entfestigungen begann und die Bauten des Halbrunds am Stachus errichten ließ. Die volkstümliche Benennung Stachus geht auf den Wirt Eustachius Föderl zurück, der den Stachus-Garten betrieb

Kobellstraße, *1887, Franz Ritter von Kobell (1803–1882), deutscher Mineraloge und Schriftsteller, siehe S. 180

Kurt-Haertel-Passage, *2003, Kurt Haertel (1910–2000), Jurist und Patentanwalt, 1963–1975 Präsident des Deutschen Patentamts

Platenstraße, 1910

Landwehrstraße, *1829, G. Ch. Viktor von Klöber, Kaufmann und Oberst des Münchner Landwehrregiments „Älterer Ordnung", überließ die Wiese zwischen Schiller- und Mathildenstraße der Bürgerschaft zur Abhaltung militärischer Übungen

Lessingstraße, *1886, Gotthold Ephraim Lessing (1729–1781), deutscher Dichter, siehe S. 180

Lindwurmstraße, *1878, Joseph von Lindwurm (1824–1874), Arzt; hieß bis 1487 Sendlinger Weg, dann Sendlinger Hauptstraße und Sendlingerlandstraße, siehe S. 120

Luitpoldstraße, *1843, nach Prinzregent Luitpold von Bayern (1821–1912), Sohn von König Ludwig I., „des Königreichs Bayern Verweser" von 1886 bis 1912

Maistraße, *um 1824, entweder nach dem Monat Mai (durch die Straße sollen die Schulkinder zu den Maifeiern gezogen sein) oder nach dem Arzt Franz Anton Mai (1742–1814), Leibarzt der Kurfürstin Elisabeth Auguste, Gattin von Karl Theodor.

Martin-Greif-Straße, *1910, Martin Greif (1839–1911), deutscher Dichter, siehe S. 181

Mathildenstraße, *1899, Mathilde Karoline Friederike von Bayern (1813–1862), älteste Tochter König Ludwigs I.

Matthias-Pschorr-Straße, *1932, Matthias Pschorr, Brauereibesitzer (Vater und Sohn), in München, bedeutender Stifter

Mittererstraße, *1864, Hermann Mitterer (1762–1829), Zeichenlehrer am Gymnnasium in München und Begründer einer lithographischen Kunstanstalt

Mozartstraße, *1886, Wolfgang Amadeus Mozart (1756–1791), österreichischer Musiker und Komponist

Nußbaumstraße, *1891, Johann Nepomuk von Nußbaum (1829–1890), deutscher Chirurg und Hochschullehrer, Ehrenbürger der Stadt München, siehe S. 120

Paul-Heyse-Straße, *1905), Paul-Heyse-Unterführung, *1957, Paul Johann Ludwig von Heyse (1830–1914), deutscher Schriftsteller, Nobelpreisträger für Literatur 1910, Ehrenbürger der Stadt München, siehe S. 180

Pettenkoferstraße, *1902, Max von Pettenkofer (1818–1901), deutscher Chemiker und Hygieniker, siehe S. 112/113, 120

Platenstraße, *1890, August von Platen-Hallermünde (1796–1835), deutscher Dichter, siehe S. 180

Poccistraße, *1887, Franz Graf von Pocci (1807–1876), deutscher Zeichner, Radierer, Schriftsteller, Musiker und Komponist, siehe S. 181

Prielmayerstraße, (1886) Franz Xaver Freiherr von Prielmayer (1766–1824), königl. Appelationsgerichtsrat

Reisingerstraße, *1906, Franz Reisinger (1787–1855), Arzt, Direktor des Augsburger städtischen Krankenhauses, mit seinem Vermächtnis entstand das Reisingerianum in der Sonnenstraße, siehe S. 120

Ringseisstraße, *1887, Johann Nepomuk von Ringseis (1785–1880), Arzt, Professor an der LMU, siehe S. 121

Rothmundstraße, *1897, Franz Christoph Rothmund (1801–1891), Chirurg, Professor an der LMU, siehe S. 121

Rückertstraße, *1894, Friedrich Rückert (1788–1866), deutscher Dichter und Orientalist, Sprachgelehrter und Übersetzer, siehe S. 181

St.-Paul-Platz, *1897/St.-Paul-Straße, *1887, nach der bis 1906 errichteten Pfarrkirche St. Paul

Schillerstraße, *1860, Friedrich Schiller (1759–1805), Dichter; ursprünglicher Name Singstraße, siehe S. 179

Südseite der Bayerstraße zwischen Senefelderstraße und Schillerstraße, 1910

* Jahr der Benennung durch den Beschluss des Bauausschusses des Stadtrats

Schlosserstraße, *vor 1823, nach einem Schlosser, der hier arbeitete

Schubertstraße, *1887, Franz Schubert (1797–1828), österreichischer Komponist

Schützenstraße, *vor 1812, Lage des ehemaligen Schießplatzes der Münchner Armbrustschützen

Schwanthalerstraße/Schwanthalerhöhe, *1850, davor Lerchenstraße, Ludwig von Schwanthaler (1802–1848), Bildhauer, Professor an der Akademie, Schöpfer der Bavaria

Sendlinger-Tor-Platz, *vor 1837, nach dem Sendlinger Tor, erstmals genannt 1319

Senefelderstraße, *1863, Alois Senefelder (1771–1834), Erfinder der Lithographie, Theaterschriftsteller, Sänger, Musiker und Komponist

Sonnenstraße, Altstadt/ *1812, nach dem Bauprinzip der Sonnenbaulehre, mit dem die Straße von Friedrich Ludwig von Sckell geplant wurde

Stielerstraße, *1886, Karl Stieler (1842–1885), bayerischer Mundartdichter, siehe S. 181

Theresienhöhe, *1880, Therese Charlotte Luise von Sachsen-Hildburghausen (1792–1854), durch ihre Heirat mit Ludwig I. seit 1825 Königin von Bayern

Uhlandstraße, *1886, Ludwig Uhland (1787–1862), deutscher Dichter, siehe S. 180

Waltherstraße, *1877, Philipp Franz von Walther (1782–1849), deutscher Chirurg und Augenarzt, Leibarzt von König Ludwig I., siehe S. 120

Winckelstraße, *1918, Franz von Wickel (1837–1911), Arzt, Direktor der Universitäts-Frauenklinik und der Hebammenschule, siehe S. 121

Ziemssenstraße, *1903, Hugo von Ziemssen (1829–1902), Mediziner und Direktor des Städtischen Allgemeinen Krankenhauses, Ehrenbürger der Stadt München, siehe S. 121

Zollstraße, *1877, nach dem hier stehenden Gebäude der „Königlichen Zolladministration"

Zweigstraße, *1875, umgangssprachliche Bezeichnung für eine Sackgasse, die von einer Hauptstraße abzweigt

Sendlinger-Tor-Platz, Beginn der Sonnenstraße

MÜNCHEN.
Landwehrstrasse und St. Paulkirche.

Literatur

Aicher, Florian; Drepper, Uwe (Hrsg.): Robert Vorhoelzer – Ein Architektenleben, Die klassische Moderne der Post, Katalog zur Ausstellung im Münchner Stadtmuseum, München 1990

Arbeitskreis Industriekultur im Archiv der Münchner Arbeiterbewegung (Hrsg.): Industriekultur in München, Zwischen Abriss und Bewahren, München 2021

Assél, Astrid; Huber, Christian: München und das Bier, München 2009

Bähr, Johannes; Erker, Paul: Netzwerke, Die Geschichte der Stadtwerke München, München, Berlin, Zürich 2017

Basiner, Paul und Katrin; Wimmer, Franz (Konzept): 150 Jahre Rank, Fünf Generationen 1862 – 2012, München 2012

Bauer, Richard; Graf, Eva (Hrsg.): Zu Gast im alten München, Erinnerungen an Hotels, Wirtschaften und Cafés, München 1982

Bauer, Richard: Das alte München, Photographien 1855-1912, Gesammelt von Karl Valentin, München 1982

Bauer, Richard: Ruinenjahre, Bilder aus dem zerstörten München 1945–1949, München 1983

Bauer, Richard; Fenzl, Fritz (Red.): 175 Jahre Oktoberfest, 1810–1985, Herausgegeben von der Landeshauptstadt München, München 1985

Bauer, Richard: Stadt im Überblick, München im Luftbild 1890–1935, München 1986

Bauer, Richard (Hrsg.): Ansichten und Einsichten, Hans Grässels Fotosammlung zur Architekturgeschichte Münchens 1860–1945, München 1994

Bauer, Richard (Hrsg.): Links und rechts der Isar, Bilder aus dem groß- und kleinbürgerlichen München, München 1991

Bauer, Richard: Fliegeralarm, Luftangriffe auf München 1940–1945, München 1987

Bauer, Richard: Ludwigsvorstadt, Zeitreise ins alte München, München 2012

Baumann, Angelika; Heusler, Andreas (Hrsg.): München arisiert, Entrechtung und Enteignung der Juden in der NS-Zeit, München 2004

Bayerischer Architekten- und Ingenieurverein (Hrsg.): München und seine Bauten, München 1912

Bayerische Staatsgemäldesammlungen und Ausstellungsleitung Haus der Kunst e.V. (Hrsg.): Die Münchner Schule, 1850–1914, München 1979

Bezirksausschuss Ludwigsvorstadt-Isarvorstadt (Hrsg.): Stadtteilinfo Kultur und Soziales, München 2012

Biller, Josef H.; Rasp, Hans-Peter: München – Kunst und Kultur, München 2003

Buchborn, Eberhard (Hrsg.): 1813–1988, Vom Allgemeinen Krankenhaus zur Medizinischen Klinik Innenstadt der Ludwig-Maximilians-Universität, München 1988

Burgmair, Wolfgang; Locher, Wolfgang: Medizinhistorischer Stadtführer München, Von den Anfängen bis zur Gegenwart, Lindenberg im Allgäu 2008

Chevalley, D. A. / Weski, T.: Denkmäler in Bayern, Landeshauptstadt München, Südwest, Band 1 und 2, München 2004

Dollinger, Hans: Die Münchner Straßennamen, Zu Fuß durch die Geschichte unserer Stadt, München 1995

Dürr, Kajetan: Historische Entwicklung der Münchner Stadtbezirke, Herausgegeben vom Münchner Forum, Berichte und Protokolle Nr. 103, München 1991

Duvigneau, Volker: Münchner Stadtbilderbuch, Ansichten aus drei Jahrhunderten, München 1994

Eymold, Ursula; Heusler, Andreas (Hrsg.): Migration bewegt die Stadt, München 2018

Fisch, Stefan: Stadtplanung im 19. Jahrhundert, Das Beispiel München bis zur Ära Theodor Fischer, München 1988

Geipel, R., Hartke, W., Heinritz, G.: München. Ein geographischer Exkursionsführer. Münchner Geographische Hefte Nr. 55/56, München 1987

Gerhart, Nikolaus; Grasskamp, Walter; Matzner, Florian (Hrsg.): 200 Jahre Akademie der Bildenden Künste München, München 2008

GeschichtsWerkstatt Ludwigsvorstadt-Isarvorstadt (Hrsg.): Dichter im Viertel, Kalender 2018, Herausgegeben zum 130. Jahrestag der Straßenbenennungen im Wiesenviertel, München 2017

GeschichtsWerkstatt Ludwigsvorstadt-Isarvorstadt (Hrsg.): Revolutions-Kalender 2018/2019, Herausgegeben zum 100. Jahrestag der Revolution in Bayern, München 2018

Goeke, Simon; Rühlemann, Martin W.; Strnad, Maximilian (Hrsg.): Sendling *arisiert*, Enteignung und Vertreibung jüdischer Nachbarn im Nationalsozialismus, München 2016

Hadrys, Ilse (Red.): Kein Ort mehr, Jüdisches Leben in der Lindwurmstraße 1938–1945, München 1999

Haertle, Karl-Maria: Münchens „verdrängte" Industrie, in: München – Musenstadt mit Hinterhöfen, Die Prinzregentenzeit 1886 bis 1992, München 1988

Heusler, Andreas: Zwangsarbeit in der Münchner Kriegswirtschaft 1939–1945

Hippius, H.; Hoff, P.: Psychiatrische Klinik der Ludwig-Maximilians-Universität München, München 1991

Huber, Brigitte: Mainburg – London, Der Altbayer Johann Georg Scharf (1788–1860) als Bildchronist der englischen Hauptstadt, Regensburg 2012

Klein, Dieter: Martin Dülfer, Wegbereiter der deutschen Jugendstilarchitektur, Arbeitsheft 8 des Bayer. Landesamtes für Denkmalpflege, München 1993

Klühspies, Karl: München nicht wie geplant, Stadtpolitik, Bürgerwille und die Macht der Medien, Herausgegeben vom Münchner Forum, München 2015

Kürzl, Rainer; Andergassen, Ulrich; Hutter, Stefan; Lorenz, Roman: 100 Jahre Maistraße 1916–2016, München 2016

Kunstmann, Joanna Waltraud: Emanuel von Seidl (1856–1919), Die Villen und Landhäuser, München 2012

Large, David Clay: Hitlers München, Aufstieg und Fall der Hauptstadt der Bewegung, München 1998

Lerch-Stumpf, Monika (Hrsg.): Für ein Zehnerl ins Paradies, Münchner Kinogeschichte 1896 bis 1945, München 2004

Landeshauptstadt München; Münchner Stadtmuseum; Referat für Stadtplanung und Bauordnung; Stadtarchiv München (Hrsg.): München wie geplant, Die Entwicklung der Stadt von 1158 bis 2008, München 2004

Laturell, Volker D.: Volkskultur in München, Herausgegeben vom Kulturreferat der Landeshauptstadt München, München 1997

Locher, Wolfgang: 100 Jahre Chirurgische Universitätsklinik München an der Nussbaumstrasse, Herausgegeben vom Institut für Geschichte der Medizin, München 1991

Mattiesen, Heinz; Bierl, Max; Gerstl, Werner; Bürnheim, Hermann: 100 Jahre Münchner Straßenbahn, 1876–1976, Herausgeg. vom Stadtarchiv München, München 1976

Maxstadt, Erni: Münchner Volkstheater im 19. Jahrhundert und ihre Direktoren, München 2002

Megele, Max: Baugeschichtlicher Atlas der Landeshauptstadt München, 3 Bde, München 1951, 1956, 1960

Meitinger, Karl: Das neue München, Vorschläge zum Wiederaufbau, München 1946

Münchner Stadtmuseum (Hrsg.): Das Oktoberfest, Einhundertfünfundsiebzig Jahre Bayerischer National-Rausch, Jubiläumsausstellung im Münchner Stadtmuseum, München 1985

Nerdinger, Winfried (Hrsg.): Aufbauzeit, Planen und Bauen München 1945–1950, München o.J.

Nerdinger, Winfried (Hrsg.): Bauen im Nationalsozialismus, Bayern 1933–1945, München 1994

Nerdinger, Winfried (Hrsg.): Ort und Erinnerung, Nationalsozialismus in München, Salzburg - München 2006

Oelwein, Cornelia: Max Littmann (1862–1931), Architekt, Baukünstler, Unternehmer, München 2013

Pasinger Fabrik GmbH (Hrsg.): Wirtshäuser in München um 1900, München 1997

Rädlinger, Christine: Geschichte der Münchner Brücken. Brücken bauen von der Stadtgründung bis heute, München 2008

Rasp, Hans-Peter: Eine Stadt für tausend Jahre, München – Bauten und Projekte für die Hauptstadt der Bewegung, München 1981

Rotter, Alexander: Wasser und Strom für München, Vom Cholera-Nest zur leuchtenden Metropole, Weißenhorn 2018

Schiermeier, Franz: Stadtatlas München, Karten und Modelle von 1572 bis heute, München 2003

Schiermeier, Franz: Panorama München, Illusion und Wirklichkeit, Herausgegeben vom Stadtarchiv München, München 2009

Schiermeier, Franz: Westend, Reiseführer für München, München 2014

Schiermeier, Franz: Sendling, Reiseführer für Münchner, München 2019

Schiermeier, Franz; Winkler, Sebastian: München farbig, 1946–1965, Vom Trümmerfeld zum U-Bahnbau, München 2018

Schiermeier, Franz; Winkler, Sebastian: München_Ortstermin, Die Stadt nach dem Krieg und heute, München 2020

Stahleder, Helmuth: Haus- und Straßennamen der Münchner Altstadt, München 1992

Stahleder, Helmuth: Von Allach bis Zamilapark, Namen und historische Grunddaten zur Geschichte Münchens und seiner eingemeindeten Vororte, Herausgegeben vom Stadtarchiv München, München 2001

Stankiewitz, Karl: Der Stachus, Wo München modern wurde, München 2006

Tax, Ben: Meine Verehrung Exzellenz!, Max von Pettenkofer – Hygiene für München und die Welt, München 2021

Toussaint, Angela: Der Münchner Hauptbahnhof, Stationen seiner Geschichte, Dachau 1993

Wagner, Oskar: Der Evangelische Handwerker-Verein von 1848 e.V. München 1848 bis 1984, München 1984

Weyerer, Benedikt: München zu Fuß, 20 Stadtteilrundgänge durch Geschichte und Gegenwart, Hamburg 1988

Weyerer, Benedikt: München, 1919–1933, Stadtrundgänge zur politischen Geschichte, Herausgegeben von der Landeshauptstadt München, München 1993

Zell, C.: Geschichte der Elektrizitätsversorgung Münchens, München 1949

Bildnachweis

Architektursammlung der TUM:
128o (gsa_g-111-52), 128u (gsa_g-300-1001).

Atelierprojekt Landwehrstraße 39:
21r.

Auer Weber Architekten:
65u.

Bayerisches Landesamt für Denkmalpflege:
33 (2), 73or, 80o, 80ul, 117ur, 122 (3), 125m (2), 188ul, 189r(2), 217ol.

Bayerisches Landesamt für Digitalisierung, Breitband und Vermessung, Bayerische Vermessungsverwaltung, Uraufnahme München 1808 ff.:
34, 46l, 40, 72, 140, 170.

Bayerisches Nationalmuseum:
47u, 108o.

Bayerische Staatsbibliothek München/Bildarchiv:
15ol, 15m, 19o, 22o, 23ml (hoff 5123, 1918), 176 (2), 193u

Bayerische Verwaltung der Schlösser, Gärten und Seen:
46r (Generalplan Sckell Sonnenstr.)

Beate Bidjanbeg:
41u, 84ul, 135o, 206ur, 207ul, 207ur, 207mr, 207ml.

British Museum, London:
6/7o, 12or (1900,0725.7).

Bund Naturschutz Visualisierung Sonnenstraße:
59m.

Deutsche Bahn:
66u. (Visualisierung 2. Stammstrecke)

doranth post architekten GmbH:
80ur.

Evangelisch-Lutherische Kirchengemeinde München - St. Matthäus: 48u, 49ol, 50o.

Hacker-Pschorr, Archiv:
148o, 148u.

Haus der Bayer. Geschichte:
88o, 88m.

Helbing, Martina:
162ul.

Landeshauptstadt München, Kommunalreferat, GeodatenService:
40, 94, 104, 106, 136, 146, 166, 174, 218.

Landeshauptstadt München, Planungsreferat: 51 (2), 124/125o, 93o (Erhaltungssatzungsgebiete).

Münchner Stadtmuseum:
12ur, 35u, 37u, 192/193 (Inv.-Nr. G-Xc/6.1-2), 194lm, 194m, 194/195 (Inv.-Nr. G-Xc/6.1-2), 196/197 (Inv.-Nr. G-Xc/6.1-2)

Lehmann, Tabillion & Castorph, Architektur Stadtplanung Gesellschaft mbH:
131ul (Foto: Michael Heinrich).

Münchner Forum e.V.:
162ur.

Referat für Stadtverbesserung:
79u.

Siemens Historical Institute:
226.

Stadtarchiv München:
11ur (Atelier in der Schwanthalerstraße), 13u (FS-NL-PETT1-3366), 26o (FS-NS-00071), 28or (NS-00231), 29o (JUD-F-21a-0001-ABE), 29m (FS-HB-V-a-1197), 36 (Pläne C94), 42u (Slg. Neuner, A 26/9), 44o (PETT1-1505), 47o (FS-NL-PETT1-1482), 48 (FS-NL-KV-0263), 49 (FS-HB-XVI-1130), 52ol (PETT1-3292), 52or (PETT1-1485), 52m (FS-NL-KV-1974), 52ul (FS-NL-KV-2151), 53ol (PETT1-1486), 53or (WEIN-0118), 53u (FS-STR-3394), 54ol (Pett1-1493), 54or (PETT1-3281), 54u (FS-NL-KV-0259), 55ol (PETT1-3291), 55or (PETT1-4256), 55u (FS-NL-KV-0244), 56ol (FS-NL-KV-0303), 57o (FS-NL-PETT1-3290), 60u (HV-BS-B-23-26), 69 (FS-HB-XXIII-287), 74or (C1892110), 76or (FS-NL-RD-0014C04), 76ol (FS-NL-RD-0014-A-27), 76rm (FS-NL-RD-0014-A-25), 76lm (FS-NL-RD-0014-A-17), 76ur (FS-NL-RD-0014-A-18), 82o (FS-NL-KV-0544), 82m (FS-NL-KV-0548), 83ol (FS-NL-KV-2057), 83ur (STRA-30 Straßenbenennungen, 1870-1899), 85m (PL-15965), 108m (Nachlass Dombart, Kartei), 109m (FS-PK-STB-06643), 108m (HV-BS-A-02-52), 108u (C1897159), 111 (PETT1-2435), 114u (FS-PK-STB-04933), 116ol (Pett1-0490), 117 (LBK 23819), 119 ol (FS-PK-STB-13416), 121 ur (HV-BS-B-14-22), 123ul (PL-00573), 124m (FS-NL-KV-0246), 142 (Pläne C94), 178o (STRA-30 Straßenbenennungen, 1870-1899), 196m (FS-AB-ERG-0004), 198ul (PL-12723), 199ol (C1890092), 199or (PL-17999), 199ul (PL-17998), 199ur (PL-12721), 204or (St.G. 220, Plan B 89), 205 (KV-0367, 215ml (FS-HB-V-a-1197), 217 (FS-STB-0829), 222 (FS-PK-STR-00692), 223 (Pett1-1717), 224 (FS-HB-II-c-0511), 225 (Pett1-0485), 227 (FS-PK-STR-01037).

Stadtbibliothek München, Monacensia-Abteilung:
192u (Mon, 2o Mon. 45)

Private Sammlung:
23ur, 24u, 25o, 25u, 125m.

Sammlung Enderlein:
38, 102, 144, 172.

Sebastian Winkler, Bildarchiv + Verlag:
39u, 43m, 44m, 44u, 45m, 58u, 62u, 64o, 67m, 70o, 76ul, 79ol, 90o, 132o, 145, 157m.

wikimedia commons:
11o (2), 11ul, 30 (5), 31 (5), 42m, 81ul, 81rm, 100, 189o, 120 (4), 1231 (4), 180 (6), 181 (12), 204ol, 179(2), 208ul, 193m, 205ur, 205mr.

Aus Publikationen:

100 Jahre Chirurgische Universitätsklinik München an der Nussbaumstrasse, München 1991:
101o, 110l, 119ur, 120or, 120ul.

100 Jahre Maistraße 1916–2016, München 2016:
118ml.

Alois Löcherer, Photographien 1845–18566, München 1998:
209or

Das Neue München, München 1946:
58o.

Das waren Zeiten, München im Spiegel der Biöldreportagen von einst, Dachau 1983:
8ur

Der Münchner Hauptbahnhof, Stationen seiner Geschichte, Dachau 1993:
60o, 60m, 61 (2), 62o, 63 (2), 152o, 153m, 154o.

Die Architektur des XX. Jahrhunderts, Zeitschrift für moderne Baukunst:
72ur, 73ol, 73m.

Die Geschichte einer Räterepublik in 40 Bildern von O. Estée, München 1919:
24m,

Eine Stadt für tausend Jahre, München – Bauten und Projekte für die Hauptstadt der Bewegung, München 1981:
27o.

Fotografie und Revolution München 1918/19:
22o, 23o (3), 25m, 56u.

Franz Hanfstaengl, Von der Lithographie zur Photographie, München 1984:
12ol, 182o.

Für ein Zehnerl ins Paradies, Münchner Kinogeschichte 1896 bis 1945, München 2004:
56or, 56m (2), 57u, 57m.

Geschichte der Münchner Brücken, München 2008:
154u , 155o.

Grünanlagen in der Stadtplanung von München; München 2005:
205.

Heimatkundliche Blätter für den Kreis Biberach, Sonderheft Nr. 1194:
14 (5).

Innen:Dekoration, Illustrierte Kunstgewerbliche Zeitschrift für den Gesammtren Inneren Ausbau, XI. Jahrg., Darmstadt 1900:
186 (5).

Oberbayerisches Archiv, Band 109:
141u.

Migred, Migration Griechenland-Deutschland, München 2020:
88u, 89u.

München Stadt der Träume, München 2004:
27m, 27u.

München wie geplant, Die Entwicklung der Stadt von 1158 bis 2004, München 2004:
45ur, 124ol.

Münchner Volkstheater im 19. Jahrhundert und ihre Direktoren, München 2002:
85ur, 85o.

Panorama München, Illusion und Wirklichkeit, München 2009:
86/87o, 86m, 87u, 103u.

Psychiatrische Klinik der Ludwig-Maximilians-Universität München, Dokumente zur Baugeschichte, München1991:
115o (2), 117o.

Robert Vorhoelzer – Ein Architektenleben, Die klassische Moderne der Post, München 1990:
130u.

Schwarze Tage, Das Münchner Katastrophenbuch, München 2006:
164o

Tax, Ben: Meine Verehrung Exzellenz, Max von Pettenkofer:
112o.

Topographischer Atlas von München von Gustav Wenng, 1858:
82ul.

Vom Fels zum Meer. Spemann's Illustrirte Zeitschrift für das deutsche Haus, 1890:
189ml.

Alle anderen Abbildungen:
Franz Schiermeier Verlag München

In einigen Fällen gelang es nicht, die Rechteinhaber einzelner Abbildungen zu ermitteln. Der Verlag bittet daher diese oder eventuelle Rechtsnachfolger um Benachrichtigung.

Die Ludwigsvorstadt in Zahlen

Statistische Werte
Daten des Statistischen Amts der Landeshauptstadt München

Die Daten stammen in der Regel aus den Jahren 2021 (Ludwigsvorstadt) und 2020 (Gesamter Stadtbezirk 2)

	Gesamt Ludwigsvorstadt	%	Kliniken	%	St. Paul	%	Ludwigsvorstadt-Isarvorstadt	%	Stadt München	%
Fläche in Hektar (ha)	202,57		83,28		119,29		440,17		31.072,88	
Einwohner	11.919		5.792		6.127		51.547		1.562.096	
Einwohner/ha	59		70		51		117		50	
Gebäude- und Freifläche	101,91	50,31	57,61	28,44	44,30	21,87	240,09	54,54	13865,7	44,62
Erholungsflächen	44,24	21,84	1,98	0,98	42,26	20,86	58,55	13,30	4804,1	15,46
Verkehrsflächen	56,14	27,71	23,41	11,56	32,73	16,16	107,6	24,45	5328,8	17,15
Anteil Bewohner										
über 65 Jahre	1.299	10,90	572	4,80	727	6,10	5.922	11,49	268.766	17,21
davon deutsch	594	4,98	334	2,80	501	4,20	4.270	8,28	220.036	14,09
davon nicht deutsch	705	5,91	238	2,00	226	1,90	1.652	3,20	48.730	3,12
Anteil Bewohner										
15– 65 Jahre	9.586	80,43	4.748	39,84	4.838	40,59	40.322	78,22	1.088.874	69,71
davon deutsch	5.424	45,51	2.194	18,41	3.230	27,10	28.251	54,81	728.512	46,64
davon nicht deutsch	4.162	34,92	2.554	21,43	1.608	13,49	12.071	23,42	360.362	23,07
Anteil Bewohner										
unter 15 Jahre	1.034	8,68	472	3,96	562	4,72	5.303	10,29	204.456	13,09
davon deutsch	712	5,97	245	2,06	467	3,92	4.492	8,71	167.562	10,73
davon nicht deutsch	322	2,70	227	1,90	95	0,80	811	1,57	36.894	2,36
Ausländische Bewohner	5.189	43,54	3.019	25,33	1.929	16,18	14.534	28,20	445.986	28,55
Ledige	7.426	62,30	3.666	30,76	3.760	31,55				
Verheiratete	3.333	27,96	1.543	12,95	1.790	15,02				
Geschiedene	807	6,77	411	3,45	396	3,32				
Verwitwet	4.304	36,11	141	1,18	167	1,40				
Unbekannt	45	0,38	31	0,26	14	0,12				
Arbeitslose							1.558	3,02	42.906	2,75
Zugezogene Personen										
davon deutsch	458		339		291					
davon nicht deutsch	764		764		303					
Weggezogene Personen										
davon deutsch	319		319		303					
davon nicht deutsch	671		620		268					
Praktizierende Ärzte							309		3.997	
Einwohner je Arzt							167		391	
Apotheken							23		346	
Einwohner je Apotheke							2.241		4.515	
Kinosäle							27		78	
Hotels und Pensionen							66		343	
Hotelbetten							8.646		64.599	
Übernachtungen							1.350.132		7.034.040	
Kraftfahrzeuge	6.302		2.645		3.657		21.048		851.641	
KFZ je 1.000 Einwohner	529		457		597		261		343	

Wahlen im Stadtbezirk Ludwigsvorstadt-Isarvorstadt

	Wahlbet.	CSU	SPD	FDP	Grüne	FW	ÖDP	Linke	AFD	RosaListe	Sonstige
Oberbürgermeister-Wahl 2020	52,6	15,6	45,5	1,9	30,0	0,5	1,3	2,2	1,4	-	1,6
Stadtratswahl 2020	52,6	15,8	18,1	4,4	39,6	1,3	3,6	4,8	2,0	3,4	7,0
Bezirksausschusswahl 2020	52,8	17,7	17,1	6,0	45,5	-	-	6,2	-	7,6	-

Stichwortverzeichnis

Impressum

Franz Schiermeier
Beate Bidjanbeg
Mit Beiträgen von Adelheid Schmidt-Thomé, Barbara Turczynski-Hartje, Walter Klupsch und Heinrich Ortner

Ludwigsvorstadt
Reiseführer für Münchner

Gestaltung: Edgar Hohl, Franz Schiermeier
Gesetzt aus der Univers von Adrian Frutiger
Druck: Druckservice Brucker

München, im Mai 2022
ISBN 978-3-948974-10-7

www.franz-schiermeier-verlag.de

Führungen zur Au, zum Auer Mühlbach, den Stadtbächen links der Isar, zur Flößerei, zum Westend, zum Alten Südlichen Friedhof und zu vielen anderen interessanten Themen der Stadt, Anfragen unter: franz.schiermeier@web.de

Mit Liebe gemacht
(ziemlich Mühe auch)

Die kleinen Schwarzen – Reiseführer für Münchner – entstehen in Zusammenarbeit mit dem Hirschkäfer Verlag.